本书系安徽省哲学社会科学规划项目
（AHSKHQ2018D01）研究成果。

合作社治理结构法律制度研究

HEZUOSHE ZHILI JIEGOU FALÜ ZHIDU YANJIU

刘观来◎著

中国政法大学出版社

2018 · 北京

图书在版编目（CIP）数据

合作社治理结构法律制度研究/刘观来著. —北京:中国政法大学出版社，2018.9
ISBN 978-7-5620-8588-1

Ⅰ.①合… Ⅱ.①刘… Ⅲ.①合作社法—研究—中国 Ⅳ.①D922.44

中国版本图书馆CIP数据核字(2018)第223732号

出 版 者　中国政法大学出版社
地　　址　北京市海淀区西土城路25号
邮寄地址　北京100088信箱8034分箱　邮编100088
网　　址　http://www.cuplpress.com（网络实名：中国政法大学出版社）
电　　话　010-58908586(编辑部)　58908334(邮购部)
编辑邮箱　zhengfadch@126.com
承　　印　固安华明印业有限公司
开　　本　880mm×1230mm　1/32
印　　张　11.375
字　　数　280千字
版　　次　2018年9月第1版
印　　次　2018年9月第1次印刷
定　　价　49.00元

序 PREFACE

西方市场经济发达国家，无一不重视合作社的发展。在我国，随着社会主义市场经济的建立和完善，合作社也逐渐受到人们的重视，其中农民合作社更是呈现出蓬勃发展的态势。合作社是市场经济发展的必然产物，市场经济越发达，合作社的作用越凸显。

合作社治理结构是合作社制度的核心。合作社治理结构不仅关系到合作社及其社员合法权益的保护，而且关系到其他利益相关者利益的保护。合作社作用的大小，在很大程度上取决于其治理结构是否完善及其完善程度。近年来，中央一号文件等相关文件一再强调，应引导农民合作社“规范运行”，而“规范运行”则与其治理结构息息相关。如何针对合作社设计一套科学合理而又有效的治理结构，已经成为我国法学界尤其是民商法学界必须面对的一项十分重要的课题。

一个时期以来，我国民商法学界比较重视公司法研究，而对于同为民商法重要组成部分的合作社法则关注不够，相关研究成果也比较单薄。在这一背景下，刘观来博士选择“合作社治理结构法律制度研究”作为其博士学位论文，对合作社治理结构法律制度进行较为全面、深入的探讨，有助于进一步丰富我国合作社法学理论研究成果，其选题的理论意义值得肯定。此外，我国《农民专业合作社法》虽然进行了一次修订，但只是“小修”，其中包括治理结构在内的诸多制度设计仍需进一步完善。在合作社立法模式上，除了《农民专业合作社法》等专门法以外，我国未来尚应借鉴其他国家与地区的立法经验，制定一部合作社基本法即《合作社法》。无论是《农民专业合作社法》的修订，还是《合作社法》的制定，都需要合作社法学理论先行。从这个意义上说，刘观来博士的论文选题不仅具有理论意义，而且具有实践价值。

本书中，刘观来博士首先分析了合作社基本范畴和合作社治理结构基础理论，以作为后文论述的基础；随后，相继探讨了社员大会制度、理事会制度、监事会制度（即“三会”制度）和经理制度。贯穿“三会”制度和经理制度的一条主线是如何进一步完善合作社的约束机制与激励机制。约束机制与激励机制是合作社治理结构的核心内涵。就目前我国相关法律而言，约束机制既不健全，激励机制更付阙如。因此，加强相关理论研究，显得十分必要。例如，针对我国现行立法中激励机制存在的缺失，本书特辟专节讨论经营者激励机制设计的必要性及其立法完善。尤其值得一提的是，他在探讨合作社治理结构时，不是就法律论法律，而是大量运用了经济学（尤其是新制度经济学、农业经济学等）、管理学、社会学等其他相关学科知识和理论。这样，就增加了论证的说服力和制度设计的合理性。

本书作者刘观来博士于2009年随我研习商法。在攻读博士学位期间，他广泛阅读，除法学专业书籍外，还花了大量时间研读经济学、管理学、社会学等其他相关学科代表性论著。他大学阶段学习英语，硕士阶段研习民法，平日喜欢文史。在来本校攻读博士学位以前，他在人民法院工作。独特的知识结构和难得的实务经验为他从事学术研究提供了便利条件。他自

2010年才开始接触合作社，迄今已发表相关论文10篇，主持相关课题4项，本书也即将付梓，在不长的时间内且在承担大量教学工作任务的同时，能在学术研究上取得这样的成绩，实属不易。他为人朴实，待人真诚；对待学术，同样真诚。我期待并且相信他会有更多的学术成果问世！

雷兴虎

2018年8月28日于江城武汉

内容提要

本书由导论、合作社的基本范畴、合作社治理结构的基础理论、社员大会制度、理事会制度、监事会制度、经理制度和结论等八个部分组成。

第一章介绍研究的背景、研究的目的与意义、研究的现状、研究的思路与方法以及可能的创新与实在的不足等。

第二章分析合作社的基本范畴，即合作社的概念、功能、属性、地位及其与相关经济组织的区别等。根据国际合作社联盟（ICA）的界定，合作社是人们自愿联合，通过联合所有与民主控制的企业，来满足他们共同的经济、社会、文化需求与愿景的自治联合体。合作社因其具有独特功能而在世界范围内受到广泛关注。在我国，合作社尤其是农民合作社能够增加农民收入，创新农业经营体制机制，发展现代农业，推进社会主义新农村建设等。合作社的本质属性是所有者与利用者同一，换言之，所有者即利用者，利用者即所有者。除了本质属性，合作社还有三个基本属性，那便是：入社自愿、退社自由、民主控制与盈余按交易量（额）比例返还等。正是基于这些属性，才得以将合作社与其他经济组织区分开来。合作社属于法人，进一步说，属于互益法人。由于历史传统与现实国情不同，各国各地区在合作社分类标准上存在较大差异。相较于公司、合伙企业、集体经济组织等其他经济组织，合作社是一种特殊企业组织形式。

第三章阐述合作社治理结构的基础理论，亦即合作社治理结构的价值、目标与模式等。合作社的经营者无论由外聘产生还是由社员兼任，客观上都存在着委托-代理问题。解决委托-代理问题的关键在于对经营者实施约束与激励。约束主要通过社员大会与监事会制度实现。除了约束机制，我们还必须重视激励机制，以诱导经营者不断努力工作。合作社治理结构的制度安排实质上即是针对经营者的约束机制与激励机制设计。合作社治理结构是合作社有效运行的制度基础，有助于实现合作社的科学决策，从而增强其在市场中的竞争力，也是社员及其他利益相关者利益得以实现的制度工具。合作社治理结构的目标规定了合作社最终应该达到的状态或结果。合作社治理结构的目标选择，不仅影响到社员的利益，而且影响到社员外其他利益相关者的利益，从根本上说，还影响到我国经济的发展与社会的稳定，因此，不可等闲视之。合作社虽然是社员用以实现自助的经济组织，但不应因此否定社会责任。合作社的社会责任，从根本上说，缘于合作社的“社会性”与“外部性”。合作社的社会责任是法律责任与道德责任的结合体，其中道德责任对法律责任起着补充作用。合作社的社会责任并非漫无边际，而是有其一定范围。完善合作社的社会责任，应从完善相关立法入手。各国合作社治理结构模式，大多受其公司治理结构模式影响，前者可谓后者的“翻版”。我国未来合作社基本法在治理结构模式选择上应采双层制，以加强对经营者的监督约束，从而降低代理成本，保护社员及其他利益相关者的利益。

第四章讨论社员大会制度。社员大会是由社员组成的合作社的最高权力机关。合作社的社员既包括自然人，也包括法人和非法人组织，但基本主体是自然人（联合社除外）。合作社的社员资格分为积极资格与消极资格两个方面。社员入社主要通过三种方式，即普通入社、继承入社与受让入社等。社员入社后，新社员与老社员享有同等的权利，承担同等的义务。对于社员入社，合作社应于一定期限内向合作社主管机关申请办理变更登记。社员出社，根据是否基于社员意愿，分为自由出社与法定出社。社员出社并非一“出”了之，在特定情形下，出社社员尚须对合作社债务承担清偿责任。社员出社亦应办理变更登记，否则，不得对抗善意第三人。社员权利，因各国合作社法与合作社章程规定不同而有异。根据权利义务一致原则，社员既享有权利，也承担义务。社员大会是合作社的最高权力机关。社员大会决议集中体现了社员的意志与利益，全体社员必须遵守。在合作社中，应当坚持“社员大会中心主义”，即合作社的一切“剩余权力”均归社员大会享有与行使，除非合作社法与合作社章程另有规定。社员大会分为定期社员大会与临时社员大会。如果人数较多或规模较大，合作社亦可设立社员代表大会。经授权，社员代表大会可以行使社员大会的部分或全部职权。社员大会的召集，应依法定或章定程序进行。社员大会在表决时原则上实行“一人一票”原则。表决权的行使可以适用代理制度。社员大会在作出决议时应当实行回避制度。社员大会决议分为普通决议与特别决议。社员大会决议存在瑕疵在所难免，为此，法律应提供相应的救济措施。

第五章论述理事会制度。理事会是由理事组成的合作社的执行机关。鉴于理事在合作社治理结构中的重要地位与作用，各国各地区合作社法无不针对理事资格、理事的选任与终任、理事的权利、义务与责任等作出明确规定。理事会对内执行合作社的业务，对外代表合作社。理事会会议分为定期会议与临时会议。理事会由理事长召集与主持。召开理事会，应有半数以上理事出席。理事原则上应亲自出席理事会会议。理事会通过作出决议的方式行使职权。理事会在表决时严格实行“一人一票”原则，以充分发挥集体的智慧。理事长，除了负责主持社员大会、召集与主持理事会、对外代表合作社等以外，不享有任何特权。理事会应当将所议事项的决定作成会议记录，出席会议的理事应当在会议记录上签名。理事会决议如果在内容或程序上存在瑕疵，法律应提供相应的救济措施。

第六章探讨监事会制度。监事会由监事组成，是合作社的专门监督机关。监事会会议由监事会主席召集与支持。监事会主席由监事选举产生。监事会会议频次不能过低，以充分发挥监督职能。除定期会议，遇有法定或章定紧急情况，还可召开临时会议。监事会在作出决议时，每一监事享有一个投票权。监事会决议实行简单多数决。在行使职权方式上，监事会与理事会有所不同：理事会必须集体行使职权，以充分发挥集体智慧；监事会则可以单独行使职权，以有效发挥监督职能。监事会职权主要包括监督权、代表权、社员大会召集权与临时解职权等。为了便于监事会充分行使职权，合作社法应当规定监事会行使职权的保障措施。

第七章研究经理制度。由于合作社生产经营管理活动日趋复杂化、专门化，合作社聘请职业经理以负责合作社日常经营管理工作，已越来越普遍。经理由理事会聘任，旨在辅助理事会执行合作社的业务。因此，从性质上说，经理是合作社的辅助业务执行机关。经理按照合作社章程的规定与理事会的授权行使职权。经理职权主要表现为对内负责合作社的日常经营管理工作，对外代表合作社。经理是合作社的代理人。经理对于合作社与第三人均负有一定义务，如果违反义务，致合作社或第三人受损害的，应对合作社或第三人承担损害赔偿责任。合作社的经营者无论由职业经理担任还是由社员兼任，客观上都存在“代理问题”。解决合作社的“代理问题”，约束机制固不可少，但激励机制更显重要。激励分为物质激励与精神激励两大类。就合作社而言，物质激励的核心在于赋予经营者一定的剩余索取权。激励机制是一个系统工程，除了构建科学合理而又有效的激励体系外，还应当进一步完善激励机制实施的程序与范围。

第八章即最后一章为结论。

目　录

CONTENTS

第一章 导　论

第一节　研究的背景

合作社是市场经济的产物，存在市场经济即必然存在合作社，因为市场经济难免“催生”弱者，而合作社正是弱者用以改变自己弱势地位的有效组织形式。市场经济越发达，合作社的功能与作用越凸显。目前，在世界范围内，合作社经济已与公有制经济和私有制经济鼎足而立。合作社对于各国经济的发展与社会的进步作出了独特而卓越的贡献。

人类的合作虽然“古已有之”，但合作组织的产生却相当晚近。现代意义上的第一个合作社，即罗虚代尔公平先锋社（the Rochdale Society of Equitable Pioneers），迟至1844年方才诞生于英国。不过，合作社甫一诞生，即受到西方各国弱势群体的“追捧”，其后逐渐发展到欧洲大陆与北美地区。目前，合作社已遍及全球每一个角落。无论是发达国家还是发展中国家，无不重视合作社的发展，并通过政策法律予以规范、引导与扶持。合作社在各国国民经济中的地位可谓举足轻重。合作社类型不一，但在世界范围内，以农业合作社（agricultural cooperative）[1]推行范围最广，作用也最为显著。这是因为，在世界各国，农业

---

〔1〕 我国现行立法称为“农民专业合作社”。

都是弱质产业，农民因此也就沦为弱势群体。作为弱势群体的农民，为了有效改变自己的弱势地位，保护自己的合法权益，不得不联合起来，以与市场中的垄断集团相抗衡。

我国第一个合作社，是由北京大学师生于1918年创立的消费合作社。[1]民国时期，由于一大批合作运动先驱者的大力提倡，我国的合作事业获得了一定发展。当时的国民政府也非常重视合作社在国民经济中的作用，不仅通过“宪法”将发展合作事业规定为一项“基本国策”，而且还于1934年颁布实施了“合作社法”，这是我国历史上第一部合作社法。此后，合作社即进入规范化发展阶段。不过，鉴于当时国内外形势，民国时期的合作社，总体来说，尚处于起步阶段，合作事业成效不彰。但是，这一阶段的艰难探索为后来我国台湾地区合作社的发展奠定了重要的制度基础。

新中国成立后，我国曾在广大农村地区推行农业合作化运动。但是，由于当时未能遵循国际公认的合作社的基本原则，如违反社员“入社自愿”原则、否定社员私有财产权等，结果导致合作社严重异化，亦即名为“合作化”，实为“集体化”。这样，合作社的宗旨根本无从实现，合作事业遂无疾而终。改革开放以后，我国开始在农村地区推行以家庭承包经营为基础、统分结合的双层经营体制。然而，实践中，“分”有余而“统”不足，统分结合的双层经营体制往往流于形式。“统”的缺位，导致千家万户的小农户不得不面临千变万化的大市场，农民的弱势地位由此铸成，其合法权益难以得到有效保护。于是，单个、分散的农户开始进行联合与合作，农民专业合作社等新型合作经济组织如雨后春笋般涌现。但是，由于我国相关立法严

---

〔1〕 陈婉玲:《民国〈合作社法〉的孕育与影响》，法律出版社2010年版，第82页。

重滞后，导致实践中农民专业合作社只能“摸着石头过河”，运行极不规范。这一不利局面，直到我国《农民专业合作社法》颁布实施才得以改观。[1]《农民专业合作社法》是新中国成立后第一部合作社法，它的颁布实施对于规范农民专业合作社的组织和行为，鼓励、支持、引导农民专业合作社的发展，保护农民专业合作社及其社员的合法权益，推进农业农村现代化，无疑具有重大而深远的意义。但是，毋庸讳言，该法也存在着诸多“有懈可击”之处，其中，农民专业合作社治理结构的制度设计可谓漏洞与瑕疵并举。对此，应当引起我国法学界尤其是民商法学界的高度重视。

一个时期以来，我国民商法学界对于公司治理结构表现出了浓厚兴趣，并取得了丰硕研究成果。相较之下，合作社治理结构则少人问津。以我国民商法学界而论，关注合作社法的学者本已不多，而探讨合作社治理结构法律制度的学者更少。例如，本书开始写作时，[2]我国民商法学界乃至整个法学界尚无一篇以“合作社治理”“合作社治理结构”或“合作社治理机制”为题的博士学位论文。在理论界，对于合作社倾力较多、热情较高的是经济学界，尤其是农业经济学界。不过，经济学者大多对合作社进行制度分析，很少及于法律层面；而且，即使是经济学界，也少有学者将合作社（尤其是农民专业合作社）治理结构作为自己的研究对象。

我国自实行农村家庭承包经营制度以来，便非常重视农民专业合作社的发展。但与此同时，对于农民专业合作社的规范

---

〔1〕 我国《农民专业合作社法》于2006年10月31日颁布，自2007年7月1日起施行，并于2017年12月27日进行了修订。

〔2〕 本书是在笔者博士学位论文的基础上修改而成的，博士学位论文开始写作于2011年下半年。

化建设却认识不足，表现在农民专业合作社治理结构不受重视，甚至有意无意予以“忽略”。例如，2008 年通过的《关于推进农村改革发展若干重大问题的决定》是党在新时期指导“三农”工作的重要文件，其中虽然提及应“改善农村信用社法人治理结构”，然而，对于农民专业合作社治理结构却一字未提。“农村信用社”治理结构固然需要“改善”，难道农民专业合作社治理结构已尽善尽美？当然不是。可能的解释是，农民专业合作社在我国尚处于初步发展阶段，我们对于农民专业合作社还是只求数量不求质量，在发展与规范之间习惯于以发展促规范。如果说，在农民专业合作社的初步发展阶段，我们对于其治理结构的忽视多少是一种正常现象的话，那么，随着现代农业的发展对农民专业合作社的依赖度越来越大，农民专业合作社的运行质量在很大程度上关系着“三农”命运，农民专业合作社治理结构及其立法完善便不应小视。相关调查结果显示，实践中我国相当一部分农民专业合作社运行极不规范，[1]严重制约了其功能与作用的发挥。有鉴于此，农民专业合作社治理结构问题应当引起我们的高度重视。

在我国，除了农民专业合作社以外，消费合作社、住宅合作社、信用合作社、保险合作社等均有其存在空间。不少学者认为，我国未来合作社立法应当采取专业立法与综合立法相结合的模式，亦即在《农民专业合作社法》等以外，尚需制定一部合作社基本法即《合作社法》，以规范所有类型的合作社。我国台湾地区即采此立法模式。既然如此，全面深入探讨合作社治理结构法律制度，无论是对我国《农民专业合作社法》的进一步修订还是《合作社法》的制定，都具有积极的意义。

---

〔1〕 郭红东、张若健：《中国农民专业合作社调查》，浙江大学出版社 2010 年版，第 346 页。

第二节 研究的目的与意义

一、研究的目的

俗话说：相爱容易相处难。其实，对于合作社而言，也是设立容易运行难。合作社治理结构是合作社制度的核心，其在很大程度上决定着合作社的运行质量乃至“生死存亡”。实践中，相当一部分合作社之所以或无疾而终或功能不彰，究其深层次原因，无不与治理结构有欠完善有关，而治理结构有欠完善，则根源于我国现行相关立法。

探讨合作社治理结构，首先需准确界定合作社治理结构的内涵，因为合作社治理结构的内涵规定着合作社治理结构的框架、结构与方向，但是，内涵的界定只是本书的起点，本书的最终目的在于，在准确界定合作社治理结构内涵的基础上，进行相关制度设计，即构建一套科学合理而又有效的合作社治理结构法律制度体系。

具体来说，由于合作社治理结构的核心内涵包括针对经营者的约束与激励，因此，本书重点探讨了约束机制与激励机制。约束机制主要由社员大会与监事会承担，为此，本书全面分析了社员大会与监事会制度，并针对我国现行相关立法存在的缺失提出相应对策。激励机制与约束机制犹如鸟之两翼、车之双轮，两者不可或缺其一，故本书亦系统探讨了激励机制。鉴于激励机制在解决合作社“代理问题”上居于重要地位，且素来是我国法律制度设计（包括合作社法律制度设计）的薄弱环节，本书借鉴了经济学、管理学等多学科理论与方法，针对激励机制进行了相应的制度构建与制度完善，以期弥补我国现行相关立法的不足。

总之，本书旨在进一步完善我国合作社立法，进而推动我国合作社实践。

二、研究的意义

（一）理论意义

在我国，由于合作社一度被异化，合作社实践与合作社法研究在较长一个时期内受到了“冷遇”。随着社会主义市场经济的建立与完善，合作社作为一种重要的市场主体，其地位与作用开始为人们所认识，实践中合作社尤其是农民专业合作社发展很快。然而，相较于快速发展的合作社实践，合作社理论研究却相对滞后。就我国法学界而言，合作社法研究还相当薄弱，不仅研究成果有欠丰富，而且在有限的研究成果中，大多集中在合作社的法律地位、法律性质或法律属性等分析上，对于合作社治理结构，则少有学者进行全面深入的探讨。

在市场经济条件下，公司的地位固然重要；然而，同为企业组织形式，合作社的作用也不容忽视。在我国民商法学界，对于公司法与公司治理结构法律制度关注度较高，对于合作社法与合作社治理结构法律制度则相对漠视。实则，合作社法与合作社治理结构法律制度同样是我国民商法学研究不可或缺的重要内容。从这个意义上说，探讨合作社治理结构法律制度，有助于进一步丰富我国的民商法学。

（二）实践意义

我国虽于 2006 年颁布了《农民专业合作社法》并在 2017 年进行了首次修订〔1〕，但是该法在规范农民专业合作社治理结构方面仍然存在诸多制度缺失。笔者经过仔细比对后发现，修订后的《农民专业合作社法》与修订前的《农民专业合作社

〔1〕 此次修订实乃“小修”。

法》，在治理结构法律制度设计方面，可以说是“一仍其旧”。在这一背景下，从理论上全面深入探讨合作社治理结构法律制度，并以问题为导向，针对我国现行立法存在的问题进行对策研究，或将在一定程度上推动我国《农民专业合作社法》的进一步完善。

关于合作社法，我国未来应采专业立法+综合立法模式，因为合作社“在一切经济部门运行着”[1]，而专业立法难免挂一漏万。也就是说，除了现行《农民专业合作社法》，我国未来还需制定一部合作社基本法即《合作社法》。由此可见，研究合作社治理结构法律制度，不仅有助于我国《农民专业合作社法》的进一步完善，而且有助于《合作社法》的制定。立法的质量，从根本上说，取决于法学研究的广度与深度。只有法学界同仁“共襄盛举”，共同探讨，才有可能在不久的将来制定出一部科学的合作社基本法即《合作社法》。

合作社理论研究虽然能够服务合作社立法，但其终极目的在于指导合作社实践。“没有革命的理论，就没有革命的实践。”没有科学理论指导的实践，必然是盲目或低效的实践。当前，我国相当一部分合作社之所以运行质量不高，究其根本原因，在于理论研究滞后，不能充分发挥理论对于实践的指导作用。从理论上探讨合作社治理结构法律制度，有助于提升我国合作社实践的规范化水平，进而推动我国经济发展与社会进步。

第三节 文献综述

一、国外文献综述

国外合作社理论研究，大体经历了三个阶段。第一阶段即

---

〔1〕 国际劳工组织：《合作社促进建议书（2002）》。

从19世纪上半叶开始到二战以前，研究成果主要表现为各种合作社思想与理论。第二阶段即20世纪40至70年代，这一阶段的主要特点是运用新古典经济学的方法研究合作社的价值、功能与作用。第三阶段即20世纪80年代至今，这一阶段开始大量运用新制度经济学的理论，如产权理论、交易费用理论、代理理论、博弈理论以及不完全契约理论等，研究合作社内部的制度安排。〔1〕

国外合作社研究文献，可以概括为两个方面的内容：一是关于合作社功能与绩效的研究，二是关于合作社治理结构的讨论。〔2〕

（一）关于合作社功能与绩效

Coase认为，企业之所以产生，是由于市场交易存在巨大的交易费用，如果将外部交易内部化，通过行政命令方式（即科层制）完成交易，则可以有效节约交易费用。换言之，企业是作为价格机制的替代物而存在的。〔3〕当然，企业内部也存在成本，如组织成本与监督成本等，但相较于市场交易方式，还是有所减少。否则，企业不可能产生——企业的产生即是为了节约交易费用。

企业的产生及其演化，离不开成本-收益分析（cost-income analysis）。作为一种企业组织形式，合作社亦不例外。Cook指

〔1〕杜吟棠主编：《合作社：农业中的现代企业制度》，江西人民出版社2002年版，第2页及以下；孙亚范：《农民专业合作经济组织利益机制分析》，社会科学文献出版社2009年版，第28页及以下；徐旭初：《中国农民专业合作经济组织的制度分析》，经济科学出版社2005年版，第21页。

〔2〕梁巧："基于2012-2014年国内外合作社文献的梳理与思考"，载《农业经济问题》2015年第11期。

〔3〕R. H. Coase, "The Nature of the Firm", *Economica*, 1937 (11).

出，合作社之设立，旨在应对市场风险。[1] Valentinov 等学者在对合作社与非营利企业进行比较后认为，合作社能够增加市场力量，规避市场风险，提供服务，增加利润等。[2]

合作社在农业领域最为普遍。Bijman 等学者指出，合作社在很多国家的农产品生产和销售中都占据主导地位，其中乳业合作社在很多西方国家都占据 50%以上的市场份额，果蔬合作社在荷兰和比利时分别占据 90%和 83%的市场份额，猪肉合作社在马耳他、希腊、丹麦和芬兰等国家占据了 80%以上的市场份额。[3] Gijselinckx 等学者进一步认为，合作社在一个国家与地区市场份额的大小，受历史、社会等诸多因素的影响，而合作社提供的服务及其质量在很大程度上决定着农户参与合作社的意愿。[4]

合作社的功能包括微观与宏观两个层面。微观层面，合作社能够帮助农户进入市场，改进价格，节省成本，增加收入等。[5] 宏观层面，合作社有利于农产品质量安全体系的构建、

---

〔1〕 Michael L. Cook, "The Future of U. S. Agricultural Cooperatives: A Neo-institutional Approach", *American Journal of Agricultural Economics*, 1995, 77 (5).

〔2〕 Vladislav Valentinov and Constantine Iliopoulos, "Economic Theories of Nonprofits and Agricultural Cooperatives Compared: New Perspectives for Nonprofit Scholars", *Nonprofit & Voluntary Sector Quarterly*, 2013, 42 (1).

〔3〕 Jos Bijman, George Hendrikse and Aswin van Oijen, "Accommodating Two Worlds in One Organisation: Changing Board Models in Agricultural Cooperatives", *Managerial & Decision Economics*, 2013, 34.

〔4〕 Caroline Gijselinckx and Matthias Bussels, "Farmers' Cooperatives in Europe: Social and Historical Determinants of Cooperative Membership in Agriculture", *Annals of Public and Cooperative Economics*, 2014, 85 (4).

〔5〕 Elisabeth Fischer and Matin Qaim, "Linking Smallholders to Markets: Determinants and Impacts of Farmer Collective Action in Kenya", *World Development*, 2012, 40 (6); K. Getnet and T. Anullo, "Agricultural Cooperatives and Rural Livelihoods: Evidence from Ethiopia", *Annals of Public and Cooperative Economics*, 2012, 83 (2).

农业生产技术的推广、农业专业化水平的提高、农村收入条件的改善等。[1]可见，合作社不仅具有经济功能，而且具有社会功能和其他功能。[2]

合作社的绩效受多方面因素的影响。Saleh 探讨了影响合作社绩效的社会经济因素。[3]Henriksen 等学者则强调正式制度的重要性。[4]Marcos-Matás 等学者研究了交易成本对合作社绩效的影响。[5]Rosairo 等学者发现，所有权分配、决策机制、理事会成员的构成、外部管理者的聘用、管理者能力、产品定价等都对合作社绩效有显著影响。[6]

此外，还有学者分析了合作社的不足。Thirkell 指出，合作社缺乏创新性和进取性。[7]Stewart 认为，像合作社这样所有者

---

〔1〕 Lijie Yang et al.,"Assessing the Establishment of Agro-food Control Systems Based on a Relevant Officials' Survey in China", *Food Control*, 2012, 26 (2); D. Abebaw and M. G. Haile,"The Impact of Cooperatives on Agricultural Technology Adoption: Empirical Evidence from Ethiopia", *Food Policy*, 2013, 38; Junichi Ito,"Zongshun Bao and Qun Su, Distributional Effects of Agricultural Cooperatives in China: Exclusion of Smallholders and Potential Gains on Participation", *Food Policy*, 2012, 37 (6).

〔2〕 Yiching Song et al.,"Farmer Cooperatives in China: Diverse Pathways to Sustainable Rural Development", *International Journal of Agricultural Sustainability*, 2014, 12 (2).

〔3〕 A. S. Saleh,"A Study of the Socioeconomic Determinants of the Performance of the New Lands Cooperatives", *Topics in Middle Eastern and North African Economies*, 2012, 14.

〔4〕 I. Henriksen, M. Hviid and P. Sharp,"Law and Peace: Contracts and the Success of the Danish Dairy Cooperatives", *The Journal of Economic History*, 2012, 72 (1).

〔5〕 Gustavo Marcos-Matás, Miguel Hernández-Espallardo and Narciso Arcas-Lario,"Transaction Costs in Agricultural Marketing Cooperatives: Effects on Market Performance", *Outlook on Agriculture*, 2013, 42 (2).

〔6〕 H. S. Rohitha Rosairo et al.,"Factors Affecting the Performance of Farmer Companies in Sri Lanka: Lessons for Farmer-owned Marketing Firms", *Agribusiness*, 2012, 28 (4).

〔7〕 J. D. Thirkell,"Attracting and Motivating Managers in U. K. Agricultural Coopratives", *Plunkett Foundation*, 1989.

与利用者同一的企业，在经营上无法获得成功，因为其中存在太多的利益冲突。[1] Fulton 和 Hueth 发现，合作社存在的问题主要源于资本缺乏、产权模糊、管理水平低下，其中，管理水平越低，代理问题越严重。[2] Bonus 指出，合作社常常处于向心力（集体组织优势）与离心力（独立经营优势）共同作用下的不稳定均衡状态，这种均衡在任何时候都有可能消失，因此，它是不稳定的。[3]

至于传统合作社存在的问题，以 Cook 的分析最为出色。他将传统合作社存在的问题归纳为五个方面：①搭便车问题（the free rider problem），②视野问题（the horizon problem），③投资组合问题（the portfolio problem），④控制问题（the control problem），⑤影响成本问题（the influence cost problem）。[4]

Nilsson 探讨了新一代合作社，认为新一代合作社的"代理问题"要少得多，原因在于：其一，由于股份可以交易，"搭便车"行为受到了遏制；其二，由于实行封闭而非开放的社员资格制度，可以防止"外来者"攫取合作社利益；其三，基于社员的同质性，降低了社员产生冲突的风险。[5]

（二）关于合作社治理结构

国外学者与国内学者不同，他们一般不对合作社治理结构

[1] A. L. T. Stewart, "Have Traditional Cooperative Structures Outlived their Usefulness?" *Farm Management*, 1993, 8 (6).

[2] M. E. Fulton and B. Hueth, "Cooperative Conversions, Failures and Restructurings: An Overview", *Journal of Cooperatives*, 2009, 23 (3).

[3] H. Bonus, "The Cooperative Association as a Business Enterprise: A Study in the Economics of Transactions", *Journal of Institutional and Theoretical Economics*, 1986, 142 (2).

[4] Michael L. Cook, "The Future of U. S. Agricultural Cooperatives: A Neo-institutional Approach", *American Journal of Agricultural Economics*, 1995, 77 (5).

[5] Jerker Nilsson, "New Generation Farmer Co-ops", *Review of International Co-operation*, 1997, 90.

和治理机制进行区分，而是笼统地用治理结构来表述。〔1〕

Bijman 等学者认为，一个组织的治理结构，就是谁控制组织，谁从组织中受益。〔2〕Hansmann 亦认为，所谓治理结构，即决策权与收益权的分配。〔3〕

Oliver Hart 提出了公司治理理论分析框架。他认为，只要以下两个条件存在，即必然产生公司治理问题：第一个是代理问题，即成员之间存在利益冲突；第二个是交易费用之大使得代理问题不可能通过合约有效解决。〔4〕对照这两个条件可知，合作社同样存在治理问题。Williamson 指出："企业不再被习惯地视为一个外生给定的生产函数，而是被重新概念化为一种治理结构。"〔5〕不过，Chris Cornforth 认为，相较于公司治理结构，合作社治理结构不受学界重视。为此，他在简述公司治理结构理论与方法的基础上，试图扩大其范围与领域，将其运用于合作社治理结构。〔6〕

有学者认为，合作社的设立虽然可以在一定程度上节约交易费用，但在合作社内部，却存在着委托-代理关系。〔7〕Royer

〔1〕 刘同山、孔祥智："发展视角下的合作社治理"，载《经济问题探索》2013 年第 6 期。

〔2〕 Jos Bijman, George Hendrikse and Aswin van Oijen, "Accommodating Two Worlds in One Organisation: Changing Board Models in Agricultural Cooperatives", *Managerial & Decision Economics*, 2013, 34.

〔3〕 Henry Hansmann, *The Ownership of Enterprise*, The Belknap Press, 1996.

〔4〕 Oliver Hart, "Corporate Governance: Some Theory and Implications", *The Economic Journal*, 1995, 105.

〔5〕 O. E. Williamson, "The Theory of the Firm as Governance Structure: from Choice to Contract", *The Journal of Economic Perspectives*, 2002, 16 (3).

〔6〕 Chris Cornforth, The governance of cooperatives and mutual associations: a paradox perspective, Annals of Public and Cooperative Economics, 2004, 75 (1).

〔7〕 ［苏］A. 恰亚诺夫：《农民经济组织》，中央编译出版社 1996 年版，第 23 页及以下。

亦认为，由于合作社缺乏股份交易市场与股权激励机制，合作社的代理问题非常严重。[1] Staatz、Pellervo 等学者更认为，合作社的代理问题比其他组织更加广泛、更为尖锐。[2]合作社的经营者无论由社员兼任还是由外聘产生，在市场经济条件下，其作为“经济人”，都有可能以牺牲委托人利益为代价追求自身利益的最大化，因此，难免产生诸如监督成本与剩余损失等在内的“代理成本”（agency cost）。在合作社中，如果不对经营者实施激励，则会由于经营者不享有剩余索取权，诱发其机会主义行为，由此导致合作社的监督成本较高，组织成本上升。[3] Vitaliano 即指出，合作社的代理成本非常明显。[4]

Williamson 认为，主要有三种治理结构，即市场（market）、科层（hierarchy）与混合形态（hybrid）。[5]不少学者认为，合作社既不属于市场结构，也不属于科层制，而是兼具两者特征。[6] Chaddad 运用多种理论对不同治理结构进行界定，分析不同治理

---

〔1〕 J. S. Royer, “Cooperative Organizational Strategies: A Neo-institutional Digest”, *Journal of Cooperatives*, 1999, 14.

〔2〕 J. M. Staatz, “A Game Theoretic Analysis of Decision-making in Farmer Cooperatives”, in J. S. Royer (eds.), *Cooperative Theory: New Approaches*, ACS Service Report No. 18, USDA, Washington D. C., 1987.

〔3〕 国鲁来：“合作社制度及专业协会实践的制度经济学分析”，载《中国农村观察》2001 年第 4 期。

〔4〕 Peter Vitaliano, “Cooperative Enterprise: An Alternative Conceptual Basis for Analyzing a Complex Institute”, *American Journal of Agricultural Economics*, 1983, 65 (5).

〔5〕 O. E. Williamson, “Comparative Economic Organization: The Analysis of Discrete Structural Alternatives”, *Administrative Science Quarterly*, 1991, 36 (2).

〔6〕 Claude Ménard, “Cooperatives: Hierarchies or Hybrids?” in K. Karantininis and J. Nilsson (eds.), *Vertical Markets and Cooperative Hierarchies*, Springer, 2007; F. R. Chaddad, “Advancing the Theory of the Cooperative Organization: The Cooperative as a True Hybrid”, *Annals of Public and Cooperative Economics*, 2012, 83 (4).

结构的属性，并构建不同治理结构的框架。[1] Bijman 等学者根据控制权的分配情况，将当前西方国家合作社治理模式一分为三：传统型、管理型与公司型。[2]在此基础上，Chaddad 等学者进一步将其划分为四种模式，即传统模式、扩展版传统模式、管理模式与公司模式，不同模式间的区别主要表现在理事会、监事会、管理委员会等的构成与权力分配方面。[3]

还有学者研究了合作社治理与地域的关系。Lang 和 Roessl 发现，合作社治理与地域存在密切关系。[4]地域不同，合作社治理类型即不同，简单运用某一规则对合作社治理类型进行解释并不可取。[5]

Hakelius 认为，具有共同利益的社员之间的联合与合作是合作社有效运行的重要基础。[6]随着社员异质性的增强，因不同社员有不同需求，社员间的利益冲突便越来越严重。O'Connor 和 Thompson 即指出，社员的异质性和待遇上的差别，导致社员关系紧张。[7] Condon 也认为，由于社员在生产规模、风险偏好

---

〔1〕 Fabio Chaddad, "Advancing the Theory of the Cooperative Organization: The Cooperative as a True Hybrid", *Annals of Public and Cooperative Economics*, 2012, 83 (4).

〔2〕 J. Bijman, G. Hendrikse and A. Oijen, "Accommodating Two Worlds in One Organisation: Changing Board Models in Agricultural Cooperatives", *Managerial & Decision Economics*, 2013, 34.

〔3〕 Fabio Chaddad and Constantine Iliopoulos, "Control Rights, Governance and the Costs of Ownership in Agricultural Cooperatives", *Agribusiness*, 2013, 29 (1).

〔4〕 Richard Lang and Dietmar Roessl, "Contextualizing the Governance of Community Co-operatives: Evidence from Austria and Germany", *Voluntas*, 2011, 4.

〔5〕 Frank Moulaert and Jacques Nussbaumer, "Defining the Social Economy and its Governance at the Neighbourhood Level: A Methodological Reflection", *Urban Studies*, 2005, 42 (11).

〔6〕 K. Hakelius, "Cooperative Values: Farmers' Cooperatives in the Minds of the Farmers, PhD Dissertation", *Swedish University of Agricultural Sciences*, 1996.

〔7〕 John O'Connor and Glen Thompson, "International Trends in the Structure of Agricultural Cooperatives", *Rural Industries Research and Development Corporation*, 2001.

等方面的不同，导致其利益上的冲突。[1]

社会资本在合作社治理结构中的作用不可低估。社会资本与正式制度具有互补关系，共同作用于合作社的发展与绩效。社会资本可分为外部社会资本与内部社会资本，其中内部社会资本主要表现为社员与合作社之间的关系。社员与合作社之间的关系是国外学者关注的焦点之一。Faysse 等学者发现，社员积极参与，有利于提高集体行动的效率。[2]Cechin 等学者指出，社员积极参与，可以确保合作社治理的有效性。[3]Arcas-Lario 强调了社员满意度的重要性，而信任、信息沟通与社员民主控制等对社员满意度有显著的正向影响。信任在公司治理结构中的作用得到了学界的广泛认可。在合作社治理结构中，信任的作用虽然不能高估，[4]但也绝对不能低估。[5]信任有利于降低交易成本。[6]信任是一种有效的治理工具。[7]Bonus 更是明确

---

〔1〕 A. M. Condon, "The Methodology and Requirements of a Theory of Modern Co-operative Enterprise", in J. S. Royer (eds.), *Cooperative Theory: New Approaches*, ACS Service Report No. 18, USDA, Washington D. C., 1987.

〔2〕 N. Faysse, M. T. Sraïri and M. Errahj, "Local Farmers' Organisations: A Space for Peer-to-Peer Learning? The Case of Milk Collection Cooperatives in Morocco", *The Journal of Agricultural Education and Extension*, 2012, 18 (3).

〔3〕 A. Cechin et al., "Drivers of Proactive Member Participation in Agricultural Cooperatives: Evidence from Brazil", *Annals of Public and Cooperative Economics*, 2013, 84 (4).

〔4〕 P. Eberl, "The Development of Trust and Implications for Organizational Design: A Game-and Attribution-Theoretical Framework", *Schmalenbach Business Review (SBR)*, 2004, 56 (3).

〔5〕 Narciso Arcas-Lario, Francisco Martín-Ugedo and Antonio Mínguez-Vera, "Farmers' Satisfaction with Fresh Fruit and Vegetable Marketing Spanish Cooperatives: An Explanation from Agency Theory", *International Food & Agribusiness Management Review*, 2014, 17 (1).

〔6〕 K. Hakelius, "Cooperative Values: Farmers' Cooperatives in the Minds of the Farmers, PhD Dissertation", *Swedish University of Agricultural Sciences*, 1996.

〔7〕 P. Somerville, "Co-operative Identity", *Journal of Co-operative Studies*, 2007, 40 (1).

指出，合作社的成功得益于社员的信任。[1]此外，社员忠诚与承诺也是合作社发展的重要条件，确保社员忠诚与承诺的重要方式即是对社员与非社员区别对待。[2]Fulton 认为，社员承诺是用以区分合作社与投资者所有企业（IOF）的有效工具，它能加强社员与合作社的联系。当社员同质性较强、产权明晰、治理结构透明且非处于某一团体或管理者控制之下时，社员便愿意向合作社投资和与合作社交易。[3]Peter Osterberg 与 Jerker Nilsson 则全面讨论了社员与合作社的关系，指出合作社能在多大程度上成功，取决于社员的参与、信任与承诺。[4]

还有学者全面分析了成员的退出（exit）、投票（vote）与异议（voice）对于一个组织治理结构的作用，[5]这对于进一步研究合作社治理结构相关制度不无启示意义。

董事会[6]在合作社治理结构中的地位与作用举足轻重。不少学者分析了董事会规模对合作社绩效的影响，主流观点认为，

---

〔1〕 H. Bonus："作为一个企业的合作联合会：一份交易经济学的研究"，载菲吕博顿、瑞切编：《新制度经济学》，上海财经大学出版社 1998 年版。

〔2〕 G. Mujawamariya, M. D. Haese and S. Speelman, "Exploring Double Side-selling in Cooperatives, Case Study of Four Coffee Cooperatives in Rwanda", *Food Policy*, 2013, 39.

〔3〕 M. Fulton, "Cooperatives and Member Commitment", *The Finnish Journal of Business Economics*, 1999, 14.

〔4〕 Peter Osterberg and Jerker Nilsson, "Members' Perception of their Participation in the Governance of Cooperatives: The Key to Trust and Commitment in Agricultural Cooperatives", *Agribusiness*, 2009, 25 (2).

〔5〕 [美] 艾伯特·O. 赫希曼：《退出、呼吁与忠诚——对企业、组织和国家衰退的回应》，卢昌崇译，经济科学出版社 2001 年版。

〔6〕 董事与理事、董事会与理事会只是称谓不同，其性质并无二致——"无论名称如何，其性质并非有异"。故本书在同一意义上使用。参见郑玉波：《民法总则》，中国政法大学出版社 2003 年版，第 188 页；施启扬：《民法总则》（修订第 8 版），中国法制出版社 2010 年版，第 142 页。

董事会规模与绩效负相关。[1] Hardesty 指出，董事会在制定合作社战略计划方面扮演了重要角色。[2] Condon 认为，社员在生产规模、风险偏好和未来收益折现率上的不同导致其利益冲突，董事会的一项重要职责即是协调社员的行为，以使合作社的决策符合其长期利益。[3] Bond 认为，相较于上市公司董事会，合作社董事会治理难度更大，因为其在成员构成上具有复杂性。[4] 合作社董事会成员分为内部董事（社员）与外部董事（非社员）。内部董事不仅缺乏经营管理经验，[5] 而且极有可能利用手中权力谋求一己私利，损害合作社利益。LeVay 认为，由于社员普遍缺乏经营管理技能，因此，董事会应吸收外部专家，这样，合作社才能适应市场。[6] Sargent 和 Nicholls 在对英国农业合作社进行研究后发现，引入外部董事有利于董事会有效运作。[7] Lees 和 Volkers 通过对欧洲合作社治理结构的分析，认为

---

〔1〕 J. Halebian and S. Finkelstein, "Top Management Team Size, CEO Dominance and Firm Performance: The Moderating Roles of Environmental Turbulence and Discretion", *Academy of Management Journal*, 1993, 36 (4).

〔2〕 Hardesty Hueth, "Good Governance and Strategic Decision-making", *Rural Cooperatives*, 2011, 12 (1).

〔3〕 A. M. Condon, "The Methodology and Requirements of a Theory of Modern Cooperative Enterprise", in J. S. Royer (eds.), *Cooperative Theory: New Approaches*, ACS Service Report No. 18, USDA, Washington D. C., 1987.

〔4〕 J. K. Bond, "Cooperative Financial Performance and Board of Director Characteristics: A Quantitative Investigation", *Journal of Cooperatives*, 2009, 22 (2).

〔5〕 M. G. Lang, "Strengthening Agricultural Cooperatives: An Inquiry into Expert Beliefs", *University of California Center for Cooperatives*, 2002.

〔6〕 C. LeVay, "Some Problems of Agricultural Marketing Co-operatives' Price/Output Determination in Imperfect Competition", *Canadian Journal of Agricultural Economics*, 1983, 31.

〔7〕 M. J. Sargent and J. R. Nicholls, "Outside Non-Executive Directors of U. K. Agricultural Cooperatives, in The World of Cooperative Enterprise 1995", *Plunkett Foundation*, 1994.

应对每一个进入董事会的成员进行培训。[1] Sivertsen 发现，挪威消费合作社为所有潜在的董事会成员都提供了培训服务。[2] 美国农业部（USDA）指出，随着市场竞争的加剧和合作社规模的扩大，合作社应当通过引入外部董事、培训等方式提高董事会的绩效；此外，还应建立董事补偿制度，以充分调动董事的积极性。[3]

关于监事会，值得一提的是德国著名学者 Lutter 与 Krieger 合著的《监事会的权利与义务》一书。该书不仅对监事会制度（尤其是德国监事会制度）的方方面面作了详尽论述，而且还特辟专章（即第十七章）仔细探讨了“合作社中监事会的特别之处”。[4]

在合作社治理结构中，经理人员控制问题亦不可小视。Spear 即认为，经理人员控制问题在英国大型合作社中普遍存在。由于经理人员缺乏外部与内部压力（如外部市场压力、内部社员参与度低等），作为“经济人”的经理人员很有可能利用手中的实际控制权损害社员的利益。[5]

上文已述，Cook 将传统合作社存在的问题归纳为五个方面，Borgen 则对 Cook 归纳的问题进一步归纳为激励问题。[6] 在合作

---

〔1〕 M. Lees and R. Volkers, “General Trends, findings and Recommendations”, *Review of International Co-Operation*, 1996, 89 (4).

〔2〕 S. Sivertsen, “Governance Issues Seen from a Manangement Perspective”, *Review of International Co-Operation*, 1996, 89 (4).

〔3〕 USDA, “Agricultural Cooperatives in the 21st Century”, *Cooperative Information Report No. 60*, 2002.

〔4〕［德］路特、克里格尔：《监事会的权利与义务》，杨大可译，法律出版社 2011 年版。

〔5〕 R. Spear, “Governance in Democratic Member Based Organizations”, in *Special Issue of Annals of Public and Co-operative Economics: Governance in the Social Economy*, 2004.

〔6〕 Svein Ole Borgen, “Rethinking Incentive Problems in Cooperative Organizations”, *Journal of Socio-Economics*, 2004, 33 (4).

社治理结构中，约束机制固然不可或缺，但激励机制亦非可有可无。Alchian 与 Demsetz 提出的团队生产理论认为，生产要素的所有者以结成团队的方式组织生产，可以提高生产力。但是，在团队生产中，由于每个成员的边际产出难以计量，团队成员的努力与报酬之间的联系弱化，容易出现“搭便车”现象。为此，团队需要一个外在的监督者，而要使外在的监督者具有监督积极性，则必须将企业的剩余索取权赋予监督者。[1] Olson 亦指出，由于个人理性导致集体非理性，因此难免产生“集体行动的困境”。为了有效解决社员“搭便车”的倾向与行为，必须对社员实施单独激励。[2] 否则，既不利于社员的投资或惠顾，也不利于社员民主控制合作社的实现，而如果一旦合作社的经营者控制合作社的局面得以形成，则合作社服务社员的宗旨即无从实现。合作社的激励机制设计，无论是针对社员的激励还是针对经营者的激励，由于其关系到合作社的生存与发展，因此，引起不少国外学者的关注。[3]

（三）简要评论

国外合作社理论研究已有 100 多年的历史，研究成果非常丰富。在研究内容上，从解释合作社存在的合理性到探讨合作社的产权安排、治理结构等，从宏观到微观，从外部到内部，日益向纵深推进；在研究方法上，从定性分析到定性分析与定量分析相结合，不仅注重规范分析，而且注重实证分析。尽管如此，正如有学者所指出的，国外合作社理论研究尤其是治理

---

〔1〕 A. Alchian and H. Demsetz, “Production, Information Costs, and Economic Organization”, *American Economic Review*, 1972, 62 (5).

〔2〕 ［美］曼瑟尔·奥尔森：《集体行动的逻辑》，陈郁等译，格致出版社、上海三联书店、上海人民出版社 1995 年版，第 2 页及以下。

〔3〕 Svein Ole Borgen, “Rethinking Incentive Problems in Cooperative Organizations”, *Journal of Socio-Economics*, 2004, 33 (4).

结构理论研究还处于起步阶段，尚未形成完整的治理体系。[1]此外，就笔者有限的阅读范围而论，国外合作社理论研究成果一如我国，经济学成果多，法学成果少。但不管怎样，国外已有的研究成果为我们提供了不可多得的理论资源。

二、国内文献综述

在我国，由于新中国成立初期农业合作化带来的惨痛教训，合作社与合作社法研究长期处于“休眠”状态。只是到了改革开放以后，这一局面才得以改观。这是由于，随着家庭承包经营制度的确立，为了解决小农户与大市场的有效对接，合作社尤其是农民专业合作社如雨后春笋般涌现，合作社的实践必然推动着合作社理论的发展。不过，对于合作社，经济学界的热情高于法学界，尤其是农业经济学界，对于农民专业合作社的关注度较高。

伴随着合作社实践的发展，我国合作社理论研究经历了三个不同的阶段。第一阶段为 20 世纪 80 年代初至 90 年代中期。这一阶段的主要任务是“启蒙”，学者的工作集中在对国外合作社知识的引介以及对新中国成立后合作化运动的反思，以澄清人们对于合作社的错误认识，从而达到“正本清源”的目的。第二阶段为20 世纪 90 年代中期以后至新世纪以前。随着我国于20 世纪 90 年代中期提出农业产业化的政策以后，农民专业合作社理论研究进入了“活跃期”，大量研究成果开始出现。第三阶段为新世纪以后。这一阶段，理论界对于合作社的研究日益深入，学者开始关注合作社的制度特征与运行机制，合作社治理结构开始进入学者的研究视野。也就是说，合作社理论研究随着合作社实践的发展而不断深化，“由外到内”依次展开，从初

---

〔1〕 王军：“合作社治理：文献综述”，载《中国农村观察》2010 年第 2 期。

期注重合作社的必要性与重要性分析，到进入 21 世纪后开始注重合作社内部运行机制与运行质量的研究。

（一）关于合作社一般理论

一个时期以来，鉴于“假合作社”“伪合作社”等假冒伪劣合作社大量存在，学界热衷讨论的一个问题即是合作社的本质属性（或曰质的规定性）。这也是合作社理论界首先必须面对的问题。这方面的相关研究成果较多，近年来代表性的有邓衡山等的《合作社的本质规定与现实检视——中国到底有没有真正的农民合作社?》〔1〕、李金珊等的《农民专业合作社本质属性及实地考量——基于浙江省 15 家农民专业合作社的调研》〔2〕和秦愚等的《合作社的本质规定性》〔3〕等。

夏英等认为，我国农村经济体制改革催生了合作经济。〔4〕雷原认为，农民专业合作社的产生，旨在完善农业经营体制，为农村经济提供一个社会化服务体系。〔5〕曾宪影等认为，农业产业化是农民专业合作经济组织产生的根本原因，解决农产品“卖难”、农用品“买难”是农民组建合作社的基本动机与目的。〔6〕张晓山也从农业产业化的角度分析了合作经济组织存在

〔1〕 邓衡山、王文烂：“合作社的本质规定与现实检视——中国到底有没有真正的农民合作社?”载《中国农村经济》2014 年第 7 期。

〔2〕 李金珊、袁波、沈楠：“农民专业合作社本质属性及实地考量——基于浙江省 15 家农民专业合作社的调研”，载《浙江大学学报（人文社会科学版）》2016 年第 5 期。

〔3〕 秦愚、苗彤彤：“合作社的本质规定性”，载《农业经济问题》2017 年第 4 期。

〔4〕 夏英、牛若峰：“我国农村合作经济组织改革和发展的思路”，载《中国农村经济》1999 年第 12 期。

〔5〕 雷原：“进一步完善和创新农业家庭经营组织形式”，载《求是》2000 年第 12 期。

〔6〕 曾宪影、李钦：“农村合作经济组织是农业领域产业组织的新发展”，载《农业经济问题》2000 年第 8 期。

的必要性。[1]山东省社科院课题组认为，在市场经济条件下，市场主体只能是企业。由于家庭承包经营存在天然的局限性，因此，作为企业组织形式的农民专业合作社得以发展。[2]

合作社为什么在农业领域非常普遍？对此，黄祖辉进行了解释。他认为，这是由农业的产业特性决定的。农业生产的自然性、周期性以及空间的分散性，使得家庭经营成为农业生产最为有效的组织形式。但是，家庭经营有其局限性。克服家庭经营的局限性，简单地用其他类型的产业组织去替代家庭经营并不是理想的选择，因为这种替代尽管能克服家庭经营的局限性，却丧失了家庭经营的效率。合作组织既能保持家庭经营的效率，又能克服家庭经营的局限性。因此，农业中普遍存在合作组织的根本原因，在于家庭经营在农业中的普遍性和家庭经营在竞争市场中的局限性。[3]

合作社的功能受到学界广泛关注。高建中等对农民专业合作社的功能进行实证分析后认为，由于合作社各个功能发展水平、农户需求度、农户满意度方面差异很大，因此无论是农业经济管理部门还是农民专业合作社本身，首先，应重点建设合作社的销售功能和信贷功能，尤其是信贷功能，以突破合作社资金瓶颈；其次，应继续发挥合作社信息技术提供功能；再次，应重视开发合作社权益保障功能，以满足农户需要，赢得农户信任，改善农

---

〔1〕 张晓山：“提高农民的组织化程度　积极推进农业产业化经营”，载《农村合作经济经营管理》2003年第2期。

〔2〕 山东省社会科学院农村经济研究所课题组：“合作制与农业产业化结合：中国农业现代化道路的重要选择”，载《农业经济》2000年第12期。

〔3〕 黄祖辉：“中国农民合作组织发展的若干理论与实践问题”，载《中国农村经济》2008年第11期。

社关系；最后，应扩大合作社生产物资采购和加工运输功能。〔1〕崔宝玉等探讨了资本控制条件下农民专业合作社功能是否弱化的问题，认为在农民专业合作社中，资本控制具有必然性和应然性，它是资本占有者的必然要求。从农民专业合作社的运行实践来看，资本控制可能会带来积极和消极双重效应。不过，同样是资本控制型合作社，其消极效应却有所不同，我们完全可以通过制度设计以及培育合作社内部社会资本，以规避或减少合作社的消极效应。也就是说，合作社的资本控制并不必然导致合作社功能弱化。〔2〕刘宇翔基于服务功能的视角，研究了农民合作社功能与农民收入提高的关系，认为合作社功能扩展应采渐进式，因为合作社功能扩展需要较高的组织和运营成本，只有当合作社具有较高的公共积累和可持续发展能力时才能实现；应当注重农民合作社管理，因为管理功能与社员收入的关联度较大；应当重视合作社的联合发展、顶层设计、职业农民培养和政策扶持等。〔3〕王图展指出，自生能力和外部支持是影响农民合作社服务功能实现的重要因素，其中自生能力来源于合作社内部激励相容的制度安排。〔4〕

合作社的绩效也颇受学者青睐。黄胜忠、徐旭初、文雷等均认为，治理机制与农民专业合作社绩效密切相关，完善治理

---

〔1〕 高建中、李延荣、袁航：“农民专业合作社功能评价实证研究”，载《农业经济与管理》2014 年第 5 期。

〔2〕 崔宝玉、陈强：“资本控制必然导致农民专业合作社功能弱化吗?”载《农业经济问题》2011 年第 2 期。

〔3〕 刘宇翔：“农民合作社功能结构与农民收入灰色关联分析”，载《西北农林科技大学学报（社会科学版）》2016 年第 6 期。

〔4〕 王图展：“自生能力、外部支持与农民合作社服务功能”，载《农业经济问题》2017 年第 5 期。

机制可以提高农民专业合作社的绩效。[1]孙亚范认为，农民专业合作社的产权安排、治理结构和利益机制共同作用于农民专业合作社的绩效。[2]刘同山、崔宝玉等认为，内部监督制衡对合作社绩效有显著影响，强化内部监督制衡可以改善合作社绩效。[3]彭莹莹、季晨等认为，合作社企业家能力与合作社绩效之间具有明显的正向相关关系。[4]戈锦文认为，知识吸收能力（包括潜在知识吸收能力）对农民合作社绩效产生显著正向影响。[5]周振等认为，盈余分配方式对合作社的经营绩效具有重要影响。[6]李敏认为，农民组织化程度对农民专业合作社绩效的提高有明显的促进作用。[7]梁巧、廖媛红等均认为，社会资

〔1〕 黄胜忠、林坚、徐旭初："农民专业合作社治理机制及其绩效实证分析"，载《中国农村经济》2008 年第 3 期；徐旭初、吴彬："治理机制对农民专业合作社绩效的影响——基于浙江省 526 家农民专业合作社的实证分析"，载《中国农村经济》2010 年第 5 期；文雷："中国农民专业合作社治理机制与绩效"，西北农林科技大学 2013 年博士学位论文，第 104 页。

〔2〕 孙亚范："农民专业合作社利益机制、成员合作行为与组织绩效研究"，南京农业大学 2011 年博士学位论文，第 149 页；孙亚范："农民专业合作社制度安排对成员行为及组织绩效影响研究"，载《南京农业大学学报（社会科学版）》2012 年第 4 期。

〔3〕 刘同山、孔祥智："治理结构如何影响农民合作社绩效？——对 195 个样本的 SEM 分析"，载《东岳论丛》2015 年第 12 期；崔宝玉、简鹏、王纯慧："农民专业合作社：绩效测度与影响因素——兼析我国农民专业合作社的发展路径"，载《中国农业大学学报（社会科学版）》2016 年第 4 期。

〔4〕 彭莹莹、苑鹏："合作社企业家能力与合作社绩效关系的实证研究"，载《农村经济》2014 年第 12 期；季晨、贾甫、徐旭初："基于复衡性和绩效视角的农民合作社成长性探析——对生猪养殖合作社的多案例分析"，载《中国农村观察》2017 年第 3 期。

〔5〕 戈锦文："知识吸收能力及其影响因素对农民合作社绩效的作用研究"，江苏大学 2016 年博士学位论文，第 180 页。

〔6〕 周振、孔祥智："盈余分配方式对农民合作社经营绩效的影响——以黑龙江省克山县仁发农机合作社为例"，载《中国农村观察》2015 年第 5 期。

〔7〕 李敏："基于农民组织化视角的农民专业合作社绩效研究"，西北农林科技大学 2015 年博士学位论文，第 94 页。

本（包括外部社会资本与内部社会资本）对合作社绩效具有显著正向影响。[1]赵佳荣、刘洁、冯娟娟均指出，外部环境是影响合作社绩效的重要因素。[2]还有学者探讨了合作社异化等对合作社绩效的影响以及合作社绩效评价体系等。

此外，合作社经营模式、合作社治理结构、合作社与新农村建设、合作社与政府的关系等也是学界讨论的热点。[3]关于合作社治理结构，容后论及。

以上系就我国经济学界和管理学界（主要是经济学界，尤其是农业经济学界）而言。在我国法学界（主要是民商法学界），对于合作社法的关注可分为立法前与立法后两个阶段。

《农民专业合作社法》出台前，便有学者开展对策研究，如雷兴虎等《农业合作社的法律问题探讨》“对我国农业合作社的法律问题进行了系统研究”，该文之发表旨在为我国合作社立法“提供相应的理论资源”；[4]李长健等《我国农民合作经济组织立法若干问题研究》（上、下）“对农民合作经济组织法的相关概念、立法模式、立法理念、部门法性质、原则、主体间的关系和主要制度等基本理论问题进行了较系统的分析”，该文之发

---

〔1〕 梁巧等：“社会资本对农民合作社社员参与行为及绩效的影响”，载《农业经济问题》2014年第11期。

〔2〕 赵佳荣：“农民专业合作社绩效及组织、环境改进”，湖南农业大学2009年博士学位论文，第167页；刘洁：“农民专业合作社契约选择与运营绩效的理论分析与实证研究”，华中农业大学2011年博士学位论文，第118页；冯娟娟：“苹果合作社治理结构、行为与绩效研究”，西北农林科技大学2017年博士学位论文，第106页。

〔3〕 韩国明、朱侃、赵军义：“国内农民合作社研究的热点主题与演化路径——基于2000-2015年CSSCI来源期刊相关论文的文献计量分析”，载《中国农村观察》2016年第5期。

〔4〕 雷兴虎、刘水林：“农业合作社的法律问题探讨”，载《中国法学》2004年第5期。

表同样旨在为我国合作社立法服务。[1]同一时期，全国人大农业与农村委员会课题组针对“我国农民合作经济组织的现状”“合作社及其发展趋势”“合作社的法律基础与制度特征”“农民合作经济组织法人属性及政府的扶持政策”等五个方面的问题进行专题调研并连续发表五份研究报告。[2]此外，为了配合立法，我国商法学研究会还将合作社法律制度作为2006年年会重要的学术议题，相关研究成果已集中刊发于《中国商法年刊(2006)——合伙与合作社法律制度研究》。[3]

《农民专业合作社法》颁布后，我国法学界对于合作社法的关注度提高，研究成果渐多。

马跃进等指出：“改革开放30年是中国合作社由集体所有制经济组织向着本来意义的合作社开始回归的30年，是中国的合作社立法逐步回归本来意义的合作社的30年。”[4]郭富青强调，合作社公司化乃大势所趋，那些“一反传统合作社制度的现象”，是“合作社制度的创新”；我国制定的《农民专业合作社法》即“顺应了合作社组织形式发展的潮流”。[5]宋刚等认为，我国《农民专业合作社法》既有“三个方面的重大贡献”，也存在“两个不足”：一是限制社员资格，二是对资本金未作要

---

〔1〕 李长健、冯果：“我国农民合作经济组织立法若干问题研究”（上、下），载《法学评论》2005年第4、5期。

〔2〕 全国人大农业与农村委员会课题组：“农民合作经济组织法立法专题研究报告”（一、二、三、四、五），载《农村经营管理》2004年第9、10、11、12期和2005年第1期。

〔3〕 王保树主编：《中国商法年刊（2006）——合伙与合作社法律制度研究》，北京大学出版社2007年版。

〔4〕 马跃进、孙晓红：“中国合作社立法——向着本来意义的合作社回归”，载《法学家》2008年第6期。

〔5〕 郭富青：“西方国家合作社公司化趋向与我国农民专业合作社法的回应”，载《农业经济问题》2007年第6期。

求。[1]刘小红建议，应从合理界定农民专业合作社概念、放宽社员资格限制、健全表决制度、细化扶持措施、完善相关立法等角度进一步完善《农民专业合作社法》。[2]刘水林提出，我国《农民专业合作社法》“不必限定成员身份”，“不必限定专业内容”，以更好保护社员权益。[3]高海认为，《农民专业合作社法》应在社员资格、优先股、联合社以及解散清算等方面予以完善，并针对土地（股份）合作社、合作社内部信用合作制定特别规则。[4]

还有学者讨论了合作社立法模式与法律实施问题。李勇军、孙晓红等认为，合作社立法模式因各国国情不同而存在较大差异；我国应制定一部合作社基本法，以统率各种类型的合作社；与此同时，针对特殊类型的合作社进行专门立法，作为基本法的补充。[5]赵谦强调，《农民专业合作社法》实施面临的首要问题是农民参与困境，解决途径有三：提升农民参与能力，调动农民参与积极性，扩张农民参与空间。[6]

对于其他问题，学者也有论及。郑景元借用共生理论，分析了合作社的商人化问题，认为合作社的商人化“既是一个从非商

---

〔1〕 宋刚、马俊驹：“农业专业合作社若干问题研究——兼评我国《农民专业合作社法》”，载《浙江社会科学》2007 年第 5 期。

〔2〕 刘小红：“论《农民专业合作社法》的立法完善——以经济法的干预方式为进路”，载《农业经济问题》2009 年第 7 期。

〔3〕 刘水林：“农民组织法律问题研究”，载《法商研究》2010 年第 3 期。

〔4〕 高海：“《农民专业合作社法》修改的思路与制度设计”，载《农业经济问题》2017 年第 3 期。

〔5〕 李勇军、欧阳仁根：“合作社立法模式比较分析及我国的合理选择——基于我国目前民商事立法的背景”，载《安徽大学学报（哲学社会科学版）》2009 年第 5 期；孙晓红：“我国合作社的立法模式”，载《兰州学刊》2011 年第 3 期。

〔6〕 赵谦：“专业合作社法实施中的农民参与困境及校正——以重庆为例”，载《法学》2012 年第 3 期。

人到商人的转化过程，也是一个在商法限度内从消极共生到积极共生的优化过程，更是一个从传统商法到现代商法的进化过程”；合作社在商人化过程中，呈现出由交易、分配与权力组成的三元结构，进而实现营利性理论新发展；合作社在商人化以后，通过“与公司关系的横向规制”和“与政府关系的纵向调整”，可以分别实现“多元融合新范式”与“公私合作新常态”。[1]张永兵梳理了合作社基本原则的“变”与“不变”。[2]张德峰讨论了合作社的资本问题，总的原则是既“限制”，又“保障”。[3]关于合作社的财产权属性，张永兵等主张法人财产权说，认为社员对自己的出资并不享有所有权；并主张立法在规定合作社独立人格、独立财产、独立责任和社员有限责任的同时，完善第三人利益保护制度。[4]米新丽分析了合作社的盈余分配制度，认为合作社的盈余在性质上属于向社员“多收”或“少付”的款项，其分配必须遵循合理的原则和顺序，并讨论了公共积累分割问题。[5]鉴于合作社与集体经济组织长期以来在我国关系“密切”，还有学者探讨了两者关系。[6]

博士论文方面，徐小平以“中国现代农业合作社法律制度

---

〔1〕 郑景元：“合作社商人化的共生结构”，载《政法论坛》2016 年第 2 期。

〔2〕 张永兵：“合作社基本原则嬗变与评价标准重构”，载《湖南社会科学》2014 年第 2 期。

〔3〕 张德峰：“合作社资本报酬有限原则之立法探讨”，载《政法论坛》2017 年第 3 期；张德峰：“合作制保障与效率提升：我国合作社‘资本控制’法律规制研究”，载《法律科学（西北政法大学学报）》2016 年第 2 期。

〔4〕 张永兵、温世扬：“农民专业合作社财产权法律属性研究”，载《当代法学》2014 年第 3 期。

〔5〕 米新丽：“论农民专业合作社的盈余分配制度——兼评我国《农民专业合作社法》相关规定”，载《法律科学（西北政法大学学报）》2008 年第 6 期。

〔6〕 马俊驹、宋刚：“合作制与集体所有权”，载《法学研究》2001 年第 6 期；刘观来：“合作社与集体经济组织两者关系亟须厘清——以我国《宪法》的完善为中心”，载《农业经济问题》2017 年第 11 期。

研究”为题，分别探讨了“中国现代农业合作社设立制度”“中国现代农业合作社运行制度”与“中国现代农业合作社审计监督与政府扶持制度”等。〔1〕付建龙以“我国农民合作社制度研究”为题，先后分析了“农民合作社产权制度”“农民合作社法人内部治理结构”“农民合作社盈余分配制度体系”与“农民合作社成员权利保障”。〔2〕吕丝以“我国农民专业合作社法律问题研究”为题，相继讨论了“农民专业合作社的制度价值”“农民专业合作社的法律性质”“农民专业合作社的社员及社员权”“农民专业合作社的财产制度”与“农民专业合作社的治理结构”等。〔3〕

除论文外，我国法学界还出版了一批专著，如屈茂辉等的《合作社法律制度研究》(2007 年)，马跃进的《合作社的法律属性研究》(2008 年)，欧阳仁根、陈岷等的《合作社主体法律制度研究》(2008 年)、朱晓娟的《论合作社的法律主体性》(2009 年)、陈婉玲的《民国〈合作社法〉的孕育与影响》(2010 年)、王玉梅的《农民专业合作社之法理探究与实践》(2012 年)、陈岷等的《合作社法律制度研究》(2013 年)、米新丽等的《我国农业合作社法律问题研究》(2013 年)、陈荣文的《中国农村合作社法律制度研究：渊源、变迁与创新》(2014 年)、高海的《土地承包经营权入股合作社法律制度研究》(2014 年)、张德峰的《合作社社员权论》(2016 年) 与张永兵的《农民专业合作社财产权研究》(2017 年) 等。

在我国台湾地区，合作社受到了学术界的高度重视，这与

〔1〕 徐小平：“中国现代农业合作社法律制度研究”，西南政法大学 2007 年博士学位论文。

〔2〕 付建龙：“我国农民合作社制度研究”，南京师范大学 2013 年博士学位论文。

〔3〕 吕丝：“我国农民专业合作社法律问题研究”，武汉大学 2013 年博士学位论文。

其发达的合作社实践密不可分。以学术著作为例，赖建诚的《近代中国的合作经济运动——社会经济史的分析》[1]、尹树生的《合作经济概论》[2]和李锡勋的《合作社法论》[3]等均具一定的代表性。赖建诚的《近代中国的合作经济运动——社会经济史的分析》从结构、特质、绩效三个角度，分析比较了1912年至1949年北洋政府、国民政府等“六个政权下的合作经济组织”。尹树生的《合作经济概论》对合作制度、合作运动、合作组织、合作事业、合作金融、合作教育以及合作行政等合作经济的方方面面进行了探讨。李锡勋的《合作社法论》，因其对合作社法的论述较为全面，已成为大陆研习合作社法的学者之案头必备参考书。对此，下文仍将论及。

（二）关于合作社治理结构

关于总论，黄胜忠等认为，由于合作社存在代理问题，且交易费用之大导致代理问题难以通过契约解决，因此，合作社治理问题不可回避；一个良好的合作社治理结构是内部机制与外部机制的有机结合，但主要依赖内部机制；合作社的绩效与其治理结构密切相关，改善合作社治理结构有助于提高合作社的绩效。[4]黄祖辉等指出，我国东部沿海地区的农民专业合作社治理结构是一种基于能力和关系的治理结构。[5]邵科等强调，以社员出资额为参考变量的社员异质性对合作社治理结构造成

---

〔1〕 赖建诚：《近代中国的合作经济运动——社会经济史的分析》，正中书局1990年版。

〔2〕 尹树生：《合作经济概论》，三民书局股份有限公司1986年版。

〔3〕 李锡勋：《合作社法论》，三民书局股份有限公司1982年版。

〔4〕 黄胜忠、林坚、徐旭初：“农民专业合作社治理机制及其绩效实证分析”，载《中国农村经济》2008年第3期。

〔5〕 黄祖辉、徐旭初：“基于能力和关系的合作治理——对浙江省农民专业合作社治理结构的解释”，载《浙江社会科学》2006年第1期。

重大影响。[1]马彦丽等认为，我国农民专业合作社存在双重委托-代理关系，即全体社员和经营者之间的委托-代理关系与中小社员和核心社员之间的委托-代理关系。[2]任大鹏等从集体行动的逻辑出发，对合作社发展缓慢的原因进行了分析，认为应当通过一定程度的强制、承认差别以及向成员提供选择性激励等措施促成集体行动的实现。[3]寥运凤强调，合作制的本质，就是限制外部资金进入企业并分享企业利润；否则，就不是合作制企业而是股份制企业了。[4]牛若峰指出，为了扩大资金来源，合作社可以吸纳外部资金，外部资金可以参与分红，但分红比例应该受到严格限制，而且投资社员不得干预合作社的经营管理。[5]

关于社员大会制度，梁剑峰等指出，自合作社诞生以来，民主管理就是其代表性制度；目前，我国不少农民专业合作社存在普通社员被代表的问题；民主管理是合作社发展的制度保障，也是合作社凝聚力之所在；凡涉及社员重大利益的事项，必须由社员大会讨论决定；普通社员影响合作社决策能力越强，合作社民主管理水平越高。[6]张满林认为，应确保社员大会职

〔1〕 邵科、徐旭初："成员异质性对农民专业合作社治理结构的影响——基于浙江省 88 家合作社的分析"，载《西北农林科技大学学报（社会科学版）》2008 年第 2 期。

〔2〕 马彦丽、孟彩英："我国农民专业合作社的双重委托-代理关系"，载《农业经济问题》2008 年第 5 期。

〔3〕 任大鹏、郭海霞："合作社制度的理想主义与现实主义——基于集体行动理论视角的思考"，载《农业经济问题》2008 年第 3 期。

〔4〕 寥运凤："对合作制若干理论问题的思考"，载《中国农村经济》2004 年第 5 期。

〔5〕 牛若峰："论合作制的演进与发展——纪念罗奇代尔先锋公平社 160 周年"，载《牛若峰工作室通讯》2004 年第 12 号。

〔6〕 梁剑峰、李静："农民专业合作社法人治理结构的冲突与优化"，载《经济问题》2015 年第 1 期。

权得到充分发挥；完善社员大会议事规则；设立社员代表大会制度。[1]黄胜忠强调，社员（代表）大会与监事会的功能定位需要进一步明确并形成规范的制度，以利于两者的监督作用都得以充分发挥。[2]应瑞瑶等分析认为，社员民主控制与经济参与是合作社的两项基本原则，但社员民主控制不必拘泥于“一人一票”。[3]牛若峰则进一步指出，在“一人多票”情况下，为了防止单个社员控制合作社，必须对其出资额与表决权予以限制。[4]梁剑峰等认为，随着合作社规模的扩大，“一人一票”的原则在确保社员民主的同时，也极易导致决策的分散与效率的低下，为此，法律规定了附加表决权；但这一制度隐含的风险在于，诱导或强化了附加表决权主体控制合作社的心理，一旦其利益得不到满足，他们往往会带着资金、技术等稀缺要素退出，给合作社带来更大困难；解决这一难题的可行性措施是，明确社员大会、理事会、理事长的权力边界，调动两个积极性，即调动普通社员与核心社员（能人）的积极性。[5]

关于理事会制度，张满林指出，应强化理事会的作用，明确理事会的职能，合理确定理事会的规模，优化理事会成员结构，规范理事长的职权范围，在大型合作社中尝试建立独立理事

---

〔1〕 张满林：《我国农民专业合作社治理问题研究》，辽宁大学出版社 2010 年版，第 124 页及以下。

〔2〕 黄胜忠：“转型时期农民专业合作社的组织行为研究：基于成员异质性的视角”，浙江大学 2007 年博士学位论文。

〔3〕 应瑞瑶、何军牛：“中国农业合作社立法若干理论问题研究”，载《农业经济问题》2002 年第 7 期。

〔4〕 牛若峰：“论合作制的演进与发展——纪念罗奇代尔先锋公平社 160 周年”，载《牛若峰工作室通讯》2004 年第 12 号。

〔5〕 梁剑峰、李静：“农民专业合作社法人治理结构的冲突与优化”，载《经济问题》2015 年第 1 期。

制度。[1]黄胜忠认为，理事会规模要适度、结构要合理，一方面要吸收有一定资源和能力的核心社员和外部社员，以提高理事会的经营管理水平；另一方面也要吸收普通农民社员，以增加理事会的代表性。[2]李静则强调，法律应明确规定一定规模的合作社必须设理事会，理事会成员中普通社员所占比例不得低于1/3；与此同时，应明确规定理事会议事规则，引入理事表决权回避制度。[3]崔宝玉等分析指出，股权集中度高、理事会规模小的合作社各类绩效相对较高，在这类合作社中，核心社员收入绩效与普通社员收入绩效之间并无冲突，反而具有一致性；这表明，我国目前实施的以股权集中化、成员异质化等为特征的合作社发展路径在"绩效"层面具有合理性和必然性；原因可能是，股权集中度高、理事会规模小的合作社往往具有较强的环境适用性和组织结构弹性。[4]张燕等从独立董事的角度探讨了我国合作社（农民合作经济组织）治理结构的进一步完善，包括独立董事制度的必要性分析、独立董事的选任、独立董事的责权利、独立董事与监事会的关系等。[5]王图展强调，骨干社员在理事会中占比越高，合作社服务功能的实现程度就

---

〔1〕 张满林：《我国农民专业合作社治理问题研究》，辽宁大学出版社2010年版，第126页及以下。

〔2〕 黄胜忠："转型时期农民专业合作社的组织行为研究：基于成员异质性的视角"，浙江大学2007年博士学位论文。

〔3〕 李静："农民专业合作社法人治理结构及其规范运行分析"，载《经济问题》2013年第3期。

〔4〕 崔宝玉、简鹏、王纯慧："农民专业合作社绩效测度与影响因素——兼析我国农民专业合作社的发展路径"，载《中国农业大学学报（社会科学版）》2016年第4期。

〔5〕 张燕、吴正刚、李晶晶："论独立董事制度与我国农民合作经济组织的治理"，载《广西社会科学》2008年第5期。

越高。[1]黄凤等讨论了理事长的教育程度和受激励情况对合作社服务能力的影响，认为理事长的教育程度显著正向影响合作社横向服务能力，理事长受激励情况对合作社横向和纵向服务能力的影响尤为重要，并且认为政府应当通过项目、资金等方式对合作社理事长予以激励，即所谓外部激励。[2]崔宝玉等指出，理事长带动农户增收和提高农户收入的作用有待挖掘，应加大理事长培训力度，增强其带动农户能力。[3]许驰等认为，理事长是合作社中最重要的企业家；理事长的社会关系能力、组织协调能力等对合作社的发展至关重要，为此，应健全理事长教育培训体系；理事长自身也应主动提升相关能力。[4]曲承乐等讨论了理事长的商业冒险精神与社员利益诉求之间的相互作用机制及其实现条件。[5]黄胜忠等分析了理事长的胜任力特征因素及其与合作社绩效的关系。[6]陈江华等探讨了理事长的企业家才能对合作社绩效的影响，并由此得出结论：应重视理事长经营管理知识与技能的培训；为理事长学习创造条件，如定期组织他们进行交流等；建立考核机制，对表现突出的理事

---

〔1〕 王图展："自生能力、外部支持与农民合作社服务功能"，载《农业经济问题》2017 年第 5 期。

〔2〕 黄凤、杨丹："农民合作社内部治理对其农业服务能力的影响——来自中国 15 省市的调查数据"，载《湖南农业大学学报（社会科学版）》2014 年第 6 期。

〔3〕 崔宝玉、简鹏、王纯慧："农民专业合作社绩效测度与影响因素——兼析我国农民专业合作社的发展路径"，载《中国农业大学学报（社会科学版）》2016 年第 4 期。

〔4〕 许驰、张春霞："福建省农民林业专业合作社发展中的理事长能力影响研究"，载《学术论坛》2014 年第 5 期。

〔5〕 曲承乐、任大鹏："合作社理事长的商业冒险精神与社员的风险规避诉求——以北京市门头沟区 AF 种植专业合作社为例"，载《中国农村观察》2018 年第 1 期。

〔6〕 黄胜忠、张海洋："农民专业合作社理事长胜任特征及其绩效的实证分析"，载《经济与管理》2014 年第 5 期。

长进行物质与精神奖励。[1]

关于监事会制度，邵兴全强调，监事只能从社员中选任。[2]对此，不少学者认为，监事不必从社员中选任，合作社可以而且应当设立独立监事。[3]徐旭初等指出，我国《农民专业合作社法》将监事会规定为任意机关，体现了立法的灵活性，适应了农民合作社发展的阶段性与特殊性，让农民合作社规范化建设有了回旋余地。[4]而李静等不少学者认为，如果立法将监事会规定为任意机关，监事会很有可能空置，一旦空置，合作社的经营者就少了一道监督，不利于合作社的健康发展，因此，应将监事会规定为法定必设机关。[5]张满林除了认为应强制设立监事会或执行监事外，还认为应明确监事会的职能，规范监事的任职资格，强化监事会的独立性、权威性，建立监事会业绩评估与激励机制。[6]王军等指出，监事会需保持合理规模，少开无目的、低效率会议，因为一定规模可以提高合作社的利润率，而会议次数增加不利于合作社利润率的提高。[7]而王文莉等则认为，会议频次低，必然会影响监事会监督职能

---

〔1〕 陈江华、陶志、彭安明："农民合作社理事长企业家才能对农民合作社绩效的影响"，载《福建农林大学学报（哲学社会科学版）》2016 年第 3 期。

〔2〕 邵兴全："新型农民专业合作社治理结构研究"，西南财经大学 2011 年博士学位论文，第 111 页。

〔3〕 李静："农民专业合作社法人治理结构及其规范运行分析"，载《经济问题》2013 年第 3 期。

〔4〕 徐旭初、吴彬："《农民专业合作社法》的规范化效应检视"，载《东岳论丛》2017 年第 1 期。

〔5〕 李静："农民专业合作社法人治理结构及其规范运行分析"，载《经济问题》2013 年第 3 期。

〔6〕 张满林：《我国农民专业合作社治理问题研究》，辽宁大学出版社 2010 年版，第 133 页及以下。

〔7〕 王军、邵科："理监事会特征对农民合作社绩效的影响——基于我国果蔬合作社的实证分析"，载《西部论坛》2015 年第 6 期。

的发挥。[1]

关于经理制度，国鲁来认为，合作社的管理者由于不享有剩余索取权，因此，不仅难以产生创新冲动，而且容易导致投机取巧行为的发生。[2]黄胜忠指出，体现管理人员报酬的工资需要在合作社章程和相关管理制度中予以明确，这样，可以发挥其对管理人员的激励作用。[3]

以上系我国经济学界和管理学界关于合作社（农民合作社或农民专业合作社）治理结构的代表性观点，下面则梳理我国法学界相关文献。

著作方面，《中国商法年刊（2006）——合伙与合作社法律制度研究》值得一提，因为其集中刊发了一批合作社方面的论文，其中豆景俊的《合作社治理结构的法律分析》专门针对合作社治理结构进行“法律分析”。欧阳仁根、陈岷等在《合作社主体法律制度研究》一书专辟一章即第六章对合作社治理结构进行了探讨，该章不仅探讨了“三会”制度，还探讨了合作社治理结构的价值与模式。其后，陈岷等在《合作社法律制度研究》一书仍设专章即第五章讨论合作社治理结构，其中分五节分别讨论“法人治理结构”“社员（代表）大会制度”“理事会制度”“监事会制度”与“社员的权利与义务”。屈茂辉等在《合作社法律制度研究》一书中，虽然未用“合作社治理结构”之名（用的是“合作社的组织机构”），但实际上是在讨论合作社治理结构，其中对社员大会、理事会与监事会的论述较为

〔1〕 王文莉、王秀萍、张艳：“董事会、监事会特征对农村信用社绩效影响的研究——以陕西省的调研数据为例”，载《生产力研究》2017 年第 1 期。

〔2〕 国鲁来：“德国合作社制度的主要特点”，载《中国农村经济》1995 年第 6 期。

〔3〕 黄胜忠：“转型时期农民专业合作社的组织行为研究：基于成员异质性的视角”，浙江大学 2007 年博士学位论文。

全面。我国台湾地区学者尹树生的《合作经济概论》，在第三章即“合作组织”中讨论了合作社的种类、合作社的组成、合作社的社员、合作社的机关以及合作社的联合组织等，其中治理结构的内容见于该章第四节“合作社的机关”。我国台湾地区另一学者李锡勋的《合作社法论》，虽然亦未出现“合作社治理结构”字样，但其第七章“合作社的机关（上）”与第八章“合作社的机关（下）”，事实上是在讨论合作社治理结构。

论文方面，雷兴虎等探讨了合作社治理结构中的激励机制，认为“约束机制固不可少，但激励机制更显重要”。[1]张德峰分别讨论了“集体社员权”“社员退社的法律限制与保护”以及“社员附加表决权的法律规制”等合作社治理结构相关内容。[2]朱明月对“农民专业合作社治理”的探讨较为全面，涉及理论基础、社员大会、理事会与监事会等。[3]前文已述，付建龙在其博士论文“我国农民合作社制度研究”的第三章分析了“农民合作社法人内部治理结构”。此外，笔者也曾尝试构建社员权诉权保护制度。[4]

（三）简要评论

总体来说，我国经济学界和管理学界对于合作社及其治理结构的研究比较全面、深入，研究成果较为丰硕。当然，由于受学科背景等因素限制，我国经济学界和管理学界的学者大多

〔1〕 雷兴虎、刘观来：“激励机制视野下我国农业合作社治理结构之立法完善”，载《法学评论》2011年第6期。

〔2〕 张德峰：“合作社集体社员权论”，载《政法论坛》2014年第5期；张德峰：“论合作社社员退社的法律限制与保护”，载《法商研究》2016年第3期；张德峰：“论我国合作社社员附加表决权的法律规制”，载《现代法学》2016年第2期。

〔3〕 朱明月：“农民专业合作社治理法律问题研究”，西南政法大学2012年博士学位论文。

〔4〕 刘观来：“我国农民专业合作社社员权的诉权保护——以社员代表诉讼的制度构建为中心”，载《农业经济问题》2016年第12期。

对合作社进行制度分析，很少能够及于法律层面；而且他们往往以“农民合作社”或“农民专业合作社”而非一般意义上的“合作社”作为其研究对象。

相较于我国经济学界和管理学界，我国法学界对于合作社及其治理结构的研究不仅起步晚，而且重视不够，相关研究成果因此比较单薄。不过，随着《农民专业合作社法》的颁布实施以及农民专业合作社实践的不断发展，近年来，这一局面已有所改观。

第四节 研究的思路与方法

一、研究的思路

研究合作社治理结构，不能不对合作社本身有所了解。因此，本书从分析合作社的基本范畴开始，即分析合作社的属性、地位、分类以及合作社与其他经济组织的区别等，以期为后文探讨奠定必要的基础。

合作社治理结构基础理论不仅是合作社治理结构法律制度不可或缺的重要组成部分，而且关系到合作社治理结构法律制度设计的科学性与可行性，因此，必须引起我们的高度重视。在我国民商法学界，对合作社治理结构基础理论相对有所忽视。有鉴于此，本书特辟专章探讨合作社治理结构的价值、目标与模式等合作社治理结构基础理论。

在公司治理结构中，由于股票市场的存在，公司治理结构有所谓内部治理结构与外部治理结构之分。由于合作社的股份一般不能上市交易，因此，合作社治理结构主要是内部治理结构。在内部治理结构中，社员大会、理事会与监事会等“三会”机关既相互配合，又相互制约，共同担负着实现合作社治理结构目标的任务，保护着社员及其他利益相关者的合法权益。在合作社治理结构法律制度中，社员大会制度、理事会制度与监事会制度是其核心内容，为此，本书拟分三章相继全面深入探讨社员大会制度、理事会制度与监事会制度。

经理由理事会聘任，是理事会的辅助业务执行机关，负责合作社的日常经营管理工作。从一定意义上说，经理制度是理事会制度的重要组成部分，应在理事会制度部分进行论述。但是，随着合作社实践的发展，经理在合作社中的地位越来越重要；与此同时，我国现行相关立法对经理制度又规定得过于简单。为此，本书特设专章探讨经理制度。为了降低合作社的代理成本，理论界尤其是我国法学界大多强调对经理等经营者实施监督。笔者认为，监督固然重要，但激励也不可或缺，从某种意义上说，解决合作社的代理成本，激励比监督更为有效。基于此，本书特设专节详细探讨经营者激励机制设计。

二、研究的方法

（一）综合研究的方法

无论是公司治理结构，还是合作社治理结构，都属于跨学科领域。因此，需要运用多学科理论与方法对其进行综合研究，否则，研究难免浮泛。本书在探讨合作社治理结构法律制度过程中，即尝试运用了法学、经济学、管理学乃至社会学等多学科理论与方法，如对于合作社治理结构内涵的分析与界定、对于经营者激励机制的设计等，即大量运用了经济学与管理学的理论与方法。

（二）比较研究的方法

比较的方法是学术研究中常用的方法，也是法学研究中最为有效的方法之一。比较研究的最大优点在于可以发现问题，因为有比较，方能知优劣，进而才能论取舍。

比较分为宏观、中观与微观三个层面，本书主要在中观与微观层面进行。例如，本书对于具有代表性国家与地区的合作社法均予以细致分析，“取其精华”，“为我所用”，最终达到完善我国合作社治理结构法律制度的目的。

（三）规范研究与实证研究相结合的方法

规范研究是法学研究的传统方法。我们在注重规范研究的同时，也不应忽视实证研究。就法学而言，实证研究主要包括调查、访谈与案例分析等。实证研究的重要价值在于，可以检验已有理论正确与否、可行与否，甚至可以“发现”新的理论。实证研究倾向于解决实践问题，这与合作社法应用部门法的性质十分吻合。本书在研究过程中，即采用了调查、访谈等实证研究方法。

第五节　本书的创新与不足

一、本书可能的创新

（一）选题上的创新

在我国法学界，合作社法本是薄弱环节；而对于合作社治理结构法律制度，则更少人问津。前文（“研究的背景”）已述，本书开始写作时，我国法学界尚无一篇以“合作社治理”“合作社治理结构”或“合作社治理机制”为题的博士学位论文。根据笔者当时文献检索的结果，只有一篇博士学位论文问世，即北京林业大学2009届博士张满林的“我国农民专业合作社治理问题研究”。由于该文作者系林业经济管理专业的学者，因此，其博士论文侧重于制度分析，较少涉及法律层面。有鉴于此，本书尝试探讨了合作社治理结构法律制度。

（二）内容上的创新

合作社治理结构的核心是对于经营者的约束与激励，因此，应重点针对约束机制与激励机制进行制度构建与制度完善。在我国法学界，相对注重约束机制而忽视激励机制。为此，我们应大胆借鉴管理学的理论与方法，尤其是其中的激励理论，以完善合作社治理结构法律制度。这是因为，降低经营者代理成本，光靠约束机制难以奏效，必须在强化约束机制的同时，重视激励机制，以“诱导”经营者不断努力工作，从而最终实现合作社与经营者的双赢局面。笔者认为，降低合作社代理成本，约束机制固不可少，但激励机制更显重要。科学合理的激励机制设计可以促进合作社健康快速发展，保护社员及其他利益相关者利益，从而实现合作社治理结构法律制度设计的初衷。基于此，本书特设专节探讨经营者激励机制设计。

合作社是民主的组织，实行“民主控制”是合作社的一项基本原则。为此，在合作社治理结构法律制度设计中，应当特别重视社员权利的保护。社员大会是社员行使权利的重要机关。但是，由于种种原因，社员大会不无“形骸化”趋势，导致社员大会监督功能与作用相当有限。为此，本书提出，应借鉴我国《公司法》的立法经验，在我国合作社法中增设社员直接诉讼与代表诉讼制度，以切实保护社员利益。在合作社治理结构法律制度设计中，社员权利保护机制是其中的重要一环，应当引起我们的高度重视。

本书还重点探讨了合作社的社会责任问题。合作社应否承担社会责任是合作社治理结构目标中必然涉及的一个重要问题。我国修订后的《公司法》与《合伙企业法》已分别增加规定公司与合伙企业“应当承担社会责任”的内容。但是，同为企业组织形式的合作社，应否承担社会责任，不仅相关立法保持沉默，而且我国法学界也少人关注。本书认为，随着社会责任的“泛组织化”，作为企业组织形式的合作社承担社会责任乃大势所趋，并为此进行了较为详细的探讨。

此外，鉴于我国法学界对合作社治理结构基础理论，如合作社治理结构的价值、目标与模式，以及社员大会、理事会、监事会决议在内容与程序上的瑕疵及其救济等讨论较少，本书亦有所侧重。

（三）方法上的创新

本书除了运用法学理论与方法外，还运用了经济学、管理学乃至社会学等多学科理论与方法。这是因为，合作社本身是一种经济组织，对于经济组织的分析，离不开经济学与管理学的理论与方法。否则，分析即难免浮泛。例如，本书对合作社治理结构内涵的分析，即大量运用了经济学尤其是制度经济学的理论与方法，指出合作社治理结构的关键在于解决“两权分离”条件下的代理成本问题，然后针对代理人的行为进行了相应的制度设计。

二、本书实在的不足

（一）实证研究有待加强

笔者虽然一贯注重规范研究与实证研究相结合的方法，并为此付出过努力，但本书实证研究仍嫌不足，主要表现在调查不广、访谈不深，尤其缺乏案例分析。这些实证研究上的不足，寄望于后续研究予以弥补。

（二）综合研究广度与深度不够

合作社治理结构涉及诸多学科，除法学外，还涉及经济学、管理学与社会学等。虽然笔者从接触合作社治理结构开始即恶补经济学、管理学等相关学科知识，但囿于“术业有专攻”，且时间精力有限，效果不是十分理想，因此影响了综合研究的广度与深度。

（三）合作社外部治理结构尚待补充

合作社治理结构是一项十分复杂的制度，大而别之，可以分为内部治理结构与外部治理结构。本书讨论的其实只是内部治理结构。对于外部治理结构，如政府、市场对合作社的规制与影响等，限于时间与学养，本书未曾涉及，愿俟之来日。

（四）国外资料掌握有限

合作社制度滥觞于西方发达国家，且已有 170 多年历史。掌握国外资料，尤其是西方发达国家的立法资料，是研究合作社及其治理结构不可或缺的条件。虽经笔者多年且多方努力，终因各方面条件限制，所获仍然有限。国外资料有限，势必影响比较方法的运用，并进而在一定程度上影响制度设计的科学性与合理性。希望本书再版时，这一局面能有所改观。

第二章
合作社的基本范畴

研究合作社治理结构，必须首先了解合作社。本章即探讨合作社的概念、合作社的功能、合作社的属性、合作社的地位、合作社的分类以及合作社与其他经济组织的区别等内容，以作为后文论述的基础。

第一节　合作社的概念

一、合作的意义

合作是“互相配合做某事或共同完成某项任务”。[1]合作是社会互动的一种方式。为实现某一既定目标，个人之间往往通过协调机制来采取联合行动。合作各方必须具有相同的目标、相近的认识、协调一致的行动等，合作才能取得预期效果。人类社会越发展，合作范围越扩大。[2]

互助合作是包括人类在内的一切生物进化的真正因素。互助性强的生物群得以延续，互助性弱的生物群则被淘汰。人类通过互助合作，即能建立和谐社会。[3]

---

〔1〕 中国社会科学院语言研究所词典编辑室：《现代汉语词典》（第7版），商务印书馆2016年版，第525页。

〔2〕 参见《辞海》（第6版缩印本），上海辞书出版社2010年版，第715页。

〔3〕［俄］克鲁泡特金：《互助论》，李平沤译，商务印书馆1963年版，第2~4页。

有经济学者指出，经济学针对合作所取得的研究成果远远少于针对竞争所取得的研究成果。[1]其实，合作与竞争，就像一枚硬币的两面，对于人类发展来说，同等重要。合作的作用在于产生合作剩余，可以因此给合作各方带来利益。合作剩余是指合作各方通过合作得到的净收益与在没有合作情况下得到的净收益之间的差额。可以说，合作是促进经济增长的一种生产要素，可以纳入生产函数。[2]

既然合作在经济发展等方面能够起到十分重要的作用，那么，我们即应重视社会合作程度的提高。社会合作程度的提高受诸多因素影响，其中之一即制度安排。我们在进行相关制度设计时，重中之重是引导和鼓励人们合作，从而产生合作剩余。[3]

合作功能的发挥，离不开制度。制度为人们在广泛社会分工基础上的合作提供了基本框架。制度的功能就是为实现合作创造条件，保证合作的顺利进行。尤其在复杂的非个人交换形式中，制度更加重要。制度的基本作用之一即在于规范人们相互间的关系，减少信息成本和不确定性，把阻碍合作的因素减少到最低。[4]在现代社会，制度的核心内容即法律制度。

二、合作社的概念

自从现代意义上的第一个合作社——罗虚代尔公平先锋社，于1844年在英国诞生以来，关于何谓合作社，其定义之多，恰

---

〔1〕 经济学如此，法学更是如此，合作社法少人问津即是明证。

〔2〕 黄少安、韦倩："合作与经济增长"，载《经济研究》2011年第8期。

〔3〕 黄少安、张苏："人类的合作及其演进研究"，载《中国社会科学》2013年第7期。

〔4〕 卢现祥、朱巧玲主编：《新制度经济学》（第2版），北京大学出版社2012年版，第229页。

如恒河沙数。对此，本书不拟“獭祭”，只就代表性观点予以介绍或述评。

在我国，法学界、经济学界和管理学界等学界的学者均对合作社（尤其是农民合作社）进行了探讨。即以我国法学界而论，学者间的定义虽言人人殊，但大多大同小异，其中以王保树教授和马跃进教授的定义具有一定的代表性。[1]

王保树教授认为：“合作社是依照平等互助的原则，由社员出资，谋求社员经济利益和满足社员经济需要，社员人数和股金总额都可以变动的企业法人。”[2]该定义参考借鉴了我国台湾地区“合作社法”的规定。该定义最大的不足在于，将合作社的功能限定于“谋求社员经济利益和满足社员经济需要”。其实，合作社除了能够满足社员的经济需要（economic need）外，还能满足社员的社会需要（social need）和文化需要（cultural need）。合作社的功能在不断扩展。德国于2006年修订的合作社法第1条即增加了合作社在文化等方面的功能，以使其符合国际合作社联盟（ICA）的规定。[3]

马跃进教授在对合作社的属性进行全面分析的基础上，认为：“合作社是由利用合作社服务的人们拥有和控制，以满足其共同的经济和社会需要为目的，入社自愿、退社自由，实行一人一票的民主管理，按照交易比例返还盈余的自治性企业。”[4]

---

〔1〕有些学者的定义虽然也具有一定的代表性，但或者针对“农业合作社”，或者针对“农民合作经济组织”等，故本书不予介绍。参见雷兴虎、刘水林：“农业合作社的法律问题探讨”，载《中国法学》2004年第5期；李长健、冯果：“我国农民合作经济组织立法若干问题研究（上）”，载《法学评论》2005年第4期。

〔2〕王保树：《商法总论》，清华大学出版社2007年版，第145页。

〔3〕苑鹏：“德国最新《合作社法》的修订变化及其对我国的启示”，载《学习与实践》2016年第7期。

〔4〕马跃进：“合作社的法律属性”，载《法学研究》2007年第6期。

该定义是一个比较理想的定义，因其对合作社内涵概括得比较全面、准确。不过，该定义亦有美中不足之处：第一，上文已述，合作社的功能包括但不限于满足社员经济和社会方面的需要，还需满足社员文化等方面的需要。第二，该定义未明确指出合作社“联合所有”（jointly-owned）这一重要属性——虽然定义中有“由利用合作社服务的人们拥有”这一语词，但从概括性与准确性上来说，仍然与“联合所有”存在较大差距。当然，瑕不掩瑜，该定义在我国法学界不失为一个较为理想的定义。

我国目前尚未制定合作社基本法即《合作社法》，但已出台了一部《农民专业合作社法》。《农民专业合作社法》于2006年10月31日颁布，自2007年7月1日起施行。该法第2条第1款规定：“农民专业合作社是在农村家庭承包经营基础上，同类农产品的生产经营者或者同类农业生产经营服务的提供者、利用者，自愿联合、民主管理的互助性经济组织。”我国《农民专业合作社法》上述界定可谓充分借鉴了国际社会的立法经验，比较全面准确地反映了合作社的本质特征。

应当指出，我国《农民专业合作社法》已于2017年12月27日进行了修订，修订后的《农民专业合作社法》第2条规定：“本法所称农民专业合作社，是指在农村家庭承包经营基础上，农产品的生产经营者或者农业生产经营服务的提供者、利用者，自愿联合、民主管理的互助性经济组织。”就此条而言，修订前后的最大变化是将“同类”两字删除。对此，全国人大农业与农村委员会副主任委员陈光国解释道：“随着城镇化的快速推进和农村劳动力的大量转移，农业规模化经营快速发展，农民对联合与合作的意愿更加强烈，对合作的内容、层次和形式的需求呈现出多样化的态势，专业合作、股份合作、信用合作、供销合作等各种类型的合作社并行发展，专业化基础上的综合化发展趋势更加明显。同时，农民对各类合作社提供服务的需求也日益多元，不局限于同类农产品或者同类农业生产经营服务的范围。因此，草案取消有关‘同类’农产品或者‘同类’农业生产经营服务中‘同类’限制，扩大法律调整范围。同时以列举方式扩大农民专业合作社的服务类型，将农村民间工艺及制品、休闲农业和乡村旅游资源的开发经营等新型农民专业合作社，以及农机、植保、水利等专业合作社纳入调整范围。"〔1〕一句话，取消“同类”限制，旨在扩大《农民专业合作社法》的调整范围。

我国大陆地区虽尚未制定合作社基本法，但我国台湾地区已有一部合作社基本法，即颁布于民国时期（1934 年）、现仍在我国台湾地区施行的“合作社法”。该法第 1 条第 2 款指出：“本法所称合作社，指依平等原则，在互助组织之基础上，以共同经营方法，谋社员经济之利益与生活之改善，而其社员人数及股金总额均可变动之团体。"〔2〕应当承认，该法对于合作社的内涵作出了较为全面而又准确的界定。

在国际社会，德国合作社立法相当先进，其相关规定备受学界关注。《德国工商业与经济合作社法》第 1 条规定，合作社是“成员数量不限，以增进成员的收益或经营或者其社会或文化需求为目的，并通过共同的业务活动来实现这一目的的团体”。〔3〕而美国农业部（USDA）的定义可谓独树一帜：“合作社是利用者所有、利用者控制并基于利用对合作社盈余进行分

---

〔1〕 陈光国：“关于《中华人民共和国农民专业合作社法（修订草案）》的说明”，载中国人大网：http://www.npc.gov.cn，2018 年 2 月 4 日访问。

〔2〕 本书所引我国台湾地区“合作社法”条文，除非特别说明，均引自 2015 年 6 月 3 日最新修订的“合作社法”。

〔3〕 苑鹏：“德国最新《合作社法》的修订变化及其对我国的启示”，载《学习与实践》2016 年第 7 期。

配的企业。”[1]该定义“独”就“独”在其言简意赅。

无独有偶，《不列颠百科全书》对于合作社内涵的界定同样言简意赅：合作社是“由那些享用其服务的人们所拥有并得益而经营的一种组织”。[2]

应当认为，在世界范围内，对于合作社内涵的界定，就其准确性与权威性而言，当无过于国际合作社联盟。

国际合作社联盟是一个独立的非政府组织（也是全球最大的非政府组织），成立于1895年，其宗旨在于“推广和维护合作社的特征”，“努力争取使合作制企业成为一种具有市场竞争力且广为认可的企业形式”等。[3]1995年，国际合作社联盟在英国曼彻斯特召开了成立100周年纪念大会，会上通过了《关于合作社特征的声明》，其中对合作社的概念、价值与原则均作出了明确规定。

国际合作社联盟通过的《关于合作社特征的声明》将合作社界定为：“A cooperative is an autonomous association of persons united voluntarily to meet their common economic, social and cultural needs and aspirations through a jointly-owned and democratically-controlled enterprise.”关于这一定义的中译，我国相关机构或学者在具体措辞方面不无差异，[4]笔者在仔细研究原文并在借鉴相关研究成果的基础上，将其试译为：“合作社是人们自愿联

---

〔1〕其英文原文为：“A cooperative is a user-owned, user-controlled business that distributes benefits on the basis of use.”

〔2〕《不列颠百科全书》（国际中文版），中国大百科全书出版社1999年版，第464页。

〔3〕中华全国供销合作总社国际合作部：《国际合作社联盟》，中国社会出版社2009年版，第1页。

〔4〕关于其间具体差异，敬请参阅刘观来：“合作社治理结构法律制度研究”，中南财经政法大学2012年博士学位论文，第18~19页。

合，通过联合所有与民主控制的企业，来满足他们共同的经济、社会、文化需求与愿景的自治联合体。”

对于国际合作社联盟的上述定义，国际劳工组织（ILO）《合作社促进建议书（2002）》一字未易予以接受，联合国（UN）《关于创造一个旨在有利于合作社发展的环境的指导意见》亦推荐各国采用。本书即采纳该定义，以与国际“接轨”。

第二节　合作社的功能

合作社因其具有独特功能而在世界范围内受到广泛关注。“从国外实践看，发展最快、覆盖最广的合作社是农民合作社，已占全球各类合作社总数的36%。”[1]在我国，农民合作社尤其是农民专业合作社更是呈现出蓬勃发展的态势。以下即结合我国农民合作社来具体分析合作社的功能。

一、增加农民收入

合作社提高了农民的市场谈判地位，延伸了产业链，正在成为促进农民增收的有效途径。

市场经济的本质特征是交易，交易条件的确定取决于交易双方的博弈。博弈结果首先依赖于交易双方的实力，其中既包括硬实力，也包括软实力，如组织化程度等。交易双方的实力对比，决定了他们在交易中的谈判地位或谈判权力。在交易双方实力悬殊的情况下，决定交易条件的权力往往为强势一方所垄断，弱势一方只能被动接受对方交易条件。为了改变这一被动局面，弱势群体只有联合起来形成合力，以对抗强势群体对

---

〔1〕 刘明祖：“对农民专业合作社的几点认识”，载仝志辉主编：《农民合作社本质论争》，社会科学文献出版社2016年版，第65页。

谈判权力的垄断，进而使其接受较为公平的交易条件。合作社正是弱势群体赖以提高其市场谈判地位的一种有效组织形式。[1]弱势群体的典型代表即农民。由于农产品具有高度的同质性，加上生产者人数众多，再加上农产品的季节性和易腐性等特点，农民作为卖方在市场交易中处于非常不利的地位，无法与买方进行充分的讨价还价。若想改变这一被动局面，他们只有组织起来，成立合作社，才能提高议价能力，进而增加收入。[2]

"合作社办企业"，代表着合作社的发展方向。[3]在合作社发达的荷兰，最初大多数合作社只注重销售社员的农产品，其后，便开始向农产品加工等领域延伸，产业化程度不断提高。[4]合作社通过对农产品进行加工，可以提高农产品附加值，从而让社员增加收入。在我国，亦有学者主张，合作社应发展成为合作社性质的公司，将其业务扩展到农产品加工、营销等领域，这样，可以把农产品进入二、三产业后的增值利润保留在社员手里——合作社自身成为龙头企业，是发展现代农业、增加农民收入的最佳途径。[5]不过，当前我国不少农民合作社只能对农产品进行简单的初加工，增值空间不大，农民增收有限。[6]对此，有学者分析认为，相较于产品销售服务功能实现

〔1〕 唐宗焜："合作社功能和社会主义市场经济"，载《经济研究》2007年第12期。

〔2〕［美］亨利·汉斯曼：《企业所有权论》，于静译，中国政法大学出版社2001年版，第180~181页。

〔3〕 陈辉："如何更好发挥农民专业合作社的作用"，载《人民日报》2010年10月29日。

〔4〕 殷瑞锋："国外农业合作组织的主要功能及发展趋势分析"，载《中国农民合作社》2009年第5期。

〔5〕 张晓山："创新农业基本经营制度 发展现代农业"，载《经济纵横（创新版）》2007年第1期。

〔6〕 万江红、祁秋燕："合作社服务功能需求优先序研究"，载《学习与实践》2016年第8期。

深度，我国农民合作社产品加工服务功能实现深度很差，究其原因，除了大多数农民合作社对农产品深加工和营销熟悉程度较低外，还在于农民合作社普遍缺资金、缺经营管理人才。〔1〕针对我国农民合作社产品加工服务功能实现深度很差的现状，有学者提出，应加大合作社加工实体功能建设力度，以推动农产品的深加工，帮助农民实现产业链利益内在化。〔2〕

总之，合作社通过为社员统一提供服务，在生产环节降低了成本，在流通环节节省了费用，并使更多社员参与了农产品附加值的分享，促进了农民收入的增长。相关调查结果显示，入社农户的收入普遍比未入社同业农户高出20%以上。〔3〕

当然，合作社是否增加社员收入以及在多大程度上增加社员收入，受组织特征（如从事行业、内部治理等）、理事长特征、社员自身特征等诸多因素影响。〔4〕

二、创新农业经营体制机制

创新农业经营体制机制，使生产关系更好适应生产力发展，是新时期我国农业农村发展的必然要求。〔5〕

改革开放以后，我国在农村实行了以家庭承包经营为基础、统分结合的双层经营体制。虽然不少人对家庭经营的合理性产

---

〔1〕 黄祖辉、高钰玲："农民专业合作社服务功能的实现程度及其影响因素"，载《中国农村经济》2012年第7期。

〔2〕 李延荣、高建中："农民专业合作社功能发展现状实证研究"，载《安徽农业科学》（第39卷）2011年第26期。

〔3〕 农业部农村经济体制与经营管理司、农业部农村合作经济经营管理总站、农业部管理干部学院编著：《中国农民专业合作社发展报告（2006-2010）》，中国农业出版社2011年版，第5页。

〔4〕 孙同全等：《中国农民合作社的发展与作用研究——基于对3省121家农民合作社的调研》，中国社会科学出版社2016年版，第102页。

〔5〕 陈晓华："现代农业发展与农业经营体制机制创新"，载《农业经济问题》2012年第11期。

生怀疑，[1]但农业实行家庭经营，是由农业本身的特性决定的；即使在已经实现了农业现代化的国家，无一例外仍在实行家庭经营。[2]有鉴于此，创新农业经营体制机制，不能动摇家庭承包经营这一基础。以家庭承包经营为基础、统分结合的双层经营体制，是我国农村改革所取得的最重要的制度性成果，而且已经载入了我国宪法。

与此同时，也必须承认，家庭经营，尤其是发展中国家的家庭经营，普遍存在经营规模小、生产效率低、现代化程度不高等诸多弊端。[3]在我国，为了克服此类弊端，遂实行以家庭承包经营为基础、统分结合的双层经营体制，亦即有“分”有“统”，“统分结合”，以期充分发挥分散经营与统一经营两方面优势。遗憾的是，实践中，大多数集体经济组织“统”得不够，为农户服务的功能有限，统分结合的双层经营体制流于形式，使农民在市场化和全球化进程中处于不利地位。[4]为此，中央适时提出，应构建新型农业经营体系。构建新型农业经营体系，应以发展农民合作组织为重点。[5]农民合作组织的典型代表即农民合作社。农民合作社与集体经济组织不同，用农民的话说，叫作“生产在家，服务在社”。这个“两在”，生动、形象地说明了农民合作社与家庭承包经营的关系：生产上的问题，由家庭负责；产前、产中、产后服务由农民合作社提供。这样，既

---

〔1〕 如认为家庭经营存在土地经营规模小，抵御自然风险与市场风险能力弱，农业劳动者素质相对低下，生产经营成本高等诸多突出问题。参见李周、杜志雄、朱钢主编：《农业经济学》，中国社会科学出版社 2017 年版，第 242 页。

〔2〕 陈锡文等：《中国农村制度变迁 60 年》，人民出版社 2009 年版，第 7 页。

〔3〕 张锦华主编：《农业经济学》，上海财经大学出版社 2017 年版，第 86~88 页。

〔4〕 黄祖辉：“中国农民合作组织发展的若干理论与实践问题”，载《中国农村经济》2008 年第 11 期。

〔5〕 陈锡文：“构建新型农业经营体系 加快发展现代农业步伐”，载《经济研究》2013 年第 2 期。

坚持了家庭承包经营这一农村基本经营制度，又有效解决了统分结合的双层经营体制中“统”的功能不足的问题。[1]

农民合作社通过农户间的联合与合作，提高了农民的组织化程度，正在成为推进我国农业经营体制机制创新的重要载体。[2]

三、发展现代农业

农业是安天下、稳民心的战略产业。农业现代化不仅是农业发展的根本方向，而且是国家现代化的基础和支撑。[3]没有农业现代化，就没有国家现代化。

所谓农业现代化，实际上就是由传统农业向现代农业转变的过程，是现代集约化农业和高度商品化农业相统一的过程。农业现代化有广狭二义。狭义的农业现代化仅指农业生产技术上的变革，广义的农业现代化还包括组织管理的现代化以及人的现代化等。[4]对此，2007 年中央一号文件作了精辟概括，即“用现代物质条件装备农业，用现代科学技术改造农业，用现代产业体系提升农业，用现代经营形式推进农业，用现代发展理念引领农业，用培养新型农民发展农业”。[5]农业现代化的内容

---

〔1〕 郑文凯：“充分认识《农民专业合作社法》的立法背景和重大意义”，载仝志辉主编：《农民合作社本质论争》，社会科学文献出版社 2016 年版，第 71 页。

〔2〕 农业部农村经济体制与经营管理司、农业部农村合作经济经营管理总站、农业部管理干部学院编著：《中国农民专业合作社发展报告（2006-2010）》，中国农业出版社 2011 年版，第 3 页。

〔3〕 李克强：“以改革创新为动力，加快推进农业现代化”，载中共中央文献研究室编：《十八大以来重要文献选编》（中），中央文献出版社 2016 年版，第 258~259 页。

〔4〕 李秉龙、薛兴利主编：《农业经济学》（第 2 版），中国农业大学出版社 2009 年版，第 356 页。

〔5〕“中共中央国务院关于积极发展现代农业 扎实推进社会主义新农村建设的若干意见”（2007 年中央一号文件），载《中共中央国务院关于“三农”工作的一号文件汇编（1982-2014）》，人民出版社 2014 年版，第 136 页。

虽然十分广泛，但“农业生产经营组织创新”是其中的“核心和基础”(2013年中央一号文件语)。

有学者曾指出，农民合作社推进了专业化、标准化生产，规模化、品牌化经营，正在成为发展现代农业的中坚力量。[1]其实，农民合作社在“发展现代农业”方面的作用远不止此，其作用涉及现代农业的方方面面。

四、推进社会主义新农村建设

合作社是一个多功能组织。除了经济功能，合作社还具有社会功能、文化功能乃至政治功能。

有学者曾指出，长期以来我们只注重合作社的经济功能，而相对忽视合作社的其他功能。[2]例如，农民合作社能够提高农民素质，培养新型农民，改变乡村习俗，促进农村精神文明建设等。[3]农民合作社有助于提高农民的合作意识、民主意识和责任意识。[4]实践证明，凡是农民合作社办得较为成功的地方，农民不仅可以在经济上受益，而且可以在民主意识、合作意识、守法意识等方面得到提升。[5]农民合作社的非经济功能不可忽视。德国修订后的合作社法即新增了合作社的社会功能

---

〔1〕 农业部农村经济体制与经营管理司、农业部农村合作经济经营管理总站、农业部管理干部学院编著:《中国农民专业合作社发展报告(2006-2010)》，中国农业出版社2011年版，第3页。

〔2〕 欧阳仁根、陈岷等:《合作社主体法律制度研究》，人民出版社2008年版，第3页。

〔3〕 李玉勤:“‘农民专业合作组织发展与制度建设研讨会’综述”，载《农业经济问题》2008年第2期。

〔4〕 农业部农村经济体制与经营管理司、农业部农村合作经济经营管理总站、农业部管理干部学院编著:《中国农民专业合作社发展报告(2006-2010)》，中国农业出版社2011年版，第3页。

〔5〕 陈辉:“如何更好发挥农民专业合作社的作用”，载《人民日报》2010年10月29日。

和文化功能，用以满足社员社会和文化方面的需求。[1]

正是由于合作社具有经济功能、社会功能和文化功能等多种功能，因此，大力发展农民合作社，必将有力推动我国新农村建设。

第三节 合作社的属性

一、合作社的本质属性

所谓属性，是指“事物所具有的性质、特点”。[2]合作社的属性，可以进一步划分为本质属性与其他属性。本质属性决定着其他属性，其他属性则由本质属性派生而来。

虽然国际合作社联盟对于合作社的内涵作出了权威界定，但何为合作社的本质属性，在我国学界仍然存在争议。[3]有学者认为，合作社的本质属性是所有者与利用者同一，[4]亦即所有者即利用者，利用者即所有者。[5]另有学者则认为，合作社除了所有者与利用者同一这一本质属性外，还有其他本质属性，如入社自愿、退社自由，“一人一票”（one member，one vote）的民主管理，按照交易额比例返还盈余，等等。[6]笔者认为，

---

〔1〕 苑鹏：“德国最新《合作社法》的修订变化及其对我国的启示”，载《学习与实践》2016 年第 7 期。

〔2〕 中国社会科学院语言研究所词典编辑室：《现代汉语词典》（第 7 版），商务印书馆 2016 年版，第 1215 页。

〔3〕 邓衡山、徐志刚：“《农民专业合作社法》需要大改吗？——兼论名实之辨的意义与是否需要发展中国特色合作社理论”，载《农业经济问题》2016 年第 11 期。

〔4〕 有学者使用“所有者与惠顾者同一”的概念，本书在同一意义上使用。

〔5〕 苑鹏：“试论合作社的本质属性及中国农民专业合作经济组织发展的基本条件”，载《农村经营管理》2006 年第 8 期；张晓山：“农民专业合作社发展需要关注的一些问题”，载《农村经营管理》2011 年第 1 期。

〔6〕 马跃进：“合作社的法律属性”，载《法学研究》2007 年第 6 期；陈婉玲：《民国〈合作社法〉的孕育与影响》，法律出版社 2010 年版，第 50~51 页。

若论本质属性，合作社的本质属性只有一个，那便是：所有者与利用者同一。至于入社自愿、退社自由、“一人一票”的民主管理、按照交易额比例返还盈余等，均属非本质属性，是从本质属性中派生出来的。这不仅是我国学术界的通说，而且即使认为合作社有五个本质属性的学者也承认，所有者与利用者同一是“合作社诸多属性中最重要的属性，是合作社最本质的属性”。[1]

社员之所以设立或加入合作社，是为了利用合作社提供的服务，以解决其个人或无力解决或解决不好或解决不合算的问题。例如，农民设立运销合作社是为了能以相对较高的价格卖出其生产的农产品，设立供给合作社是为了能以相对较低的价格买进其需要的农用品。社员与合作社之间一般都存在一定的业务关系。社员需要合作社提供的服务，否则，他就不会设立或加入合作社；加入合作社以后，如果不再需要合作社提供的服务，社员也会选择退社。

进一步说，利用合作社提供的服务，既是社员的权利，同时也是社员的义务。实践中，有些合作社章程即规定，如果社员在一定期间内不与合作社进行交易，则丧失社员资格。[2]社员利用合作社提供的服务，利用合作社提供的服务的社员“民主控制”（democratically-control）合作社，控制的方式是“一人一票”，控制的目的即在于确保合作社为社员提供更多更好的服务。这是从社员方面来说的。

从合作社方面来说，合作社存在的唯一目的在于为社员提供服务，以“满足社员共同的经济、社会、文化需求与愿望”

---

〔1〕 马跃进：“合作社的法律属性”，载《法学研究》2007年第6期。

〔2〕 全国人大农业与农村委员会课题组：“农民合作经济组织法立法专题研究报告”（三），载《农村经营管理》2004年第11期。

(国际合作社联盟《关于合作社特征的声明》)。这是合作社的"立身之本"。我国《农业法》第11条第2款即明确规定:"农民专业合作经济组织应当坚持为成员服务的宗旨。"我国《农民专业合作社法》第3条第1款和第4条第1款第(二)项亦分别规定:"农民专业合作社以其成员为主要服务对象。""农民专业合作社应当遵循下列原则:(二)以服务成员为宗旨,谋求全体成员的共同利益。"如果合作社不为社员提供服务,或者社员不需要合作社提供的服务,那么,合作社便丧失了存在的理由。

合作社不仅为社员提供服务,而且只能为社员提供服务。不少国家与地区的合作社法均规定,如果合作社为非社员提供服务,那么,便不得享受为其"量身定做"的在税费等方面的优惠待遇。[1]当然,为了推动合作社进一步发展,合作社只与社员交易这一原则在实践中已有所"修正"。但是,不少国家与地区的立法例对此均予以限制。例如,美国的《卡帕·沃尔斯台德法》规定,合作社可以与非社员交易,但与非社员的交易量不得超过与社员的交易量。德国法律也有类似规定。[2]

合作社的所有者与利用者同一这一本质属性,在国际社会得到了广泛认可。美国农业部(USDA)即规定:"合作社是利用者所有、利用者控制并基于利用对盈余进行分配的企业"(A cooperative is a user-owned, user-controlled business that distributes benefits on the basis of use)。美国威士康星大学合作社研究中心(UWCC)亦认为,合作社是社员自己为自己经营的企业。[3]一

---

〔1〕 马跃进:《合作社的法律属性研究》,中国财政经济出版社2008年版,第70页。

〔2〕 马跃进:《合作社的法律属性研究》,中国财政经济出版社2008年版,第70页。

〔3〕 杜吟棠:《合作社:农业中的现代企业制度》,江西人民出版社2002年版,第23页。

句话，合作社是典型的“民有”（of the people）、“民治”（by the people）、“民享”（for the people）的经济组织。[1]

二、合作社的其他属性

（一）入社自愿、退社自由

合作社实行“门户开放”政策，亦即国际合作社联盟规定的“自愿与开放的社员资格”（voluntary and open membership）原则。任何人，只要愿意利用合作社提供的服务，并且承担社员责任，都可以申请加入合作社。对此，合作社不得拒绝，也不得基于性别、种族、政治、宗教等理由予以歧视。事实上，由于合作社是互助性经济组织，因此，参加的人员越多，则互助的效用越大，服务的效能越高。[2]

合作社的这一属性在不少国家与地区的合作社法中得到了充分体现。例如，《德国工商业与经济合作社法》即规定，合作社是“不限定成员人数的团体”[3]。我国台湾地区“合作社法”亦规定，合作社是“社员人数及股金总额均可变动之团体”。

当然，申请加入合作社必须具备一定条件。首先，看他是否需要合作社提供的服务，如果不需要合作社提供的服务，那么，就没有必要入社。对于无需合作社提供服务的人来说，入社没有任何意义。其次，即使是需要合作社提供服务的人，其积极资格与消极资格也必须符合合作社法与合作社章程的相关

---

〔1〕 刘观来：“我国农民专业合作社社员权的诉权保护——以社员代表诉讼的制度构建为中心”，载《农业经济问题》2016年第12期。

〔2〕 尹树生：《合作经济概论》，三民书局股份有限公司1986年版，第12页。

〔3〕 参见《德国工商业与经济合作社法》第1条。本书所引《德国工商业与经济合作社法》条文，除非特别说明，均引自“德国工商业与经济合作社法”，王东光译，载王保树主编：《商事法论集》（第12卷），法律出版社2007年版。

规定。合作社法与合作社章程之所以规定社员的积极资格与消极资格，旨在促进合作社良性健康发展，保护其他社员利益，进而实现合作社的宗旨和目标。合作社法与合作社章程规定的社员入社条件与国际合作社联盟的上述规定并不矛盾，即对于符合条件的申请者，合作社不得拒绝，亦不得予以歧视。

合作社在实行入社自愿的同时，也实行退社自由，亦即社员如果不再需要合作社提供的服务，则可以申请退社。简言之，合作社社员享有“进出”合作社的自由（“进出自由”）。当然，根据各国合作社法与合作社章程的相关规定，社员的退社自由，一如其他自由，也不是不受限制的绝对自由，而应在合作社法与合作社章程规定的条件与程序范围内行使。不按法定或章定（合作社章程规定）条件和程序行使退社自由，造成合作社损失的，退社社员应向合作社承担损害赔偿责任。

总之，只有既实行入社自愿，又保障退社自由，才能充分体现合作社是一个自愿的组织。

（二）“民主控制”

首先，必须指出，根据国际合作社联盟的界定，合作社是“民主控制”的组织，而我国不少学者则称为“民主管理”，似与原文不“信”。基于此，本书使用“民主控制”的概念。

合作社是“人”的结合体，而非“钱”的结合体。“合作社是民主的组织。”（国际合作社联盟《关于合作社特征的声明》）相较于其他组织，合作社特别重视平等原则。对于合作社事务，社员享有平等的参与权和决策权。例如，合作社在表决权上，实行“一人一票”原则。也就是说，合作社的表决权系按“人”分配，而非按“资”分配。这一点，与公司形成了鲜明对比。

公司是典型的“钱”的结合体（资合体）。公司股东控制权的大小与其投资额多少成正比，即投资额越多，控制权越大。合作社则不然。合作社分配表决权的基准是“人”，而非“钱”。合作社社员表决权的大小往往与其投资额多少无关。对于基层合作社来说，尤其注重社员在表决权方面的平等。对于其他级别的合作社（如联合社），则可以具有一定的弹性。国际合作社联盟《关于合作社特征的声明》即规定：“在基层合作社中，社员拥有平等的投票权（一人一票），其他级别的合作社也按民主的方式进行组织。”[1]据此，“其他级别的合作社”虽然在投票权方面享有一定的伸缩自由，但不得背离民主方式。

尽管如此，国际合作社联盟上述“民主控制”的原则在实践中还是受到了一定的冲击。因为，“一人一票”虽然体现了社员间的平等，但对于合作社内公平的实现却“力有未逮”，不利于调动社员投资与交易的积极性。我们知道，合作社作为一个经济组织，必然会从事经济活动，而这就必需一定的资金作为营运的基础；合作社作为弱者的联合体，资金的瓶颈本来就不易克服，加上实行“一人一票”制，资金的困难更是难以解决，因为实行严格的“一人一票”原则不利于调动社员投资的积极性。此外，社员与合作社交易是合作社生存与发展的基础，社员与合作社的交易量越大，就越能促进合作社的发展，因此，合作社应鼓励社员与其交易，而“一人一票”制度却在很大程度上挫伤了社员交易的积极性。有鉴于此，为了体现公平，不少国家与地区的合作社法对“一人一票”原则予以一定程度的修正，规定投资额或交易额大的社员享有附加表决权。与此同时，为了防止少数社员控制合作社，以实现“民主的社员控制”(democratic member control)，不少国家与地区的立法例也都对附

---

〔1〕 中华全国供销合作总社国际合作部：《国际合作社联盟》，中国社会出版社2009年版，第9页。

加表决权予以限制，如我国《农民专业合作社法》第22条将社员的表决权分为基本表决权与附加表决权，对于基本表决权，实行“一人一票”，而对于出资额或交易额大的社员，可以赋予其附加表决权，但“附加表决权的总票数不得超过本社社员基本表决权总票数的百分之二十”。《德国工商业与经济合作社法》也有类似规定。

这样，在合作社中，就兼顾了平等与公平。不过，在合作社中，平等是矛盾的主要方面，决定着合作社的基本性质，决不允许资本控制合作社；否则，合作社即蜕变为公司等典型营利性组织，而不复为视平等若生命、力主实现“民主控制”原则的独特的组织。

（三）按交易量（额）比例返还盈余

严格来说，合作社没有盈余，因为合作社不是营利性组织，合作社的盈余来源于其对社员的多收或少付，既然如此，合作社的盈余就应当按照其来源的途径予以返还，亦即“哪里来、哪里去”。〔1〕从这个意义上说，称为“盈余”并不妥当。正是基于这个原因，不少国外立法或学者不称盈余，如日本《农业协同组合法》称为“剩余金”，英国学者 Margarete Digby 称为“交易剩余款”（trading surplus）等。〔2〕不过，笔者认为，如果合作社只与社员交易，则上述立法规定或学者观点自然无懈可击；但是，在现代，不少合作社已不限于与社员交易，为了扩大业务规模，以图进一步发展，已开始与非社员交易，只是与非社员的交易量受到限制而已，即一般不得超过与社员的交易量。

---

〔1〕 苑鹏：“现代合作社理论研究发展评述”，载《农村经营管理》2005年第4期。

〔2〕 李锡勋：《合作社法论》，三民书局股份有限公司1982年版，第117页及以下。

实践中，合作社与非社员交易已屡见不鲜。而合作社在与非社员交易过程中，自然会追求营利，因此，对于这一部分的利润，称其为盈余并无不妥，只是其比例不会太大而已。

合作社“按交易量（额）比例返还盈余”这一属性，也与公司不同，公司是按投资额比例返还盈余的，股东投资额越大，所获利润就越多。而在合作社中，禁止资本分红，社员的投资只能取得有限的利息。这就是资本报酬有限原则。

顺便指出，有学者认为，资本报酬有限原则也是合作社的一项基本原则，是合作社的基本属性之一。实则，资本报酬有限原则与按交易量（额）比例返还盈余原则是一个问题的两个方面，前者体现于后者当中。具体而言，即是：按交易量（额）比例返还盈余，实际上等于限制了资本报酬，而限制资本报酬，则是为了实行按交易量（额）比例返还盈余。因此，一旦明确了按交易量（额）比例返还盈余原则，即明确了资本报酬有限原则，在合作社的基本属性中，后者实无必要再为列出，否则，即有叠床架屋之嫌。

对于按交易量（额）比例返还盈余这一属性，不少国家与地区的合作社法都作出了相应规定。不过，我国现行《农民专业合作社法》中的相关规定却比较弹性化，即在肯定合作社的盈余应按社员交易量（额）比例返还的同时，还规定“返还总额不得低于可分配盈余的百分之六十”。这就是说，我国现行立法“默认”了其他分配方式的存在，只不过，按交易量（额）比例返还的方式应在其中占主导地位，否则，即有违合作社的基本属性。

最后，还必须指出，关于合作社的基本属性，我国《农业法》的有关规定可谓相当“到位”。《农业法》第 11 条第 2 款规定：“农民专业合作经济组织应当坚持为成员服务的宗旨，按照加入自愿、退出自由、民主管理、盈余返还的原则，依法在其章程规定的范围内开展生产经营和服务活动。”《农业法》虽然是针对“农民专业合作经济组织”作出上述规定，而并非为合作社“量身定做”，但是，其中对于合作经济组织基本属性的概括却非常准确、到位，可以说，抓住了这种经济组织的性质与特点。有学者因此认为，《农业法》第11条第2款的规定是对合作社属性的“一大贡献”。[1]此后出台的《农民专业合作社法》对于农民专业合作社基本属性的规定即继承了《农业法》的上述规定与精神。

第四节 合作社的地位

探讨合作社的法律地位，即探讨合作社是否为法人。如果其为法人，则法人类型为何。

一、合作社的法人地位

所谓法人，是指自然人以外，由法律所创设，得为权利及义务主体的组织体。[2]对于合作社尤其是农民专业合作社是否为法人，我国理论界曾经存在过争议。

实践中，我国主要有四种类型的合作社：供销合作社、信用合作社、住宅合作社以及农民专业合作社。对于前三种合作社，由于《关于深化供销合作社改革的决定》（1995年）、《城市信用合作社管理办法》（1997年）、《农村信用合作社管理规定》（1997年）、《城镇住宅合作社管理暂行办法》（1992年）等

---

〔1〕 马跃进：“借鉴台湾地区合作社法，推进大陆合作社立法”，载王保树主编：《中国商法年刊（2006）——合伙与合作社法律制度研究》，北京大学出版社2007年版，第239页。

〔2〕 施启扬：《民法总则》（修订第8版），中国法制出版社2010年版，第118页。

文件或部门规章对其法人地位作出了明确规定，因此，理论界关注不多，争议也不大。

由于《农民专业合作社法》迟迟未能颁布，因此，农民专业合作社的法律地位问题在一段时期内引起了我国理论与实务界的广泛关注，并由此产生了一些分歧意见，其中，既有正反意见，也有折中观点。以我国法学界而论，虽然有少数学者对赋予农民专业合作社法人资格持慎重态度，〔1〕或主张由其自主选择，〔2〕但是，绝大多数学者均认为应将合作社（包括农民专业合作社）确定为法人。〔3〕

笔者认为，判断农民专业合作社是否为法人，最为关键的是看它是否具备《民法通则》规定的法人条件。实践中，我国农民专业合作社一般都有自己的名称和场所，有由社员大会、理事会、监事会等组成的较为健全的组织机构，同时还有由社员股金等构成的合作社的独立财产，能够独立承担民事责任等，这些条件完全符合《民法通则》规定的法人成立要件，因此，农民专业合作社应当被赋予法人主体资格。事实上，我国于2006年颁布的《农民专业合作社法》也最终确立了农民专业合作社的法人地位，为理论界这一争论画上了句号。2006年通过的《农民专业合作社法》第4条规定："农民专业合作社依照本法登记，取得法人资格。"修订后的《农民专业合作社法》第5条对此相沿未改。

---

〔1〕 李长健、冯果："我国农民合作经济组织立法若干问题研究"（上），载《法学评论》2005年第5期。

〔2〕 谭启平："论合作社的法律地位"，载《现代法学》2005年第4期；刘宏渭："我国农村合作经济组织立法问题探讨"，载王保树主编：《中国商法年刊（2006）——合伙与合作社法律制度研究》，北京大学出版社2007年版，第273页。

〔3〕 梁慧星："合作社的法人地位"，载梁慧星主编：《民商法论丛》（第26卷），金桥文化出版公司2003年版，第339页及以下。

实际上，将合作社定位于法人是各国各地区合作社法的通例，如《德国工商业与经济合作社法》第 17 条即规定："经登记的合作社具有独立的权利和义务；可以获得土地所有权和其他物权，在法院起诉与应诉。"此外，法国、日本、瑞士等国法律也都明确规定合作社为法人。《俄罗斯联邦民法典》虽然并未明确合作社的法人地位，但其将合作社规定于"法人"一章（第四章），因此，合作社的法人地位不言自明。

二、合作社的法人类型

探讨合作社的法人类型，有助于我们加深对合作社性质的认识。

在我国《农民专业合作社法》颁布以前，我们对于农民专业合作社的性质存在着一些错误认识，如各地对于农民专业合作社登记机关的规定就五花八门：有的规定为工商部门，有的规定为民政部门，有的甚至规定为科协，等等。这说明，我们对于合作社性质的认识亟待提高。

（一）我国《民法通则》与《民法总则》的法人分类

众所周知，我国《民法通则》根据法人是否从事经营活动，将法人划分为企业法人与非企业法人，而非企业法人则包括机关法人、事业单位法人与社会团体法人。对于企业法人，再根据其生产资料所有制的性质，进一步划分为全民所有制企业法人、集体所有制企业法人、中外合资经营企业法人、中外合作经营企业法人和外资企业法人。在这种分类体系中，乍一见，似乎找不到合作社的"身影"（我国确有学者如此认为），然而细究之，合作社并非"无影无踪"，我国现行立法是将其归类于集体所有制企业。我国现行《宪法》第 8 条第 1 款和第 2 款分别规定："农村中的生产、供销、信用、消费等各种形式的合作经济，是社会主义劳动群众集体所有制经济。""城镇中的手工业、工业、建筑业、运输业、商业、服务业等行业的各种形式的合作经济，都是社会主义劳动群众集体所有制经济。”由此可见，我国现行《宪法》将合作社归类于集体所有制企业。

但是，合作社与集体所有制企业不可同日而语，两者之间存在诸多重大区别（对此，下文将予详论）。我国《民法通则》将合作社归类于集体所有制企业缺乏合理性，加上我国《民法通则》上述分类过于粗糙，不足以反映不同类型法人的性质，因此，应借鉴大陆法系相关立法经验对我国法人分类体系进行重构。

好在随着我国《民法总则》的颁布，这一局面得以改观。我国《民法总则》第三章“法人”，除了根据国际通行立法经验，将法人分为营利法人与非营利法人外，还特设第四节“特别法人”，其中规定机关法人、农村集体经济组织法人、城镇农村的合作经济组织法人、基层群众性自治组织法人。法人分类标准有明显进步，尤其值得称道的是将合作社法人（“城镇农村的合作经济组织法人”）与集体经济组织法人（“农村集体经济组织法人”）分列。

（二）大陆法系的法人分类

1. 合作社是私法人

大陆法系首先将法人分为公法人与私法人。划分公法人与私法人的标准虽然至今仍然众说纷纭，但通说认为，应以其设立所依据的法律为标准，即：依公法设立者为公法人，依私法设立者为私法人。[1]合作社法人依合作社法设立，而合作社法为私法，因此，合作社法人为私法人。

---

〔1〕郑玉波：《民法总则》，中国政法大学出版社2003年版，第164页。

明确合作社为私法人，其实益至少有二：其一，在未来《民法典》“总则”编“法人”章中，合作社应有一席之地；其二，合作社既为私法人，则合作社法在对合作社治理结构进行制度设计时，应充分尊重合作社的“意思自治”。

2. 合作社是社团法人

大陆法系在私法人之下，再根据成立的基础不同，将私法人划分为社团法人与财团法人。社团法人是人的组织体，成立的基础在于人，而财团法人是财产的集合体，成立的基础在于财产。合作社是社员的联合体，是社员互助的组织，其成立的基础在于社员，因此，合作社是社团法人。

不过，必须指出，社团法人与社会团体法人不同。社会团体法人是非企业法人，因此，一般来说，其不得从事经营活动。在我国的合作社实践中，经常将合作社混同于社会团体法人，如将合作社的登记机关错误地规定为民政部门即其适例。

3. 合作社是非营利法人

对于社团法人，可以其目的事业为标准，进一步划分为公益法人与营利法人：以公益为目的者，为公益法人；以营利为目的者，为营利法人。所谓公益，是指不特定多数人的利益。不过，严格来说，将法人划分为公益法人与营利法人并不妥当，因为公益与营利并非对等名词。[1]如果按照这种标准划分，则合作社难以安身，因为合作社既非以不特定多数人利益为目的，也非以营利为目的。因此，笔者认为，我国未来《民法典》中的法人分类应借鉴德国立法经验，将社团法人划分为营利法人与非营利法人，然后再对非营利法人进行划分，而合作社属于其中的非营利法人。

---

〔1〕 郑玉波：《民法总则》，中国政法大学出版社2003年版，第167页。

当然，对于合作社是营利法人还是非营利法人，学者间仍然存在争议，如我国台湾地区不少民法学者即认为合作社属于营利法人。[1]但笔者认为，合作社虽然从事经营性活动，但从事经营性活动并不等于营利。划分营利与非营利的标准，不在于企业是否从事经营性活动，而在于其是否将所得利润分配给其出资者。而合作社的盈余实际上来自社员的多付或少收，正因为如此，合作社的盈余分配也叫作“盈余返还”。因此，通说认为，合作社属于非营利性企业。[2]

4. 合作社是互益法人

非营利法人，基于其是为了不特定多数人利益还是特定多数人利益，可以分为公益法人与互益法人。公益法人以不特定多数人利益为目的，如慈善组织等，而互益法人则以特定多数人利益为目的。合作社设立的目的旨在满足社员经济与社会需求，合作社以服务社员为宗旨，因此，合作社是互益法人。在日本，合作社被称为中间法人，而所谓中间法人，是指既不以营利为目的，也不以公益为目的的法人，[3]亦即处于营利与公益中间地带的法人。

总之，合作社是法人，是私法人，是社团法人，是非营利法人，是互益法人。

---

〔1〕 施启扬：《民法总则》（修订第8版），中国法制出版社2010年版，第125页；史尚宽：《民法总论》，中国政法大学出版社2000年版，第143页及以下。

〔2〕 马跃进：《合作社的法律属性研究》，中国财政经济出版社2008年版，第99页及以下。

〔3〕［日］山本敬三：《民法讲义Ⅰ：总则》，解亘译，北京大学出版社2004年版，第297页。

第五节 合作社的分类

根据不同的标准，可以对合作社进行不同的分类。标准既殊，分类自异。各国大多基于其历史与现实国情等因素对合作社进行分类。例如，德国将合作社分为消费合作社、住宅合作社、城市小工商业者合作社、农业合作社等。日本则将合作社分为消费合作社、中小企业合作社、渔业合作社、农业合作社（在日本，农业合作社被称为农业协同组合，简称农协）等。由于我国尚未制定合作社基本法，因此，不存在合作社的“法定”分类。本书拟根据几种常见标准对合作社进行分类。

一、按设立基础划分

按设立基础，合作社可以分为社区合作社与专业合作社。

顾名思义，社区合作社以社区为基础，专业合作社以专业为纽带。社区合作社社员一般限于社区居民。专业合作社与行政区域没有对应关系，其社员系从事同一业务。社区合作社大多是综合性合作社，经营范围较广，以满足社区居民不同需要。专业合作社一般只经营一种或几种相近的业务，经营范围较窄。从历史与现状来看，亚洲（尤其是东亚）国家与地区素来注重社区合作，而欧美则长期流行专业合作。[1]

随着市场经济的进一步发展，即使在亚洲国家与地区，专业合作也日益受到青睐。2006 年我国颁布实施《农民专业合作社法》，旨在规范与引导专业合作，促进农民专业合作社健康发展。不过，2017 年修订后的《农民专业合作社法》，取消了有

〔1〕 黄祖辉：“中国农民合作组织发展的若干理论与实践问题”，载《中国农村经济》2008 年第 11 期。

关“同类”农产品或“同类”农业生产经营服务中“同类”限制，旨在扩大法律调整范围。尽管如此，修订后的《农民专业合作社法》，其调整范围仍不包含“社区性的经济合作社或股份经济合作社”。[1]换言之，我国《农民专业合作社法》只规范专业合作，不规范社区合作。

笔者认为，社区合作与专业合作均有其生存土壤，应相辅而行，而不可或缺其一。站在立法论的角度，我们既应为专业合作立法，也应为社区合作立法。社区合作若缺乏法律规范，将不利于其健康快速发展。

二、按业务划分

按业务，合作社可以分为农业合作社、工业合作社、消费合作社、信用合作社与保险合作社等。

我国台湾地区在1950年以前的“合作社法”即是如此划分。有学者认为，这一分类方法源自孙中山先生所著的《地方自治开始实行法》，是以合作社的经济职能作为分类的标准。[2]不过，我国台湾地区现行“合作社法”已改采“经济行为”标准。

这一分类标准在世界范围内较为流行，因为在不少国家与地区的合作社法中，我们都能找到农业合作社、工业合作社、消费合作社、信用合作社与保险合作社的“身影”。虽然目前我国没有出台合作社基本法，因此无从分析我国合作社的立法分类，但我国于1950年曾起草了一部《中华人民共和国合作社法（草案）》，其中即明确规定了消费合作社、农村供销合作社与

---

〔1〕 全国人大农委法案室：“权威解读：农民专业合作社法修订草案解读”，载中国人大网：http://www.npc.gov.cn，2018年2月4日访问。

〔2〕 尹树生：《合作经济概论》，三民书局股份有限公司1986年版，第49页。

手工业生产合作社等三种合作社，如果加上信用合作社与保险合作社，则与上述种类基本吻合。笔者认为，这一分类的特点在于标示了农业合作社，而农业合作社在合作社中不应被“湮没”。

上述五种合作社中，虽然消费合作社出现最早（现代意义上的第一个合作社罗虚代尔公平先锋社即消费合作社），但到目前为止，以农业合作社推行范围最广，作用也最为显著，尤其是农业运销合作社，更是“后来居上、发展最快、普及最广”。〔1〕可以说，农业合作社是各国合作社的主体。农业合作社之所以能够快速发展，从根本上说，与农业作为弱质产业、农民作为弱势群体密不可分。我国也非常重视农业合作社的功能与作用，为此还专门制定了《农民专业合作社法》。当然，从各国合作社的发展趋势来看，信用合作社的地位亦将日益凸显。

三、按经济行为划分

按经济行为，合作社可以分为生产合作社、运销合作社、供给合作社、利用合作社、劳动合作社、消费合作社、公用合作社、运输合作社、信用合作社与保险合作社等。

这是我国台湾地区现行“合作社法”对于合作社所作的分类。1950年以前，我国台湾地区“合作社法”与“合作社法施行细则”对于合作社的分类标准并不统一。如上所述，“合作社法”按业务将合作社划分为农业、工业、消费、信用与保险五种，而其“施行细则”则按经济行为，将合作社业务划分为十种。〔2〕不过，其现行“立法”已统一按经济行为进行划分。

---

〔1〕 杜吟棠主编：《合作社：农业中的现代企业制度》，江西人民出版社2002年版，第6页。

〔2〕 李锡勋：《合作社法论》，三民书局股份有限公司1982年版，第117页及以下。

我国大陆有学者认为，此一分类与上一分类存在交叉。[1] 其实，若细究之，不是“交叉”，而是对上一分类的“细化”。

在上述合作社中，有几种合作社的业务容易被混淆，因此，有必要予以区分。例如，公用合作社与利用合作社、消费合作社与供给合作社，经营方法基本相同，区别只在于公用合作社与消费合作社是为了满足社员生活上的需要，因此社员都是消费者，而利用合作社与供给合作社则是为了满足社员生产上的需要，因此社员都是生产者。[2]

四、按构成成分划分

按构成成分，合作社可以分为单位合作社与合作社联合社。

单位合作社的构成成分主要是自然人，当然也包括法人或非法人组织。合作社联合社的构成成分是单位合作社或合作社联合社。合作社联合社可以进一步划分为综合性的合作社联合社和专业性的合作社联合社，后者如信用合作社联合社等。

我国于 2006 年颁布的《农民专业合作社法》只规定了单位合作社，对于合作社联合社则未作规定，是为明显的立法漏洞。2017 年修订后的《农民专业合作社法》对此立法漏洞进行了补充，增加一章即第七章，专门规定“农民专业合作社联合社”。

五、按社员责任形式划分

按社员责任形式，合作社可以分为有限责任合作社、保证责任合作社与无限责任合作社。

有限责任合作社的社员，只以其所认股额为限对合作社的债务承担清偿责任。保证责任合作社的社员，其所负责任的范

---

〔1〕 马跃进：《合作社的法律属性研究》，中国财政经济出版社 2008 年版，第 150 页。

〔2〕 尹树生：《合作经济概论》，三民书局股份有限公司 1986 年版，第 50 页。

围，除了所认股额外，还须加上保证金额。无限责任合作社的社员，对于合作社的债务，应与合作社承担连带清偿责任。

我国现行《农民专业合作社法》只规定了有限责任合作社，对于保证责任合作社与无限责任合作社未作规定。若从比较立法例考察，不少国家与地区的合作社法都采取了复合责任形式，即在有限责任之外，辅以保证责任或无限责任，以供合作社或社员选择，德国、意大利、印度、埃及等国的法律以及我国台湾地区的“合作社法”即是如此。[1]丹麦虽然实行单一责任形式，但却选择了无限责任，以强化对债权人利益的保护。丹麦的合作社之所以“在欧洲乃至全球都非常出色”，在很大程度上不能不说与此立法选择有关。[2]为此，笔者建议，我国未来合作社基本法即使不像丹麦那样采取单一的无限责任，至少也应选择复合责任形式。因为，无限责任或保证责任可以在一定程度上弥补合作社资金的不足，最终达到保护债权人利益、进而促进合作社自身快速发展的立法目的。

六、按是否含有股份制因素划分

按是否含有股份制因素，合作社可以分为一般合作社与股份合作社。

含有股份制因素的合作社即是股份合作社，否则，便为一般合作社。不含股份制因素的合作社可以说是传统合作社或曰经典合作社，而含有股份制因素的合作社则是现代合作社。股份合作社是一种新型企业组织形式，具有既不同于股份制又不同于合作制的特殊性。

---

〔1〕 李锡勋：《合作社法论》，三民书局股份有限公司 1982 年版，第 164 页及以下。

〔2〕 常青、张建华：“丹麦与中国农业合作社之比较研究”，载《农业经济问题》2011 年第 2 期。

第六节 合作社与相关经济组织的区别

作为一种经济组织，合作社与其他经济组织之间，既存在一定联系，更存在明显区别。厘清合作社与其他经济组织的区别，有助于我们准确把握合作社的基本性质。

一、合作社与合伙企业

合作社与合伙企业虽然同为“人合”组织，但两者间个性远远大于共性。

（一）设立目的不同

合作社是非营利的互助性的经济组织，以服务社员为宗旨。合作社的设立，旨在满足社员共同的经济、社会、文化需求与愿景。合伙企业是典型的营利性的经济组织。合伙企业的设立，旨在追求利润最大化，从而实现合伙人的经济利益。

（二）法律地位不同

各国、各地区合作社法几乎都赋予合作社以法人主体资格。《瑞士债法典》第838条第1款规定：“合作社向商事登记处登记后取得法人资格。”〔1〕我国《农民专业合作社法》第5条第1款亦规定：“农民专业合作社依照本法登记，取得法人资格。”合伙企业，除少数国家（如法国）外，一般不享有法人资格。

（三）成员构成不同

在农民专业合作社中，除了“具有管理公共事务职能的单位”，公民以及从事与农民专业合作社业务直接有关的生产经营活动的企业、事业单位或社会组织都可以成为社员，但农民应

〔1〕 本书所引《瑞士债法典》条文，均引自《瑞士债法典》，吴兆祥、石佳友、孙淑妍译，法律出版社2002年版。

当占社员总数的80%以上。设立普通合伙企业，须有2个以上合伙人。有限合伙企业由2个以上50个以下合伙人设立，其中至少应当有1个普通合伙人。国有独资公司、国有企业、上市公司以及公益性的事业单位、社会团体不得成为普通合伙人。

（四）表决权不同

合作社社员享有一票基本表决权；与此同时，还享有附加表决权。对此，我国《农民专业合作社法》第22条第2款即明确规定："出资额或者与本社交易量（额）较大的成员按照章程规定，可以享有附加表决权。"合伙人表决权，由合伙协议约定；没有约定或约定不明确的，实行"一人一票"。

（五）交易对象不同

合作社的设立旨在满足社员的经济、社会与文化需求，其交易对象是社员，合作社只与社员交易。不少国家合作社法即明确规定合作社不得与非社员交易，或者规定合作社与非社员的交易量不得超过与社员的交易量。合作社的本质属性即体现在所有者与利用者同一。合伙企业是"对外交易"，与合作社"对内交易"不同。

（六）盈余分配不同

合作社的盈余，一般按交易量（额）比例分配，股金分红受到严格限制，即"劳动支配资本"而非"资本支配劳动"。对此，国际合作社联盟《关于合作社特征的声明》以及我国现行立法均有明确规定。例如，我国《农民专业合作社法》第44条第1款规定："在弥补亏损、提取公积金后的当年盈余，为农民专业合作社的可分配盈余。可分配盈余主要按照成员与本社的交易量（额）比例返还。"合伙企业的利润分配，按照合伙协议的约定办理；合伙协议未约定或约定不明确的，由合伙人协商决定；协商不成的，由合伙人按照实缴出资比例分配；无法确定出资比例的，由合伙人平均分配。

（七）成员退出对组织的影响不同

合作社实行“自愿与开放的社员资格”原则，“入社自愿、退社自由”，社员退社原则上不影响合作社的存续。对于合伙企业来说，合伙人的去留往往影响合伙企业的“生死存亡”：某一合伙人的退出或死亡，意味着合伙企业必须重新建立合伙关系。〔1〕

（八）责任形式不同〔2〕

合作社社员承担有限责任。我国《农民专业合作社法》第6条规定：“农民专业合作社成员以其账户内记载的出资额和公积金份额为限对农民专业合作社承担责任。”合伙企业合伙人承担连带责任。我国《合伙企业法》第39条规定：“合伙企业不能清偿到期债务的，合伙人承担无限连带责任。”

有学者认为，合作社与合伙企业在“联合的基础”上亦存在差异，即合伙企业以资本联合为主，合作社以劳动联合为主。〔3〕实则，两者都是典型的“人合”组织，联合的基础都是“人”，而不是“资”。因此，各国立法在最低资本方面对两者都未作要求。全国人大农业与农村委员会课题组还认为，合作社与合伙企业的“存在依据”有别：前者以章程为依据，后者以协议为依据。〔4〕笔者认为，章程与协议在本质上并无区别，都是合作

〔1〕 全国人大农业与农村委员会课题组：“农民合作经济组织法立法专题研究报告”（五），载《农村经营管理》2005年第1期。

〔2〕 此就“一般”情况而论。如果论及“特殊”情况，则无限责任合作社社员也承担无限责任，有限合伙企业中的有限合伙人也承担有限责任。

〔3〕 朱晓娟：《论合作社的法律主体性》，中国民主法制出版社2009年版，第131页及以下。

〔4〕 全国人大农业与农村委员会课题组：“农民合作经济组织法立法专题研究报告”（五），载《农村经营管理》2005年第1期。

社的社员或合伙企业的合伙人共同的意思表示，对于社员或合伙人同样具有法律约束力，而不仅仅是章程才“具有约束力”。

二、合作社与公司

合作社与公司同属企业范畴，都是从事生产经营活动的经济组织。在组织结构上，两者也十分相似，如都设有权力机关、执行机关与监督机关等。正是因为如此，国外立法例甚至将合作社界定为“公司型企业”，[1]或径称“公司”。[2]这也是我们在探讨合作社治理结构时应当参考公司治理结构理论的一个重要依据。尽管如此，两者间仍然存在诸多区别。[3]

（一）出现的时代不同

现代意义上的第一个合作社，即罗虚代尔公平先锋社，1844年诞生于英国。现代意义上的公司，大约17世纪诞生于意大利、法国。

（二）社会基础不同

合作社社员大多是经济上的弱者，合作社是弱者的联合体。公司“基本上由资金所有者为追求更多的利润而结合”，从某种意义上说，公司是强者的联合体。

（三）结社的中心体不同

合作社“结社的中心体”是人，公司“结社的中心体”是资本。换言之，合作社是“人合组织”，公司是“资合组织”。

---

〔1〕 如美国农业部将合作社界定为“用户所有、用户控制和用户受益的公司型企业”。参见杜吟棠主编：《合作社：农业中的现代企业制度》，江西人民出版社2002年版，第23页。

〔2〕 如《意大利民法典》第2511条规定：“合作社是以互助为目的的资本可变的公司。”本书所引《意大利民法典》条文，除非特别说明，均引自《意大利民法典》，费安玲、丁玫、张宓译，中国政法大学出版社2004年版。

〔3〕 赖建诚：《近代中国的合作经济运动——社会经济史的分析》，正中书局1990年版，第19页。

有学者即认为，合作社与公司的主要区别表现在是人的联合还是资本的联合，其他区别都由此派生而来。[1]

（四）宗旨与属性不同

合作社的设立，不是为了营利，而是为了满足社员共同的经济、社会、文化需求与愿景。社员设立或加入合作社，是为了获得合作社提供的服务。在合作社中，所有者与利用者同一，所有者即利用者，利用者即所有者。公司的设立旨在为股东谋利。股东投资于公司，并非为了利用公司提供的服务，而是谋求资本增值。股东与公司之间的业务往往受到法律的严格限制。

（五）奉行的原则不同

合作社是"以人为本"的企业，实行"一人一票"表决制度。社员对合作社实行"民主控制"，不允许单个社员控制合作社。公司是典型的"以资为本"的企业，在表决方式上实行"一股一票"制度。股东权利之大小基于其持股之多少，公司往往被少数大股东操控。

（六）退出机制及其影响不同

合作社实行"入社自愿、退社自由"原则，社员可以随时退社，由此造成合作社股金不稳定。公司股东一旦入股，一般情况下不能退股（当然，股东享有股份转让权），这样，公司的资本能够保持稳定。

（七）盈余分配不同

合作社盈余按交易量（额）比例返还，股金分红受到严格限制，以保证"劳动控制资本"而非"资本控制劳动"。公司利润实行按股分红，对于股利一般没有限制，以此鼓励股东向公司投资。

---

〔1〕郑有贵："正确认识农民专业合作社与相关组织的联系与区别"，载仝志辉主编：《农民合作社本质论争》，社会科学文献出版社2016年版，第90页。

此外，合作社与公司对待资本金态度也不一致：公司一般有最低资本金要求，合作社则否。

三、合作社与集体经济组织

在我国，无论是在理论上还是在实践（包括立法实践）中，合作社与集体经济组织都曾引起过混淆，混淆的根源在于我国现行《宪法》相关规定。

我国现行《宪法》第 8 条第 1 款和第 2 款分别规定："农村中的生产、供销、信用、消费等各种形式的合作经济，是社会主义劳动群众集体所有制经济。""城镇中的手工业、工业、建筑业、运输业、商业、服务业等行业的各种形式的合作经济，都是社会主义劳动群众集体所有制经济。"由此可见，我国现行《宪法》将合作社等同于集体经济组织，因为合作社与集体经济组织分别是合作经济与集体经济的组织形式。

而我国现行《宪法》上述规定，则渊源于新中国成立后第一部《宪法》，即 1954 年《宪法》。1954 年《宪法》第 5 条规定："中华人民共和国的生产资料所有制现在主要有下列各种：国家所有制，即全民所有制；合作社所有制，即劳动群众集体所有制；个体劳动者所有制；资本家所有制。"由此可见，新中国成立后第一部《宪法》已将合作社与集体经济组织完全画上了等号。我国现行《宪法》第 8 条规定即脱胎于此。

实则，合作社与集体经济组织是性质互不相同的经济组织，两者不容混淆，也不易混淆。以下即具体分析两者间的主要区别。

（一）本质属性不同

合作社的本质属性是所有者与利用者同一，所有者即利用者，利用者即所有者。在合作社中，所有者与利用者的身份是合二为一的。

集体经济组织则不然。在我国，集体经济组织的典型形式即农村集体经济组织。“农村集体经济组织具有鲜明的中国特色。”〔1〕农村集体经济组织是以土地等资产集体所有为基础，承担集体资产经营管理职能的社区性经济组织。农村集体经济组织是1956年农业社会主义改造的产物。农业社会主义改造完成后，农民对土地等生产资料的个人所有即转化为集体所有。〔2〕农村集体经济组织的诞生，并非基于向农民提供产前、产中或产后服务，而是为了满足国家工业化等方面的需要。〔3〕农民加入集体经济组织，更非为了利用集体经济组织在生产经营某一环节提供的服务，而是国家行政强制命令下的无奈选择。

（二）范畴不同

合作社体现的是生产要素的组合方式，与所有制形式没有必然的联系。〔4〕合作社既不姓“公”，也不姓“私”。或者说，合作社既姓“公”，也姓“私”，因为合作社既有“公有”，也有“私有”。合作社是混合所有制形式。正如研究合作事业的美国学者J. Baker所指出的那样，合作社是“与私企业和公企业均不相同”的一种企业。〔5〕目前，在世界范围内，合作社经济已与公有制经济和私有制经济呈三足鼎立的态势，其发展前景值得关注。而集体经济组织体现的却是一种特定的所有制形式。根据我国现行《宪法》的规定，我国实行的是以公有制为主体、

---

〔1〕 李建国：“关于《中华人民共和国民法总则（草案）》的说明”，载《民法总则立法背景与观点全集》编写组：《民法总则立法背景与观点全集》，法律出版社2017年版，第8页。

〔2〕《民法总则立法背景与观点全集》编写组：《民法总则立法背景与观点全集》，法律出版社2017年版，第547页。

〔3〕 唐宗焜：《合作社真谛》，知识产权出版社2012年版，第217页。

〔4〕 杜吟棠主编：《合作社：农业中的现代企业制度》，江西人民出版社2002年版，“序”。

〔5〕 尹树生：《合作经济概论》，三民书局股份有限公司1986年版，第2页。

多种所有制经济共同发展的基本经济制度。公有制包括全民所有制和劳动群众集体所有制。集体经济组织是劳动群众集体所有制的组织形式，属于公有制的范畴。由此即见，合作社与集体经济组织不在同一范畴。与此相关的一个区别是，合作社是市场经济的产物，集体经济组织则是计划经济的产物。〔1〕

（三）是否承认社员私有财产权不同

合作社是“联合所有”的企业，集体经济组织是“集体所有”的企业。“联合所有”与“集体所有”的最大区别在于，前者承认个人所有者权益，而后者否定个人所有者权益。〔2〕合作社奉行的原则是合作，而不是合并；集体经济组织奉行的原则是合并，而不是合作。〔3〕“合作”与“合并”，虽然只有一字之差，却存在是否承认私人产权这一本质区别。〔4〕“实践表明，合作经济并不排斥生产资料的私有权，而集体经济取消了社员的私有权，二者有本质区别。”〔5〕可以说，是否尊重和保护社员的私有财产权，是区分合作社与集体经济组织的试金石。

20世纪50年代我国的农业合作化运动之所以无疾而终，关键原因即在于否定了社员的私有财产权。改革开放以后实行的以家庭承包经营为基础、统分结合的双层经营体制，从某种意义上说，即是为了恢复社员私有财产制度。正是由于恢复了社

〔1〕 陈婉玲：《民国〈合作社法〉的孕育与影响》，法律出版社2010年版，第7页。

〔2〕 陈婉玲：《民国〈合作社法〉的孕育与影响》，法律出版社2010年版，第1页。

〔3〕 对于集体经济组织奉行的原则，农民群众称之为“归大堆”，毛泽东则称为“归公”。参见《毛泽东选集》（第5卷），人民出版社1977年版，第119页。

〔4〕 韩俊：“关于农村集体经济与合作经济若干理论与政策问题”，载《中国农村经济》1998年第12期；唐宗焜：《合作社真谛》，知识产权出版社2012年版，第216页。

〔5〕 王贵宸：《中国农村合作经济史》，山西经济出版社2006年版，第13页。

员私有财产制度，农业生产才得以恢复和发展。笔者认为，我国现行《宪法》第四修正案之所以进一步完善私有财产保护制度，我国《农民专业合作社法》之所以特别强调不能动摇家庭承包经营基础，无不与我国20世纪50年代农业合作化运动所带给我们的惨痛教训有关。孟子曰："民之为道也，有恒产者有恒心，无恒产者无恒心。"（《孟子·滕文公章句上》）我们不可不从中华优秀传统文化中萃取精华。

（四）对待社员入退社态度不同

合作社奉行"自愿与开放的社员资格"原则，入社自愿，退社自由。合作社社员未必就是社区居民，社区居民未必就是合作社社员，关键是看他是否需要和愿意利用合作社提供的服务。社员入社，需要办理申请手续。入社以后，如果不再需要合作社提供的服务，可以随时申请退社。正因为合作社实行入社自愿、退社自由原则，因此，合作社社员人数总是变动不居。

集体经济组织的形成，以土地等生产资料集体所有为基础，因此，集体经济组织天然具有社区性。凡社区范围内的居民，都是集体经济组织成员，这是一方面；另一方面，非社区居民不可能成为集体经济组织成员。社区居民虽然无需申请即可成为集体经济组织成员，但亦无退出自由。由于集体经济组织的地域性、封闭性，其成员人数亦相对固定。即使从近年来全国各地改革的情况来看，集体经济组织的地域性、封闭性仍未被突破。

（五）分配方式不同

合作社盈余，主要按社员与合作社的交易量（额）比例进行分配。我国《农民专业合作社法》第44条第2款即明确规定，可分配盈余按社员与本社的交易量（额）比例返还，且返还总额不得低于可分配盈余的60%。我国台湾地区“合作社法”第24条第1款亦规定：“合作社结余，除依前条规定提拨外，其余额按社员交易额比例分配。”合作社盈余按社员与合作社交易额比例分配，这是一项“重大创举”，具有“革命性意义”，因为可以因此将社员利益与合作社利益紧密联系在一起，使社员更加关心合作社经营成果，这正是合作社生命力之所在。[1]当然，随着合作社实践的发展，合作社分配方式也有所改变。例如，为了解决资金困难，不少国家的合作社增加了按股分红这一分配方式，以吸引社员乃至社会大众向合作社投资，但各国合作社立法对按股分红比例始终予以限制。[2]此即资本报酬有限原则。坚持资本报酬有限原则，旨在防止合作社发生异化——异化为以资为本而不是以人为本的股份公司。

集体经济组织的分配，系参照国有企业，实行按劳分配原则，“职工只有工资加奖金，激励机制不明显”。[3]虽曰“按劳分配”，实则实行平均主义，亦即所谓生产上的“大呼隆”与分配上的“大锅饭”。

必须指出，以上分析针对的是我国传统意义上的集体经济组织，而我国传统意义上的集体经济组织正在进行改革。长期以来，由于我国集体经济组织存在资产归属不清、权责不明、保护不力、流转不畅等问题，因此，必须进行改革。改革的目标是“逐步构建归属清晰、权能完整、流转顺畅、保护严格的中国特色社会主义农村集体产权制度，保护和发展农民作为农

---

〔1〕 米鸿才、邸文祥、陈乾梓：《合作社发展简史》，中共中央党校出版社1988年版，第10页。

〔2〕 陈岷等：《合作社法律制度研究》，法律出版社2013年版，第43~48页。

〔3〕 晓亮：“集体制萎缩了，合作制发展了”，载《现代经济探讨》2002年第4期。

村集体经济组织成员的合法权益”[1]。改革的核心内容是将集体资产（主要是指集体经营性资产）折股量化，量化到集体经济组织成员。经过改革，集体经济组织即转化为社区股份合作社。但从全国各地改革的情况来看，改革后的集体经济组织与合作社之间仍然存在诸多重大区别。

鉴于合作社与集体经济组织存在上述诸多区别，我国现行《宪法》在未来修正时应当对两者关系予以厘清，以正本清源。作为国家的根本法，宪法正本清源的作用不可小视，因为其可以“使全国人民有一条清楚的轨道，使全国人民感到有一条清楚的、明确的和正确的道路可走”。[2]作为国家根本法的宪法，严格区分合作社与集体经济组织，有利于消除农民群众谈“合”色变甚至闻“合”则怒的心理，进而推动我国农民合作社健康快速发展。

进一步说，我国未来修正后的《宪法》，针对合作社，不仅应当作出单独规定，而且应当作出保护性规定。

首先，针对合作社作出单独规定。具体而言，应对我国现行《宪法》第8条作如下修正：第一，将合作社从我国现行《宪法》第8条抽出，因为第8条的调整对象是集体经济组织。由于合作社与集体经济组织之间存在诸多重大区别，因此，两者不能放在同一条款；即使放在同一条，也不能放在同一款，以免产生混淆。第二，将合作社置于我国现行《宪法》第11条（非公有制经济条款）之后，作为第12条。进行如此立法设计的原因在于，合作社既不姓“公”，也不姓“私”。合作社既不属于“公企业”，也不属于“私企业”。合作社是混合所有制形式。既然如此，自应将其置于公有制经济和私有制经济条款之

---

〔1〕参见“中共中央国务院关于稳步推进农村集体产权制度改革的意见”。

〔2〕《毛泽东文集》（第6卷），人民出版社1999年版，第328页。

后，而非两者之间。

其次，针对合作社作出保护性规定。合作社是社会弱势群体用以自救的制度工具。合作社法律制度的诞生，即旨在保护社会弱势群体。既然如此，法律自应予以扶助，对其作出保护性规定。一个国家的法律，尤其是宪法，如果缺乏保护弱势群体的制度安排，则难以在全社会实现公平正义的价值目标。有学者进一步指出，合作社虽然与营利企业同为经济组织，但两者追求目标不同。营利企业追求效率，合作社追求公平。公平是公共产品，理应由政府供给。既然合作社代替政府提供了公共产品，那么，其为此而支付的成本当然应由政府"埋单"，以免合作社在市场竞争中处于不利地位。换言之，政府应当支持合作社。[1]各国政府支持合作社主要体现在三个方面，即政策法律上的保护、财政上的资助和技术上的帮助，其中财政上的资助对合作社发展所起的作用最大。[2]

在我国，宪法扶助合作社，开始于民国时期。国民政府于1946年颁布、现仍在我国台湾地区施行的"中华民国宪法"第145条第2款即明确规定:"合作事业应受国家之奖励与扶助。"[3]台湾学者指出，合作事业之所以"列宪"，旨在宣示其重要性。[4]新中国成立前夕，中国人民政治协商会议通过的起临时宪法作用的《共同纲领》第29条亦规定："合作社经济为半社

---

〔1〕 国鲁来："农民合作组织发展的促进政策分析"，载中国社会科学院农村发展研究所编：《中国农村发展研究报告 No. 7》，社会科学文献出版社 2010 年版，第 277 页。

〔2〕 米鸿才、邸文祥、陈乾梓:《合作社发展简史》，中共中央党校出版社 1988 年版，第 25 页。

〔3〕 林纪东等编纂:《新编六法参照法令判解全书》（修订第 72 版），五南图书出版股份有限公司 2008 年版，第 1~10 页。

〔4〕 赖建诚:《近代中国的合作经济运动——社会经济史的分析》，正中书局 1990 年版，第 147 页。

会主义性质的经济，为整个人民经济的一个重要组成部分。人民政府应扶助其发展，并给以优待。”

国外宪法针对合作社作出保护性规定，更不乏其例。例如，意大利《宪法》第45条第1款即明确规定：“共和国承认不以私人投机为目的的合作社的社会作用。法律以最合适的方式促进和支持其发展，并通过适当的监督，确保其性质和目的。”〔1〕韩国的农民合作社之所以非常发达，与该国宪法针对农民合作社作出保护性规定不无关系。韩国《宪法》第123条第4款规定：“国家应扶助农民、渔民的自助性组织并保障其发展。”〔2〕所谓农民、渔民的自助性组织，即指农民合作社、渔民合作社等。在越南，合作社也受到了宪法的“青睐”。越南《宪法》第20条第2款规定：“国家为合作社的巩固与发展提供良好环境。”〔3〕据统计，在欧洲国家，合作社“列宪”的，占51%；在亚洲国家，占58%。〔4〕国际劳工组织通过的《合作社促进建议书（2002）》第6条亦规定，政府应当针对合作社提供支持性政策与法律框架。〔5〕

当然，宪法针对合作社作出保护性规定，只能是原则性规定。这是由宪法规范的特殊性决定的。法律规范，〔6〕按照其位阶不同，可以划分为宪法性规范、普通法规范和规章性规范。〔7〕

---

〔1〕　肖君拥等：《外国宪法选译》，法律出版社2015年版，第146页。

〔2〕　肖君拥等：《外国宪法选译》，法律出版社2015年版，第332页。

〔3〕　肖君拥等：《外国宪法选译》，法律出版社2015年版，第339页。

〔4〕　赖建诚：《近代中国的合作经济运动——社会经济史的分析》，正中书局1990年版，第148页。

〔5〕　唐宗焜：“国际劳工组织《合作社促进建议书（2002）》”，载《经济研究参考》2003年第43期。

〔6〕　有的学者将法律规范称为法律规则。不过，一般认为，两者可以在同一意义上使用。参见张文显：《法理学》（第4版），高等教育出版社2011年版，第69页。

〔7〕　张文显：《法理学》（第4版），高等教育出版社2011年版，第70页。

宪法规范除了具有法律规范的共性，还具有自己的个性，即原则性。宪法规范的原则性是由宪法调整范围的广泛性决定的。作为国家的根本法，宪法内容涉及国家和社会生活的方方面面。既然如此，宪法只能从宏观层面针对合作社作出原则性规定。〔1〕至于在财政、金融、税收等方面给予合作社的扶助措施或优惠待遇等，可以而且必须通过其他法律予以落实、落细，企图巨细靡遗地在宪法中予以规定，既不科学，也不现实。上述相关国家与地区的立法例便足以证明了这一点。

鉴于合作社与集体经济组织的混淆在我国根深蒂固，故对两者间的区别着墨较多。

四、合作社与股份合作社（社区股份合作社）

一个时期以来，我国理论界围绕股份合作社的性质产生了争论，争论的焦点在于：股份合作社到底是股份制与合作制相结合甚或股份制、合作制与集体所有制相结合的新型企业形态，〔2〕还是合作社的一个分支。〔3〕

此前笔者认为，股份合作社是合作社的一个分支，不是“新型企业组织形式”；并且认为，从逻辑学上说，股份合作社与合作社是种属关系，股份合作社是种概念，合作社是属概念。〔4〕但经

---

〔1〕 周叶中：《宪法》（第3版），高等教育出版社2011年版，第125页。

〔2〕 汪安亚：“略论股份合作制企业的法律属性”，载《法商研究》1998年第2期；卢晓娟、康德琯：“股份合作企业及其立法问题初探”，载《政法论坛》1994年第3期；张笑寒：《农村土地股份合作制的制度解析与实证研究》，上海人民出版社2010年版，第52页。

〔3〕 韩俊、张庆忠：《中国农村股份合作经济理论·实践·政策》，经济管理出版社1993年版，第77页及以下；马跃进：《合作社的法律属性研究》，中国财政经济出版社2008年版，第141页。

〔4〕 敬请参见刘观来：“合作社治理结构法律制度研究”，中南财经政法大学2012年博士学位论文，第37页。

过最近几年的观察与思考，笔者观点有所改变，认为股份合作社尤其是社区股份合作社是我国集体经济组织改革的产物。社区股份合作社只是将集体资产量化为股份的产物，从本质意义上说，与集体经济组织无异。〔1〕或者说，社区股份合作社是“我国村级集体经济存在和发展的一种外在形态和组织载体”。〔2〕社区股份合作社与国际通行的合作社之间存在本质区别。〔3〕

（一）社员边界不同

社区股份合作社社员资格是以户籍为基础，综合考虑土地承包关系、对集体积累所作贡献等因素，依照法定条件与程序予以确认的。合作社社员资格系通过设立或加入合作社而取得。社区股份合作社社员资格是“先天”的。合作社社员资格是“后天”的。社区股份合作社社员始终限于社区居民。合作社社员未必就是社区居民，非社区居民也可以成为合作社社员。

另外，社区股份合作社由于具有地域性、封闭性特点，因此，其社员人数相对稳定。合作社由于实行“门户开放”政策，其社员人数遂变动不居。

（二）股份转让不同

社区股份合作社的股份“具有明显的身份依附性、封闭性和不可交易性”，其转让只能在社区内部进行，亦即社区股份合作社股份转让受到严格限制。合作社由于实行“退社自由”原则，社员可以随时申请退社。

---

〔1〕 敬请参见刘观来：“合作社与集体经济组织两者关系亟须厘清——以我国《宪法》的完善为中心”，载《农业经济问题》2017年第11期。

〔2〕 张晓山：“修改《农民专业合作社法》要注意几个问题”，载浙江大学中国农民合作组织研究中心编著：《中国农民合作社发展报告2016》，浙江大学出版社2017年版，第52页。

〔3〕 陈建国、陈光国、韩俊主编：《中华人民共和国农民专业合作社法解读》，中国法制出版社2018年版，第28页及以下。

（三）分配方式不同

社区股份合作社实行按股分红。合作社主要按照社员与合作社的交易量（额）比例进行分配，按股分红受到严格限制，此即资本报酬有限原则。

（四）是否承担公共服务职能不同

社区股份合作社系基于社区范围内的土地等集体资产而形成，因此，其势必承担所在社区公共服务职能。合作社资产来自社员，其资产既来自社员，自当为社员服务，因此，合作社一般不承担当地公共服务职能。

（五）是否破产不同

社区股份合作社由于具有社区性和地域性，且承担一定公共服务职能，因此，其“不能随意破产”。合作社由于是社员自愿设立的经济组织，因此，“可以自行合并、分立、解散、破产”（我国现行《农民专业合作社法》即设有专章“合并、分立、解散和清算”）。

我国《农民专业合作社法》修改前，即有部分学者主张扩大其调整范围，以将社区股份合作社纳入其中，但不少学者认为上述主张“需要深入探讨”，有的学者干脆认为，将社区股份合作社纳入《农民专业合作社法》调整范围，“存在立法技术上的制约”。[1]笔者亦认为，鉴于社区股份合作社的特殊性质及其与国际通行的合作社之间的重大区别，不宜将其纳入《农民专业合作社法》调整范围，应对其进行单独立法。事实上，我国2017年12月27日修订后的《农民专业合作社法》并未将社区股份合作社纳入其中。

---

〔1〕张红宇：“关于修改农民专业合作社法的几点思考”；任大鹏：“合作社法律修法及有关法律问题研究”，载中国农村合作经济管理学会：《农民合作社重点问题研究汇编》，中国农业出版社2016年版，第333、337页。

第七节　本章小结

合作社是人们自愿联合，通过联合所有与民主控制的企业，来满足他们共同的经济、社会、文化需求与愿景的自治联合体。

合作社因其具有独特功能而在世界范围内受到广泛关注。在我国，合作社尤其是农民合作社具有增加农民收入，创新农业经营体制机制，发展现代农业，推进社会主义新农村建设等多项功能。

合作社的属性分为本质属性与非本质属性。合作社的本质属性是所有者与利用者同一。合作社的非本质属性包括入社自愿、退社自由、民主控制、按交易量（额）比例返还盈余等。

合作社是法人，是私法人，是社团法人，是非营利法人，是互益法人。

根据不同标准，可以对合作社进行不同分类。标准不同，分类自异。按设立基础，合作社可以分为社区合作社与专业合作社。按业务，合作社可以分为农业合作社、工业合作社、消费合作社、信用合作社与保险合作社等。按经济行为，合作社可以分为生产合作社、运销合作社、供给合作社、利用合作社、劳动合作社、消费合作社、公用合作社、运输合作社、信用合作社与保险合作社等。按构成成分，合作社可以分为单位合作社与合作社联合社。按社员责任形式，合作社可以分为有限责任合作社、保证责任合作社与无限责任合作社。

合作社与相关经济组织，如合伙企业、公司、集体经济组织等，既存在一定联系，更存在明显区别。厘清合作社与相关经济组织的区别，可以准确把握合作社的基本特性，从而为科学构建合作社治理结构法律制度提供学理支撑。

第三章 合作社治理结构的价值、目标与模式

合作社治理结构的价值、目标与模式，属于合作社治理结构的基础理论。探讨合作社治理结构的价值、目标与模式，有助于我们科学合理构建合作社治理结构法律制度，而探讨合作社治理结构的价值、目标与模式，须从了解合作社治理结构内涵开始。

第一节 合作社治理结构的内涵

一、合作社治理结构的理论基础：公司治理结构

公司作为一种典型的企业组织形式，其治理结构理论对于合作社治理结构的立法完善有着不可或忽的借鉴意义。我们在探讨合作社治理结构时，必须“借助现代公司治理结构的经验”。〔1〕

“公司治理结构”系舶来语，乃英文“corporate governance”之中译。“公司治理结构”概念最早出现于20世纪80年代。由于美国的安然、世通、施乐等一批世界著名公司相继发生丑闻，西方因此掀起了一股“公司治理热”。在我国，“公司治理结构”概念由经济学家吴敬琏、周小川于1994年引进，用以探讨国有

〔1〕 李长健、冯果：“我国农民合作经济组织立法若干问题研究”（下），载《法学评论》2005年第5期。

企业改革。[1]1999 年 9 月，十五届四中全会通过的《中共中央关于国有企业改革和发展的若干重大问题的决定》明确提出："对国有大中型企业实行规范的公司制改革。公司制是现代企业制度的一种有效组织形式。公司法人治理结构则是公司制的核心。"此后，"公司治理结构"概念得以广泛使用。

从发生学上说，公司治理结构伴随着现代企业制度的诞生而产生。众所周知，企业制度经历了古典制企业与现代制企业两个不同的阶段。古典制企业包括业主制企业与合伙制企业。对于业主制企业与合伙制企业而言，所有权与经营权（控制权）高度统一，所有者即经营者，经营者即所有者，其间不存在委托-代理问题（principal-agent problem，一译"委托人-代理人问题"）。然而，当企业制度演进到以股份公司为代表的现代企业制度阶段时，情况就发生了根本变化。美国学者 Berle 与 Means 在其合著的《现代公司与私有财产》（《The modern corporation and the private property》）一书中指出，随着公司规模的不断扩大，股权的日益分散，公司开始出现"所有权与控制权的分离"（the separation of ownership and control），亦即公司的经营者牢牢掌握了公司的控制权，而股东沦为形式意义上的所有者。在古典制企业，不可能出现利益分歧，因为所有者与经营者合二为一，所有者即经营者，经营者即所有者。然而，在现代制企业中，所有者与经营者却是两个不同的主体，两个独立的"经济人"，因此，在目标效用函数上，两者之间必然存在差异。换言之，经营者很有可能以牺牲所有者利益为代价去追求

---

〔1〕 转引自王文钦：《公司治理结构之研究》，中国人民大学出版社 2005 年版，第 4 页。

自身效用的最大化。〔1〕

在“两权分离”的情况下，如果作为所有者的委托人与作为经营者的代理人能够订立一份完备合同，将未来经营管理活动中可能出现的一切事项巨细无遗地规定于合同当中，代理人“按章办事”即可，那么，当然可以防止代理人损人肥己行为的发生。但是，事实上，完备的合同只存在于“理想国”，在现实生活中根本无从寻觅，这不仅由于未来的不确定性，而且由于语言的模糊性，因此，经济学上所称的“契约的不完全性”必然存在。〔2〕正因为如此，经营者在经营管理活动中必然会“享有”一定的自由裁量权，而权力难免存在自行腐化的倾向，于是，确保代理人的行为不致损害委托人的利益就被提上了议事日程。

客观地说，对于公司治理结构内涵的界定，无论是在国外还是在国内，均存在分歧，可谓言人人殊。但是，这并不妨碍我们对于其核心内涵的探讨。

上文已述，公司治理结构基于“两权分离”而产生，其旨在防止或减少代理人的“逆向选择”（adverse selection）与“道德风险”（moral hazard），从而有效降低代理成本（agency cost）。从这个意义上说，公司治理结构需要解决的核心问题是如何规制代理人的行为，而规制的方式无非有二，即“迫使”与“诱使”，它们分别对应于公司治理结构中的约束机制与激励机制。美国学者 Blair 认为，公司治理结构有广狭之分，而狭义的公司治理结构即指“解决股东与经理之间代理问题的一整套约束与

---

〔1〕［美］阿道夫·A. 伯利、［美］加德纳·C. 米恩斯：《现代公司与私有财产》，甘华鸣等译，商务印书馆 2005 年版，第 130 页及以下。

〔2〕席酉民、赵增耀主编：《公司治理》，高等教育出版社 2004 年版，第 17 页及以下。

激励机制”。[1]

公司治理结构的中心任务是规制经营者的行为，对此，学者间并无多大分歧。但是，对于如何规制，却存在不同意见。Shleifer 与 Vishny 认为，公司治理结构是对经营者的控制。Mayer 则认为，公司治理结构是对经营者的激励，即“公司赖以代表和服务于它的投资者利益的一种组织安排”，“包括从公司董事会到执行人员激励计划的一切东西”。[2]

实则，单纯的控制或激励，在实践中都难以奏效。单纯的控制之所以难以奏效，这是因为：其一，所有者与经营者之间客观上存在信息不对称（asymmetrick information）；其二，经营管理活动日趋复杂性，难以观测；等等。因此，“控制论”在解决代理问题（agency problem）时难免捉襟见肘。另一方面，如果单纯依赖激励机制，容易导致经营者恣意妄为，所有者利益也难以得到有效保护。俗话说：“寸有所长，尺有所短。”解决委托-代理问题，必须将监督机制与激励机制有机结合起来，才能取得较为理想的效果。由于公司治理结构的重心在于对经营者的约束与激励，约束机制与激励机制设计因此成为公司治理结构的核心内涵。

以上系基于动态对公司治理结构内涵进行的分析探讨。如果着眼于静态，则公司治理结构表现为股东会、董事会与监事会等“三会”机关设计。通过“三会”机关及其职权划分，在公司内部实现权力平衡，从而达到监督经营者的目的。英国公司法专家 Janet Dine 即曾明确指出，公司治理结构的核心在于公

---

〔1〕 转引自席酉民、赵增耀主编：《公司治理》，高等教育出版社 2004 年版，第 20 页。

〔2〕 转引自李维安主编：《公司治理学》（第 3 版），高等教育出版社 2016 年版，第 9 页。

司内部的权力平衡（the balance of power inside the company）。[1] 当然，如果只注意到“权力平衡”的一面，仍未窥见公司治理结构的“全豹”，因为其忽略了激励机制的作用——对付经营者可能的机会主义行为，必须约束与激励双管齐下。

二、合作社治理结构内涵的界定

在现代公司制企业，由于存在“两权分离”，因此有所谓公司治理结构。那么，对于合作社而言，是否同样存在治理结构问题？如果存在，其内涵又当如何？

（一）合作社治理结构的产生

根据国际合作社联盟的界定，合作社是人们自愿联合，通过联合所有与民主控制的企业，来满足他们共同的经济、社会、文化需求与愿景的自治联合体。由此可见，“民主控制”是合作社的基本属性。

但是，“民主控制”并不意味着每个社员均能或均须参与合作社的经营管理。这是由于，第一，随着社员的不断增加与合作社规模的不断扩大，“全员参与”事实上已不可能；第二，即使可能，也极易导致决策成本的高昂与决策效率的低下。因此，只能由社员选举出代表来负责经营管理合作社。更何况，随着经营管理活动日益复杂化以及市场竞争日趋激烈，“经理革命”在合作社实践中乃大势所趋，亦即合作社越来越依赖专业经理人员。这样，合作社中同样存在委托-代理关系：全体社员是委托人，经理是代理人。

当然，从现实情况来看，社员兼任合作社的经营者也不在少数。在我国广大农村地区，由于合作社企业家供给极为有限，社员尤其是能人、大户兼任合作社的经营者更为普遍。但是，

---

〔1〕 See Janet Dine, *Company Law*, 4th edition, 法律出版社 2003 年版, p. 155.

合作社的经营者即使由社员兼任，也仍然存在代理问题。因为，作为独立的“经济人”，兼任经营者的社员难免会追求自身效用的最大化。在我国农民专业合作社实践中，兼任经营者的能人、大户侵害其他社员利益的现象即屡见不鲜。因此，同样存在针对经营者的监督约束问题。

总之，合作社的经营者无论由社员兼任与否，都存在“两权分离”，存在委托-代理关系：非兼任情况下，全体社员是委托人，经营者是代理人；兼任情况下，非兼任社员是委托人，兼任社员是代理人。既然存在“两权分离”，存在委托-代理关系，自然就存在治理结构问题。

美国学者 Hart 认为，只要存在以下两个条件，治理结构即必然在一个组织中产生：一是代理问题，亦即组织成员之间存在利益冲突；二是交易费用之大使得代理问题不可能通过合约解决。[1]合作社中客观存在代理问题且不可能通过合约解决，因此，产生治理结构乃必然现象。

（二）合作社治理结构内涵的界定

在现代公司中，由于存在委托-代理关系，需要针对代理人行为进行约束与激励。在合作社中，由于同样存在代理问题，因此，同样需要对代理人行为进行规制，以降低代理成本，保护委托人利益。

对于经营者行为的规制，应从两个方面进行，即监督与激励。由于合作社是民主的组织，对于经营者的监督自应由社员负责，社员通过社员大会进行。不过，由于社员大会是会议体机关，无法经常行使监督职权，因此，便产生了监事会。监事会由社员大会选举产生，专司对经营者的监督。监事会是合作

---

〔1〕 参见［美］奥利弗·哈特：“公司治理：理论与启示”，朱俊等译，载《经济学动态》1996 年第 6 期。

社治理结构中不可或忽的重要组成部分，其监督功能或超过社员大会。这是因为，虽然社员大会是合作社的最高权力机关，但囿于会议体机关的性质及“搭便车”（free rider）等因素的存在，其监督作用终究有限，这样，相当一部分监督职责不得不由监事会承担。在现代公司尤其是上市公司中，由于股票能够上市交易，资本市场等还能发挥一定程度的监督作用。然而，由于合作社股份一般不能上市交易，因此，难以通过市场力量规制经营者的行为，只有通过内部监督机制进行。有鉴于此，构建合作社治理结构法律制度，除了重视社员大会制度外，不应忽视监事会制度，以充分发挥其对合作社经营者的日常监督作用。

在合作社实践中，由于信息不对称的客观存在，加上经营管理活动本身的复杂性以及由此产生的难以观测性，光靠监督约束“一条腿走路”难奏全功。为此，必须重视激励机制的运用。换言之，约束与激励应相辅而行。只有这样，才能有效实现合作社治理结构的目标，进而充分保护社员及其他利益相关者的利益。

既然合作社治理结构的核心在于对经营者的约束与激励，那么，合作社治理结构法律制度设计自应围绕约束机制与激励机制进行。就我国现行相关立法而言，约束机制既不健全，激励机制更待完善。有鉴于此，我国未来相关立法除了应大力完善社员大会与监事会制度以外，还应高度重视激励机制设计，将经营者自身利益与合作社经营绩效挂钩，通过经营者对自身利益的追求来实现合作社及其社员利益的最大化。

总之，对于合作社治理结构而言，约束机制与激励机制，犹如鸟之两翼、车之双轮，两者不可或缺其一。

第二节　合作社治理结构的价值

所谓价值，即“用途或积极作用”。[1]合作社治理结构的价值，亦即合作社治理结构的“用途或积极作用”。

公司治理结构是“公司制的核心”。同样，合作社治理结构是合作社制度的“核心”。作为一个组织，如果缺乏有效的治理结构，该组织不是即兴即灭，“眼看他起高楼，眼看他宴宾客，眼看他楼塌了”（《桃花扇》语），便是发生异化，根本无从实现其特有的功能与目标。实践中，我国相当一部分合作社之所以或无疾而终或功能不彰，究其深层次原因，无不与治理结构有关。

综观合作社理论与实践，合作社治理结构的价值主要体现在以下几个方面：

一、合作社治理结构是合作社有效运行的制度基础

从法理上说，合作社作为法人，享有独立的人格，可以自己的名义参与民事活动，进而享有民事权利，承担民事义务。但是，正是因为其为法人，才与有血有肉的自然人有别，因为法人毕竟是法律拟制的产物。与自然人相比，法人没有生理机能，无法实际参与民事活动，相关民事活动只能由自然人代为进行，该自然人即为法人机关。也就是说，法人职能的实现，端赖其机关进行。就公司法人而言，通常设有三种机关，即权力机关、执行机关与监督机关，三者分立，既相互配合，又相互制约，共同完成法人使命。由于公司是典型的企业法人，因

〔1〕 中国社会科学院语言研究所词典编辑室编：《现代汉语词典》（第7版），商务印书馆2016年版，第629页。

此，包括合作社在内的其他企业法人在组织结构上往往以公司为参照物，也分设权力机关、执行机关与监督机关。就合作社而言，社员大会是权力机关，理事会是执行机关。社员大会通过作出决议的方式交付理事会执行，以实现社员的共同意志与利益。与此同时，为了防止执行机关及其聘任人员滥用权力，另设监督机关，即监事会，专司监督职责。通过“三会”机关的设置及其职权职责的合理划分，合作社即可有效运行。

进一步说，治理结构不仅是合作社法人有效运行的制度基础，也是其他一切法人有效运行的制度基础。这是法人作为法律拟制物的必然“伴生物”。

二、合作社治理结构能够保证合作社科学决策

合作社治理结构，从表面上看，表现为权力机关、执行机关与监督机关的分设，但其实质作用却在于，通过权力的相互制约，实现经营管理决策的科学化。相互制约只是手段，实现科学决策才是目的，而合作社治理结构正是保证合作社科学决策的有效手段。

治理结构是竞争力的“根本来源”。有良好的治理结构，才会有良好的内部管理，而良好的内部管理，会进一步转化为竞争力。有学者甚至认为，良好的治理结构本身就是竞争力的一部分。[1]可以说，合作社的决策是否科学、合作社的竞争力的大小，在很大程度上取决于合作社治理结构是否完善及其完善程度。

三、合作社治理结构有利于保护社员利益

合作社虽然是社员“自有”“自享”的经济组织，但社员权

〔1〕 李维安主编：《公司治理学》（第3版），高等教育出版社2016年版，第38页及以下。

利不可能自动实现，必须借助合作社治理结构。首先，合作社治理结构能够保证社员共同意志的形成并进而予以实现。例如，社员的意志可以通过社员大会予以集中，并具体化为社员大会决议，然后，将社员大会决议交付理事会执行。这样，通过治理结构制度安排，社员的意志得到体现，社员的利益得以实现，从而达到合作社设立的目的。其次，社员可以通过选举代表组成监事会对经营者实施监督。社员的利益一旦受到损害或有损害之虞时，即可通过合作社治理结构获得救济。我们完全可以说，合作社治理结构的核心内容和基本目的就是保护社员权利、实现社员利益。社员利益得以实现，可以增强社员对于合作社的向心力与凝聚力，从而促进合作社健康快速发展，进而实现社员更大利益，亦即通过合作社治理结构实现社员与合作社的良性循环。

合作社治理结构除了能够保护社员权利外，还具有促进其他利益相关者利益实现的功能。

合作社虽然是社员用以实现自身利益的经济组织，但其设立并非仅仅为了保护社员利益。作为社会的组织体，合作社必然与社会发生联系，其生产经营管理活动既受社会影响，也影响社会。在合作社周围，存在着诸多利益相关者，其中以社区、政府、消费者以及环境资源等与合作社的关系最为密切。随着利益相关者理论的兴起，合作社不能完全无视其他利益相关者的利益，而应在其生产经营管理活动中注意其他利益相关者利益的保护。从法律制度设计的角度来说，其他利益相关者利益的保护必然会通过合作社治理结构予以落实，如通过完善经营者的义务与责任体系，来达到保护其他利益相关者利益的目的。

四、合作社治理结构有助于提高经营者的积极性

合作社治理结构包括两个方面：激励与约束。激励与约束

是调动组织员工积极性的基本手段。实施以人为中心的管理的关键，就是要建立一套适合组织需要的激励与约束机制。激励与约束是两种不同的活动。激励的直接目的是调动人的积极性，提高工作效率；而约束的直接目的则是保证人的行为不偏离组织目标。激励不能代替约束，约束也不能代替激励——虽然两者相互依存、相互补充，在一定条件下，还可相互转化。只有将两者合理搭配，才能充分发挥激励与约束应有的作用。[1]

针对我国合作社治理结构现状，约束机制固不可少，激励机制更应强化，因为激励机制关系合作社的可持续发展。

随着市场经济的发展，企业间的竞争日趋激烈。企业间的竞争，说到底，是人才的竞争。人力资本在企业中的地位与作用日益凸显，经营者才能越来越受到重视。要发挥经营者的积极性，光靠约束机制无法实现，因为“约束不足”的问题始终存在。只有在科学设计约束机制的同时，合理设计激励机制，才能充分调动经营者的积极性，进而推动合作社可持续发展，最终惠及社员与其他利益相关者。

同时必须指出，以上分析系基于微观视角。如果进一步从宏观视角考察，则合作社治理结构与经济社会的发展亦关系密切。例如，目前在我国广大农村地区，农民专业合作社如雨后春笋般涌现，在这一背景下，从法律上进一步完善农民专业合作社治理结构，即可促进我国农村经济的发展与农村社会的进步。

---

〔1〕 侯光明、李存金：《现代管理激励与约束机制》，高等教育出版社 2002 年版，第 1 页、第 52 页及以下。

第三节　合作社治理结构的目标

一、公司治理结构目标之争

（一）探讨公司治理结构目标的意义

公司治理结构的目标规定了公司最终应该达到的状态或结果，是公司治理结构制度设计的首要环节，也是治理手段运用的前提。〔1〕

公司是谁的公司？是股东的公司，还是包括股东在内的所有利益相关者（stakeholder）的公司？公司经营者只对股东负有受托义务（fiduciary duty），还是对股东外其他利益相关者也负有受托义务？此即公司治理结构的目标应当回答与解决的问题。从深层次说，公司治理结构的目标涉及对于公司本质的认识，即公司是经济性机构还是社会性单位，公司仅仅是股东赚钱的工具，还是服务社会大众的法律机制等。

从制度功能的角度分析，公司治理结构的目标对公司经营者的行为实际上起着一种约束作用，决定着公司经营者的努力方向。从法律设计的角度考虑，公司治理结构的目标选择直接影响公司经营者义务与责任体系的设计。由于公司治理结构的目标选择既关系股东的利益，也关系股东外其他利益相关者的利益，甚至关系经济社会的发展。因此，不可不究。

合作社与公司同为企业组织形式，公司治理结构目标之争，对于合作社治理结构的目标选择，不无启示与借鉴意义。

---

〔1〕 席酉民、赵增耀主编：《公司治理》，高等教育出版社2004年版，第42页。

（二）公司治理结构目标之争

1. 伯利与多德之间的论战（The Berle-Dodd Debate）

关于公司治理结构的目标，早在20世纪30年代，哥伦比亚大学法学教授Berle与哈佛大学法学教授Dodd之间即发生了一场论战。这场论战意义非凡，在很大程度上影响着理论界与实务界对于公司治理结构目标的认识。

1931年，Berle在《哈佛法学评论》发表了一篇题为《作为信托权力的公司权力》的论文，标志着这场论战的开始。

Berle认为，公司的经营者只是股东的受托人，因此，经营者只对股东负责，股东利益在其他利益相关者利益之上。Berle进一步指出，赋予公司经营者的所有权力，都必须以有利于股东利益的方式行使，一旦其行使损害股东利益，"即应限制这种权力"。在该文的末尾，Berle再次强调指出，应当保证"在一切情形下"公司权力运用的结果在客观上维护了股东利益。[1]

对于Berle的上述观点，Dodd不以为然。于是，次年，他在《哈佛法学评论》发表《公司经营者是谁的受托人》一文。在该文中，Dodd提出了一个更为宽泛的受托原则。Dodd认为，公司的经营者不只是股东的受托人，同时也是股东以外其他利益相关者的受托人。因此，公司的经营者也应当对其他利益相关者负责。换言之，公司应当承担社会责任。Dodd强调，为股东创造利润并非公司存在的唯一目的，"公司作为一个经济组织，在创造利润的同时，也有服务社会的功能。"法律之所以允许并鼓励经济活动，不是基于其是股东利润的来源，而是基于

[1] See Adolf A. Berle, "Corporate Powers as Powers in Trust", *Harvard Business Review*, 1931, 44 (7).

其能服务社会。[1]

这场争论最后以 Berle 同意 Dodd 的观点而告终。1954 年，Berle 在《20 世纪的资本主义革命》一书中总结道：20 年前，我和已故的哈佛大学法学院教授 Dodd 有过一场争论。当时，我认为公司经营者只应对股东承担受托责任，而 Dodd 则认为公司经营者应对整个社会承担受托责任。现在，我完全赞同 Dodd 的观点。“在这个革命的世纪，有理由认为，美国的公司不是经营单位而是一种社会组织。”[2]

继 Berle 与 Dodd 争论之后，20 世纪 60 年代，Berle 与 Manne 之间又发生了一场论战。

在这场论战中，Manne 站在自由经济的立场，坚决反对公司承担社会责任。Manne 认为，公司只是一个经济组织，公司存在的唯一目的即在于为股东创造利润。Manne 进一步指出，在市场经济条件下，公司为了求得生存与发展，不可能从事非利润最大化的活动。[3]

相较于 Berle 与 Dodd 之间的争论，Berle 与 Manne 之间的争论更尖锐、更激烈，因为两者在实质上是传统企业观与现代企业观的交锋。

传统企业观认为，企业是股东投资设立的，股东承担了企业经营的全部风险。因此，企业是股东的企业，企业应当为股东利益的最大化而从事生产经营活动。而现代企业观则认为，企业并非只有股东才进行了投资，在企业中投资的还有其他利

---

〔1〕 See E. M. Dodd, “For Whom Are Corporate Managers Trustees?” *Harvard Business Review*, 1932, 45 (7).

〔2〕 转引自沈洪涛、沈艺峰：《公司社会责任思想——起源与演变》，上海人民出版社 2007 年版，第 31 页。

〔3〕 沈洪涛、沈艺峰：《公司社会责任思想——起源与演变》，上海人民出版社 2007 年版，第 32 页及以下。

益相关者。承担企业经营风险的不限于股东，还有其他利益相关者。因此，企业不仅仅只是股东的企业，也是其他利益相关者的企业。企业不仅应当服务股东，也应当服务其他利益相关者。换言之，企业应当承担社会责任。〔1〕

反对公司承担社会责任的并非只有 Manne 一人，其中不乏著名学者。例如，1976 年诺贝尔经济学奖得主 Friedman 教授即认为，企业有且只有一个责任，那就是在法律许可的范围内，利用其资源，从事旨在增加股东利润的活动。公司经营者既由股东选任，自应为股东服务。如果用公司财产承担社会责任，无异于向股东“课税”。更何况，公司经营者只是经营方面的专家，未必具备解决社会问题的能力。〔2〕

但是，尽管如此，公司承担社会责任已是大势所趋。尤其是在 20 世纪 80 年代利益相关者理论（stakeholder theory）兴起以后，公司社会责任更是在理论与实务界获得了共识。利益相关者理论的出现，为公司社会责任奠定了坚实的理论基础，实际上对公司社会责任起到了一种深化与细化的作用。因此，利益相关者理论甫一问世，就有力推动着公司社会责任的发展。关于利益相关者理论，下文将予详论。

2. 公司社会责任的实践考察

经过理论界的长期不懈努力，公司社会责任不仅在理论界取得了共识，而且，业已在实践中“开花结果”。有关调查结果显示，已有越来越多的人接受公司社会责任理念，越来越多的公司在决策时开始考虑非股东利益相关者的利益，开始将公司

〔1〕 江若玫、靳云汇：《企业利益相关者理论与应用研究》，北京大学出版社 2009 年版，第 16 页及以下。

〔2〕 转引自邵庆平：“从权力到责任——盖茨、尤努斯与公司社会责任的发展”，载《万国法律》2009 年第 4 期。

社会责任应用于公司管理实践。即使那些对公司社会责任一知半解的经营者，也在有意无意间考虑了其他利益相关者的利益。[1]

除此之外，公司社会责任还体现于各国的公司法实践。大陆法系的德国与日本历来重视非股东利益相关者的利益，如德国的共同参与制度（co-determination system）不仅行之有年，而且卓有成效；而日本公司更是处在由利益相关者编织的友好网络当中。即使在传统上坚持“股东至上主义”的英美法系国家，也开始改弦更张，向公司社会责任靠拢。英国《公司法》明确要求公司董事会在决策时必须考虑雇员的利益。美国法学会（American Law Institute）通过的《公司治理原则：分析与建议》第2.01条虽然仍旧规定公司以追求公司利润与股东收益为目标，但同时又规定，“即使有碍于公司利润与股东收益，公司必须顾及社会伦理”。换言之，公司应承担相应的社会责任。该条规定的意义在于，授权公司经营者可以进行非以追求“经济上回报最大化”（maximize economic returns）为目的的行为，亦即公司经营者有权选择对其他利益相关者有利、对股东不利的行为。此外，迄止目前，美国至少已有30个州修改了公司法，增加“其他利害关系人条款”，旨在“要求”（require）或“授权”（authorize）公司经营者在决策时考虑股东外其他利益相关者利益。[2]

我国于2005年修订的《公司法》与2006年修订的《合伙企业法》已分别增加规定公司与合伙企业“应当承担社会责任”

---

〔1〕 江若玫、靳云汇：《企业利益相关者理论与应用研究》，北京大学出版社2009年版，第1页及以下。

〔2〕 刘连煜：《公司治理与公司社会责任》，中国政法大学出版社2001年版，第157页及以下。

的内容。我国《公司法》第5条第1款规定："公司从事经营活动，必须遵守法律、行政法规，遵守社会公德、商业道德，诚实守信，接受政府和社会公众的监督，承担社会责任。"我国《合伙企业法》第7条规定："合伙企业及其合伙人必须遵守法律、行政法规，遵守社会公德、商业道德，承担社会责任。"有学者因此认为，将公司社会责任引进《公司法》，体现了"以人为本"的科学发展观。〔1〕更有学者认为，这是我国《公司法》对世界公司法的一大贡献。〔2〕

二、合作社治理结构目标之定

（一）合作社治理结构目标的探讨

合作社治理结构的目标选择是合作社治理结构制度设计以及合作社立法必须首先予以解决的问题，因为其决定着合作社的功能定位。进而言之，合作社的设立仅仅是为了满足社员的利益，还是应当同时保护其他利益相关者的利益。由此可见，合作社治理结构的目标除了涉及社员利益外，还涉及包括社员外其他利益相关者利益在内的更广泛的社会利益。因此，合作社治理结构的目标选择不仅仅只是一个理论问题，更是一个实践问题。

从我国现行立法考察，我国虽于2006年颁布了《农民专业合作社法》并于2017年进行了修订，但该法对农民专业合作社的社会责任却付之阙如。笔者认为，这是我国现行《农民专业合作社法》一大制度缺失，造成这一缺失的主要原因是相关理论研究滞后。理论研究滞后，必然导致立法盲区。

不少学者指出，我国未来合作社立法应当实行分业立法与

---

〔1〕 雷兴虎主编：《公司法学》（第2版），北京大学出版社2012年版，第90页。
〔2〕 刘俊海：《公司法学》，北京大学出版社2008年版，第347页。

综合立法相结合的模式，即在现行《农民专业合作社法》以外，再制定一部合作社基本法即《合作社法》。我国台湾地区合作社立法即采此模式。那么，在未来这部合作社基本法中，是否应当借鉴我国《公司法》与《合伙企业法》的修订经验，明确规定合作社应当承担社会责任？对此，笔者持完全肯定的态度。

早在1916年，Clark即明确提出："我们需要有责任感的经济。"〔1〕合作社经济，作为一个经济部门，"责任感"同样不可或缺。当前，社会责任思潮更是在国际范围内风起云涌，并逐步呈现"泛组织化"的趋势，如国际标准化组织制定的《ISO26000社会责任指南（草案）》即明确规定，该社会责任国际标准将适用于"发达国家与发展中国家所有类型的公共和私营组织"，并在概念上径以"组织的社会责任"代替"公司的社会责任"。在我国，《中共中央关于构建社会主义和谐社会若干重大问题的决定》也强调指出："应着眼于增强公民、企业、各种组织的社会责任。"由此可见，合作社承担社会责任乃大势所趋。

乍视之下，合作社是社员设立、用以服务社员利益的经济组织，应以社员利益之满足为己任。实则不然。正如公司不能一味追求股东利润最大化，合作社也不能无视自身应当承担的社会责任而片面追求社员利益。对于合作社而言，除社员外，同样存在着其他利益相关者。合作社的生产经营活动既受其他利益相关者影响，也影响其他利益相关者。此外，相较于公司等典型营利性组织，合作社属于非营利性组织，应贯彻社会效益优先原则。如果说，作为典型营利性组织的公司尚且应当承

〔1〕沈洪涛、沈艺峰：《公司社会责任思想——起源与演变》，上海人民出版社2007年版，第2页。

担社会责任，那么，作为非营利性组织的合作社，其承担社会责任更在情理之中。

（二）合作社社会责任

1. 合作社社会责任的内涵

探讨合作社社会责任，并非是想重蹈计划经济时代“企业办社会”的覆辙。换言之，合作社承担社会责任与“企业办社会”不可同日而语。合作社社会责任有其特定内涵。

公司法学者认为，公司社会责任并非公司泛泛地对“社会”承担某种义务，而是公司对其利益相关者承担的、旨在保护与促进其利益相关者利益的义务。〔1〕合作社社会责任亦然。合作社社会责任是合作社对其利益相关者所负的、保护与促进其利益相关者利益实现的义务。所谓利益相关者，是指能够影响组织目标的实现或者能够被组织目标的实现所影响的个人或团体。〔2〕就合作社而言，典型的利益相关者即包括消费者、所在社区与环境等。

只有科学合理地界定合作社社会责任的内涵，才能将合作社社会责任与“企业办社会”明确区分开来，以免合作社承担的义务过多过滥，导致其合法权益受损，从而在合作社与其利益相关者之间实现“利益平衡”（balance of interests）。

2. 合作社承担社会责任的正当性分析

（1）合作社承担社会责任的基本依据在于合作社的“社会性”与“外部性”。不少学者指出，公司承担社会责任的基本理论依据在于公司的社会性。〔3〕其实，合作社也并非“遗世而独

〔1〕 刘俊海：《公司法学》，法律出版社 2008 年版，第 348 页。

〔2〕 See R. E. Freeman, *Strategic Management: A Stakeholder Approach*, Pitman Publishing Inc., 1984, p. 3.

〔3〕 刘俊海：《现代公司法》，法律出版社 2008 年版，第 567 页。

立”，同样是社会的一分子。作为社会的一分子，合作社与社会可谓须臾不可分离。这不仅表现在合作社的生存与发展必须从社会汲取各种资源，而且还表现在合作社的生产经营活动客观上必然会对社会造成一定的影响。也就是说，合作社既受社会影响，也影响社会。企业生态理论即认为，企业其实是生活在一个相互联系的社会生态系统当中，企业的生存状况受制于社会生态系统的其他成员，因此，即便是从“自利”的角度出发，为了改善自己的生存质量，企业也应当考虑生态系统其他成员的利益，对他们承担一定的社会责任。[1]有关实证研究即已表明，企业利润与企业社会责任之间存在正相关关系。[2]

从本质意义上说，合作社社会责任，与个人社会责任并无二致。个人虽然有权追求幸福快乐，但不得损害他人和社会利益。同理，作为一种企业形态，合作社当然可以追求自身经济利益，但其行为必须符合“对社会负责任的行为”（socially responsible conduct）标准。[3]正是基于企业与个人之间这种共同的本质属性（即社会性），国外不少学者将企业界定为“企业公民”（corporate citizenship），并以此为基础论证企业承担社会责任的正当性与合理性。[4]

更何况，随着经济的发展与社会的进步，人们的企业观已

---

〔1〕 任荣明、朱晓明：《企业社会责任多视角透视》，北京大学出版社 2009 年版，第 45 页。

〔2〕 沈洪涛、沈艺峰：《公司社会责任思想——起源与演变》，上海人民出版社 2007 年版，第 114 页。

〔3〕 刘连煜：《公司治理与公司社会责任》，中国政法大学出版社 2001 年版，第 65 页。顺便指出，刘连煜教授将“socially responsible conduct”译为“社会性负责任的行为”，笔者认为其不无“欧化”成分，遂将其改译为“对社会负责任的行为”。

〔4〕 沈洪涛、沈艺峰：《公司社会责任思想——起源与演变》，上海人民出版社 2007 年版，第 210 页。

经发生了很大转变，即企业“不应只是经济性之机构，亦是社会性单位”。[1]为此，企业应进行相应的角色调整，以期符合社会大众的新期待与新要求，亦即企业再也不能一味追求“利润最大化”（profit-maximization），而应在追求自身经济利益的同时，保护、促进社会利益的实现。合作社作为一种企业组织形式，当然也不例外。这就要求合作社将社会利益的保护纳入其经营战略，并体现于其生产经营全过程。

合作社承担社会责任的另一内在依据在于其“外部性”。合作社作为一个经济组织，必然会从事生产经营活动，而生产经营活动又必然会产生外部性，正是这种外部性的客观存在，导致了合作社社会责任的产生。所谓外部性（externality），简而言之，是指行为主体的活动给他人带来了利益或不利益，而行为主体本身并不因此受益或受损的一种现象。[2]根据影响结果的不同，外部性可以进一步划分为正外部性与负外部性。合作社的生产经营活动既有可能产生正外部性，也有可能产生负外部性，前者如为广大消费者提供绿色农产品、带动所在社区的发展，后者如造成环境的污染与资源的破坏等。由于前者对社会有益无害，自然无需国家公权力予以干预。但是，对于后者，鉴于其对社会有害无益，则国家公权力必须介入，并运用法律手段进行干预，以期消除或减少行为的社会危害性，而干预的有效方法之一即是课以合作社社会责任。有学者指出，负外部性是法律限制当事人意志自由的“基石性”依据，也完全符合亚里士多德所称的矫正正义。[3]自由主义经济学大师 Hayek 也

---

〔1〕 王文宇：《公司法论》，中国政法大学出版社 2004 年版，第 29 页。

〔2〕 John Black, *Oxford Dictionary of Economics*, 上海外语教育出版社 2000 年版，第 168 页及以下。

〔3〕［美］理查德·A. 波斯纳：《法理学问题》，苏力译，中国政法大学出版社 2002 年版，第 392 页及以下。

认为，企业行为一旦具有“涉他性”，即应受到法律规制。[1]在法律上明确规定合作社的社会责任，犹如在合作社与社会之间构筑一道“防火墙”，以防止合作社以邻为壑，将自身经营风险转嫁于他人与社会，从而维护社会的和谐稳定。

（2）利益相关者保护“催生”着合作社社会责任。利益相关者理论认为，企业不仅仅是股东的企业，而是包括股东在内的所有利益相关者的结合体。这是因为，企业的生存与发展不仅依赖于股东，也依赖于其他利益相关者；企业的生产经营活动不仅影响股东的利益，也影响其他利益相关者的利益。因此，企业不应片面追求股东利益的最大化，而应同时保护、促进其他利益相关者的利益。[2]换言之，企业应当对股东外的其他利益相关者承担起相应的责任。

作为企业，合作社也同样存在着其他利益相关者。虽然合作社是互助性的经济组织，是社员用以实现“自助”（self-help）的一种特殊企业形态，但是“自助”并不意味着可以完全排除“他助”，相反，其他利益相关者提供的“他助”不可一日或缺。正如有学者所指出的，股东只是企业生存的必要条件而非充分条件。[3]对于合作社而言，社员也只是其从事生产经营活动的要素之一，远非全部。从实践层面考察，合作社的运行即离不开雇员、消费者、债权人、所在社区以及资源与环境等利益相关者的存在、参与与支持，没有他们，合作社将寸

---

〔1〕［英］弗里德里希·冯·哈耶克：《法律、立法与自由》（第1卷），邓正来等译，中国大百科全书出版社2000年版，第161页。

〔2〕江若玫、靳云汇：《企业利益相关者理论与应用研究》，北京大学出版社2009年版，第24页及以下；刘美玉：《企业利益相关者共同治理与相互制衡研究》，北京师范大学出版社2010年版，第16页及以下。

〔3〕刘美玉：《企业利益相关者共同治理与相互制衡研究》，北京师范大学出版社2010年版，第3页。

步难行。因此，合作社也是社员与其他利益相关者的结合体。有鉴于此，合作社在追求社员利益的同时，也应肩负起对其他利益相关者的责任，如尊重、保护消费者利益，推动所在社区可持续发展，选择资源节约型、环境友好型的生产经营方式，等等。事实上，合作社善待其他利益相关者即是善待自己，因为合作社一旦履行了社会责任，即可“换来”其他利益相关者的配合与合作，从而可以有效促进自身发展。反之，则无异于破坏自己的生存土壤，而这不啻在自掘坟墓。

目前，我国利益相关者保护形势不容乐观。由于法律制度不健全，加上企业伦理道德意识淡薄，其结果，企业短视行为猖獗，企业普遍漠视利益相关者利益，致使利益相关者的利益频频受损，如消费者权益屡遭侵害即其著例。这一不利形势表明，包括合作社在内的所有企业承担社会责任，不仅具有必要性，而且具有紧迫性。

（3）合作社作为“社会企业”的性质决定着其应当承担社会责任。英国贸易工业部于2002年7月发布了一份名为“Social Enterprise：A Strategy for Success”的政府文件，其中规定，所谓社会企业（social enterprise），是指不以营利为目的，而主要旨在实现社会目标的企业（A social enterprise is a business with primarily social objectives）。相较于公司等典型的企业组织形式，社会企业的本质属性集中体现在“社会”二字上，它反映了社会企业“具有不同于其他类型企业的目的、目标与价值”。[1]其他企业尤其是商事公司的设立，旨在追求利润的最大化，而社会企业，虽然也运用企业形式进行运作，但却“立意高远”，旨在实现一定的社会目标。社会企业具有经济与社会双重属性，

---

〔1〕 唐宗焜：“《合作社促进建议书》草案审议中提出的问题和观点”，载《经济研究参考》2003年第43期。

经济属性是手段，而社会属性则是目的，二者对立统一于为社员服务、为社会服务的合作社宗旨当中。按照英国前首相布莱尔的说法，社会企业是“生意经”与“道德经”的完美结合，融企业经营与社会目标于一体，通过企业经营来实现社会目标。[1]社会企业的典型代表即合作社。

在我国，将合作社定性为社会企业，不仅可以免受营利与非营利争议的困扰，而且具有重大的现实意义。合作社作为现代经济中一个独特的部门，其“压倒一切的目标不是利润最大化或股东价值，而是将利益相关者价值置于高于一切的地位。”[2]当前，我国的资源与环境压力越来越大，农产品安全形势日益严峻，特别是由于长期推行城乡二元体制，致使我国广大农村地区公共物品（public goods）的供给严重不足。面对这一残酷现实，作为社会企业的农民专业合作社应该有所担当，将消费者、所在社区以及资源与环境等利益相关者的利益“置于高于一切的地位”，对他们承担起相应的社会责任，特别是在弥补农村地区公共物品供给不足方面应该有所作为。进一步说，我国现行立法之所以在财政、税收、信贷以及“三农”项目等方面给予农民专业合作社大力扶持，也无非是想借农民专业合作社之力以保护、促进利益相关者利益的实现，尤其是推动所在社区可持续发展，从而实现农村经济的发展与社会的稳定。

（4）国际合作社联盟对于合作社应当承担社会责任亦作出了规定。国际合作社联盟通过的《关于合作社特征的声明》，确立了合作社应当遵循的各项基本原则，其中之一即是合作社应当承担社会责任。

---

〔1〕参见布莱尔为英国政府上述文件所写的“foreword”。

〔2〕唐宗焜：“《合作社促进建议书》草案审议中提出的问题和观点”，载《经济研究参考》2003年第43期。

在国际社会，合作社承担社会责任也是一个不断发展的过程。1966 年，国际合作社联盟在借鉴英国罗虚代尔公平先锋社奉行原则的基础上，将合作社的基本原则概括为六项，即：第一，社员资格开放；第二，一人一票的民主管理；第三，资本报酬有限；第四，按交易量（额）比例分配盈余；第五，开展教育与培训；第六，加强合作社之间的合作。[1]很显然，其中并无合作社应当承担社会责任的内容。到了 20 世纪 80 年代，由于社会责任思潮在世界范围内风起云涌，因此，不少国家与地区纷纷通过立法或司法手段确立公司社会责任，而公司社会责任的确立，自然会给同属企业组织形式的合作社带来影响。为了顺应时代潮流，国际合作社联盟遂于 1995 年对合作社基本原则体系予以进一步修订，其中一项重要内容即是新增合作社应当“关心社区”（concern for community）原则，亦即合作社“应当通过社员认可的政策推动社区的可持续发展”。[2]

国际合作社联盟《关于合作社特征的声明》除了在“原则”（principles）部分新增一项“关心社区”原则外，还在“价值”（values）部分规定：社员应当“信奉……社会责任（social responsibility）与关心他人（caring for others）的伦理价值观”。这样，就将关心社区原则落实到了社员身上。

必须指出，虽然国际合作社联盟《关于合作社特征的声明》在其原则体系中并未提及合作社社会责任，只是规定合作社应当“关心社区”，但如前所述，合作社社会责任其实就是合作社对于其利益相关者所负的义务，而合作社所在社区即是合作社

---

〔1〕 杜吟棠主编：《合作社：农业中的现代企业制度》，江西人民出版社 2002 年版，第 19 页及以下。

〔2〕 中华全国供销合作总社国际合作部：《国际合作社联盟》，中国社会出版社 2009 年版，第 10 页。

典型的利益相关者。因此，我们完全有理由认为，国际合作社联盟对于合作社应当承担社会责任作出了规定，只是由于合作社是社会弱势群体用以自救的组织形式，国际合作社联盟在规定合作社社会责任时比较慎重而已。

3. 合作社社会责任的性质

笔者认为，合作社社会责任与公司社会责任在性质上并无二致，两者既非简单的法律责任，更非单纯的道德责任，而是法律责任与道德责任的结合体。

美国学者 Carroll 曾提出了一个著名的“公司社会责任金字塔”模型。〔1〕他认为，公司社会责任包括经济责任、法律责任、道德责任与慈善责任，四者共同构成责任的“金字塔”，其中“塔底”是经济责任，“塔顶”是慈善责任。应当承认，Carroll 教授上述观点在学界影响很大，且不乏众多的支持者。但是，尽管如此，笔者还是认为，经济责任与慈善责任不应包括在公司社会责任中，也就是说，“金字塔”的“塔底”与“塔顶”没有必要存在。这是因为，公司作为典型的营利性组织，设立目的即在于为股东谋利，追求利润最大化是其“本能”，完全可以“无师自通”，因此无需法律进行干预，自然也就不存在所谓的“经济责任”。退一步说，即使将其划归社会责任，也与其他社会责任不可同日而语，两者不能等量齐观。〔2〕至于慈善责任，则属于“高尚道德”，是企业可以自由裁量的事项（这也是慈善责任常常被译为“自愿责任”的根本原因所在），既为自愿，则所谓“责任”云者，也就无从谈起。这样看来，公司社会责任

---

〔1〕 See Archie B. Carroll, “A Three-Dimensional Conceptual Model of Corporate Performance”, *Academy of Management Review*, 1979, 4 (4).

〔2〕 雷兴虎、刘斌：“强化公司社会责任与公司法人格否认制度的完善”，载楼建波、甘培忠主编：《企业社会责任专论》，北京大学出版社 2009 年版，第 361 页及以下。

就只剩下法律责任与道德责任。

以农民专业合作社而论，依照我国现行《农民专业合作社法》第2条的界定，农民专业合作社属于“经济组织”，既为经济组织，则自然会从事生产经营活动。为了谋求自身的生存与发展，农民专业合作社对外不得不从事营利行为。因此，一如公司社会责任，农民专业合作社的社会责任也不应包括经济责任。至于慈善责任，由于农民专业合作社本身即是弱者的联合体，是弱者用以自助的经济组织，因此，所谓慈善责任对于农民专业合作社而言未免过于苛刻；更何况，农民专业合作社的营利能力往往有限，也难以承担慈善责任。这样，农民专业合作社的社会责任就只包括法律责任与道德责任。

在法律责任与道德责任两者的关系上，道德责任实际上对法律责任起到了一种补充作用。这是因为，社会生活变动不居，而法律由于各种主客观条件的限制，往往难期周全，以有限的法律应对无限的生活，法律漏洞即必然存在，由此也就决定了合作社社会责任的法律意义，即：合作社及其经营者在其生产经营过程中，有法律，应当遵守法律；即使法律出现“白纸规定”，也必须回应社会大众的合理期待，遵守社会伦理道德规范，以对他人、对社会负责的方式从事生产经营活动，保护、促进其他利益相关者利益的实现。

4. 合作社社会责任的核心内容

从一定意义上说，企业社会责任与利益相关者理论可谓名异而实同。进一步说，利益相关者理论是对企业社会责任的“细化”与“深化”，亦即将企业“社会”责任限定在“利益相关者”范围内，以免企业承担漫无边际的社会责任。从这一点来说，企业社会责任与我国以前实行的“企业办社会”之间有着本质的区别。据此，合作社的社会责任可以具体“分解”为合作社对其利益相关者的责任，而在合作社诸多利益相关者当中，以社区与环境两者最为重要，国外有学者甚至宣称：“‘社会责任’一词有时是指企业对社区与环境的责任。”（“The term ‘social responsibility’ is sometimes used to describe the firm’s responsibility to its community and to the environment.”）[1]不过，鉴于当前我国农产品安全形势异常严峻，合作社尤其是农民专业合作社的产品责任也应受到我们高度重视。据此，本书重点探讨合作社三个方面的社会责任，即社区责任、环境责任与产品责任等。

（1）合作社的社区责任。合作社客观上均依存于一定的社区，不仅社区合作社如此，专业合作社亦大多如此，如有关调查结果显示，实践中我国农民专业合作社基本上还是依托社区设立。[2]也就是说，农民专业合作社既有“业缘”因素，更有“地缘”因素。事实上，不仅在我国，即使在亚洲其他国家与地区，也都盛行社区合作。当然，在欧美国家，则长期青睐专业合作。[3]

合作社既然依存于一定的社区，则其生存与发展即离不开所在社区的支撑与支持。合作社与社区之间可谓唇齿相依的关系——如果失去所在社区的支撑与支持，合作社必将面临生存危机，所谓“唇亡齿寒”是也。在这种意义上，可以说，关心社区即是关心自己。正是基于两者间所客观存在的这种密切关系，国际合作社联盟才于《关于合作社特征的声明》中新增一

〔1〕 See Jeff Madura, *Business Ethics and Social Responsibility*（影印本），人民邮电出版社 2007 年版，第 39 页。

〔2〕 李玉勤：“‘农民专业合作组织发展与制度建设研讨会’综述”，载《农业经济问题》2008 年第 2 期。

〔3〕 黄祖辉：“中国农民合作组织发展的若干理论与实践问题”，载《中国农村经济》2008 年第 11 期。

项“关心社区”原则，以作为第 7 项原则。这也是合作社原则体系中最为“年轻”的一项原则。

全国人大农业与农村委员会课题组认为，农民专业合作社“担负着促进农村社会发展的部分公益职责”，其“在满足社员需求的同时，要推动所在社区的持续发展”。[1]农民专业合作社与乡镇企业同为“草根组织”（grass-roots organization）与乡土企业，与所在社区可谓“血肉相连”，而乡镇企业的社区责任已体现在 1997 年颁布的《乡镇企业法》。为了鼓励乡镇企业履行社区责任，《乡镇企业法》还规定了诸多优惠措施。事实上，我国现行立法与政策对于农民专业合作社也给予了大力扶持。为此，农民专业合作社应当相应承担起对于社区的责任，如积极参与社区基础设施建设、带动所在社区的发展等。

“社区的运行遵循着一种特殊的机制，这就是互助合作机制。”[2]合作社履行了社区责任，即可实现与社区的良性互动，而这正符合合作社的自身利益，因为一个不履行社区责任、漠视社区利益的合作社，必将遭到社区居民的抵制、抗议乃至唾弃，最终必将殃及其自身利益。

当前在我国农村地区，农民专业合作社承担社区责任，更具有特殊的现实针对意义。由于我国政府财力尤其是地方政府财力有限，加上长期推行城乡二元体制，致使农村公共物品的供给严重不足，而需求规模却很大，这样，仅仅依靠各级政府的力量来解决农村公共物品的短缺问题就很不现实，为此，必须实行供给主体的多元化。即便是在一些发达国家，也都非常重视供给主体的多元化，如德国、日本等国就非常重视农业合

---

〔1〕 全国人大农业与农村委员会课题组：“农民合作经济组织法立法专题研究报告”（一），载《农村经营管理》2004 年第 9 期。

〔2〕 李培林：《和谐社会十讲》，社会科学文献出版社 2006 年版，第 245 页。

作社在农村公共物品供给上的“拾遗补阙”作用。[1]在我国，如果农民专业合作社能切实承担起社区责任，协助政府提供公共物品，则可在一定程度上缓解政府公共财力的不足，客观上为政府分忧解难。此外，改革开放以后，我国虽然在农村实行了统分结合的双层经营体制，但“统”的方面往往流于形式或已名存实亡，而加快农民专业合作社的发展，并通过法律完善其社会责任承担机制，则有助于弥补农村地区集体经济组织服务功能的不足，进而推动传统双层经营体制向新型双层经营体制转变。[2]

（2）合作社的环境责任。改革开放以后，我国经济飞速发展，但是，为此我们所付出的环境代价也十分惊人：环境污染事件频发，环境质量恶化。一句话，环境危机时代已然来临。更让人忧虑的是，随着农业产业化、工业化步伐的加快，环境污染有向广大农村地区蔓延的趋势。当前，“我国农业生产面临的资源环境约束日益增强，已成为一个不容忽视的问题”。[3]这样，就向包括农民专业合作社在内的所有涉农企业提出了资源与环境保护的新要求。

在企业的社会责任体系中，环境责任属于“后起之秀”，它是人们环保意识不断增强的产物。随着可持续发展理念的深入人心，人们越来越重视人与自然的和谐，企业的环境责任因此被提上重要的议事日程，纳入企业社会责任的范围。而作为扎根农村的农民专业合作社，其承担环境责任更有着特殊重要的

---

〔1〕张珺：《中国农村公共产品供给》，社会科学文献出版社 2008 年版，第 192 页、第 203 页。

〔2〕黄祖辉：“中国农民合作组织发展的若干理论与实践问题”，载《中国农村经济》2008 年第 11 期。

〔3〕陈锡文等：《中国农村制度变迁 60 年》，人民出版社 2009 年版，第 43 页。

意义。

我们知道，农业具有多项功能，除了常见的食品保障、原料供给、就业增收功能外，还有生态保护、观光休闲乃至文化传承等功能，如在国外一些发达国家，乡村旅游业即非常发达。但是，我们必须认识到，农业诸多功能的发挥，离不开农村自然资源与环境的保护，一旦资源与环境遭到破坏，不仅“观光休闲”等难以实现，即使连最起码的“山清水秀”也只能永远于梦中得之耳！国外发达国家的乡村旅游业是他们自然环境保护得力的结果。对于农村自然环境的保护，作为扎根农村的农民专业合作社自然责无旁贷，因此，环境责任顺理成章地成为农民专业合作社社会责任的核心内涵。为此，农民专业合作社应将自然资源与环境保护纳入其生产经营战略当中，并最终体现于企业文化。只有包括农民专业合作社在内的所有涉农企业都承担起相应的环境责任，才有可能建成人与自然和谐相处的社会主义新农村。

（3）合作社的产品责任。农民专业合作社的产品责任，换个角度说，即是农民专业合作社对于消费者应当承担的社会责任。根据国务院发展研究中心企业研究所、北京大学中国信用研究中心等机构共同所做的调查，中国企业最迫切需要履行的社会责任，首推产品安全责任。[1]在保障农产品质量安全、维护消费者利益方面，农民专业合作社既责无旁贷，也大有可为。

以往，不少学者在论及农民专业合作社的功能与作用时，大多着眼于其对社员经济利益之保护，如通过规模经济以降低交易成本，实现价格改进等。实则，农民专业合作社是个多功能组织，除了能够惠及社员利益外，还能为广大消费者带来福

---

〔1〕 王小锡：《经济伦理的当代理念与实践》，上海人民出版社2010年版，第138页。

音。也就是说，农民专业合作社还具有产品保障功能。这是因为，相较于单个、分散的农户，农民专业合作社更易于统一技术标准，实现标准化生产。〔1〕此外，由于内部监督机制的存在，农民专业合作社可以在很大程度上防止单个农户的机会主义行为。〔2〕这样，农产品的质量安全就有了多重保障。

从国外经验来看，解决农产品的质量安全问题，单纯依靠政府的力量是远远不够的，这不仅由于监督成本高昂，更由于农产品市场客观存在着信息的不对称，因此难以取得理想的监督效果。有鉴于此，发达国家无不充分发挥农民专业合作社（国外大多称为农业合作社）对于农产品质量安全的保障作用。欧美、日本的农产品之所以畅销全世界，其农业合作社（农业协同组合）可谓功不可没。令人欣喜的是，目前在我国，农民专业合作社的产品保障功能也已开始在实践中凸显，如浙江临海西兰花生产合作社，由于实行了标准化生产，产品质量有了保证，其生产的西兰花遂畅销日本与东南亚等地。〔3〕

5. 我国农民专业合作社社会责任的立法完善

有关调查结果显示，我国农业企业社会责任意识普遍淡薄。〔4〕为扭转这一不利局面，除了应加强宣传教育外，还应从制度建设入手，尤其应当通过法律制度的构建，将合作社社会责任落到实处。

---

〔1〕 全国人大农业与农村委员会课题组：“农民合作经济组织法立法专题研究报告”（一），《农村经营管理》2004 年第 9 期。

〔2〕 毕美家：《中国特色现代农业制度研究》，人民出版社 2010 年版，第 127 页及以下。

〔3〕 全国人大农业与农村委员会课题组：“农民合作经济组织法立法专题研究报告”（一），载《农村经营管理》2004 年第 9 期。

〔4〕 张照新等：《农业产业化龙头企业发展与社会责任》，经济管理出版社 2010 年版，第 81 页。

（1）在《农民专业合作社法》的总则编增加规定有关原则性的内容。我国于2006年颁布的《农民专业合作社法》缺乏“农民专业合作社应当承担社会责任”的内容，2017年修订后对此仍然付之阙如。为此，亟须进行“漏洞补充”。“漏洞补充”的第一步，是在《农民专业合作社法》的总则编增加规定有关原则性、宣示性内容。具体来说，应当参照此前我国《公司法》与《合伙企业法》的修订经验，在《农民专业合作社法》第8条“诚实守信”之后、“不得从事与章程规定无关的活动”之前，增加“承担社会责任”字样，即：“农民专业合作社从事生产经营活动，应当遵守法律，遵守社会公德、商业道德，诚实守信，承担社会责任，不得从事与章程规定无关的活动。”这样，首先就解决了农民专业合作社在承担社会责任方面“无法可依”的问题，有利于进一步规范与引导农民专业合作社开展生产经营活动。

从立法技术上说，总则编的存在是为整部法律“定调”，其内容设计不仅可以对当事人产生“法教”功能，而且还统摄分则内容，为分则条文设计奠定制度基础。因此，“农民专业合作社应当承担社会责任”在总则编中不可不备。

顺便指出，如果我国未来制定合作社基本法，则“合作社应当承担社会责任”亦应规定于其总则篇，以此统领合作社的各个单行法。

（2）进一步完善经营者的义务与责任体系。在总则编增加规定原则性内容，只是“万里长征”走出的第一步，若想取得较为理想的法律规制效果，必须有具体规则与之“成龙配套”，而完善经营者义务与责任体系即是其中极为重要的一环。

将农民专业合作社社会责任“内化”至经营者身上，不仅缘于经营者在农民专业合作社中的核心地位，更缘于农民专业合作社的法人特性。我们知道，农民专业合作社作为法人，毕竟是法律拟制的产物，在某些方面与有血有肉的自然人不可同日而语。例如，法人的行为即必须借助于自然人进行。正是基于这个原因，Bowen 特别将企业社会责任的主体与企业社会责任的实施者区分开来，认为企业虽是社会责任的主体，但其实施者却是企业的经营者。[1]这样，农民专业合作社的经营者也就肩负着履行社会责任的重责大任。

我国《农民专业合作社法》第 36 条虽然集中规定了经营者的义务与责任，但该条设计的目的在于防止经营者“从事损害本社经济利益的活动”。也就是说，该条旨在保护农民专业合作社及其社员的利益，至于其他利益相关者的利益，则不在其保护范围之内。对此，我国未来立法应予补充完善，即明确规定农民专业合作社的经营者不仅负有保护“本社”及其社员利益的义务，而且负有保护其他利益相关者利益的义务。这样，通过分则与总则的“遥相呼应”，才不致使总则编的原则性规定沦为一纸具文。

（3）充分发挥激励机制在社会责任实施中的作用。以往我们在进行法律制度设计时，一味偏好监督机制，对于激励机制的运用则有所忽视，结果导致法律实施的效果有限。著名管理学家 Barnard 曾说：“在现代社会，如不存在激励，则绝大多数人总是站在消极的一端；一个组织如果缺少激励因素，那么该组织就很难有令人满意的绩效。”[2]经济学家张维迎甚至认为，“法律实际上只是一种激励机制设计”。[3]激励机制的功能与作

---

〔1〕 沈洪涛、沈艺峰：《公司社会责任思想——起源与演变》，上海人民出版社 2007 年版，第 52 页。

〔2〕 席酉民、赵增耀主编：《公司治理》，高等教育出版社 2004 年版，第 156 页。

〔3〕 张维迎：《信息、信任与法律》，生活 · 读书 · 新知三联书店 2003 年版，第 63 页。

用不可忽视。

单靠监督机制之所以难以奏效，关键的原因在于信息不对称的客观存在，而信息的不对称分布必然导致“约束不足”，因而严重影响监督的效果。对于农民专业合作社社会责任的履行，同样存在着信息的不对称：在信息的占有上，农民专业合作社处于明显的优势，而利益相关者则处于劣势。因此，由利益相关者来监督农民专业合作社履行社会责任，其难度之大且不说“难于上青天”，至少其监督效果会大打折扣。为此，必须引入激励机制。

从大的方面说，激励分为物质激励与精神激励。我国立法传统素来重视精神激励。但是，随着市场经济的发展，物质激励的作用必将日益凸显。为此，我们在进行法律制度设计时，既应重视精神激励，也应重视物质激励。就农民专业合作社社会责任而言，对于已履行了社会责任的农民专业合作社，不仅应当由行政主管机关在相关媒体上对其予以通报表扬等（精神激励），而且应当在财政、税收、信贷以及涉农项目等方面予以倾斜（物质激励）。只有如此“区别对待”，改变此前“一视同仁”的立法政策，才能激励更多农民专业合作社履行社会责任，进而实现立法初衷。

（4）创设社会责任报告制度。农民专业合作社社会责任的实施，除了应当借助上述激励机制外，还应同时发挥监督机制的作用，而监督机制的运用以信息披露为前提。有学者认为，我国农业企业社会责任披露意识普遍较差，主要原因在于缺乏制度约束。[1]因此，加强信息披露制度建设刻不容缓，其中重要一环即创设社会责任报告制度。

---

〔1〕 张照新等：《农业产业化龙头企业发展与社会责任》，经济管理出版社 2010 年版，第 112 页。

创设农民专业合作社社会责任报告制度，旨在消除或缓解农民专业合作社与其利益相关者之间的信息不对称，以提高农民专业合作社在履行社会责任方面的信息透明度，从而加强政府、消费者以及所在社区等利益相关者对农民专业合作社履行社会责任的监督。例如，一旦建立健全了社会责任信息披露机制，就可以方便消费者“用脚投票”，从而为农民专业合作社履行社会责任带来压力与动力。[1]因此，社会责任报告制度对于农民专业合作社履行社会责任的制约功能不可小视。

然而，根据信息经济学原理，信息的供给在客观上存在着一定的成本，因此，一般来说，包括农民专业合作社在内的企业缺乏信息披露的动力。基于此，各国大多实行强制披露制度，或以强制披露为主、自愿披露为辅。[2]我国《农民专业合作社法》第40条规定：“农民专业合作社的理事长或者理事会应当按照章程规定，组织编制年度业务报告、盈余分配方案、亏损处理方案以及财务会计报告，于成员大会召开的十五日前，置备于办公地点，供成员查阅。”很明显，我国现行立法缺乏社会责任报告制度。由于信息披露是企业社会责任实施不可或缺的前提条件，因此，必须对其进行制度完善。在完善信息披露制度时，除了规定原则性内容（如信息披露义务），还应具体规定信息披露的标准、方式与内容，以增强信息披露制度的可操作性，进而发挥社会责任报告制度对于农民专业合作社履行社会责任的推动作用。

---

〔1〕 张照新等：《农业产业化龙头企业发展与社会责任》，经济管理出版社2010年版，第113页。

〔2〕 李维安主编：《公司治理学》（第3版），高等教育出版社2016年版，第160页。

第四节 合作社治理结构的模式

各国合作社治理结构模式，受公司治理结构模式影响很大，甚至完全“套用”公司治理结构模式。因此，有必要首先了解公司治理结构模式。

一、公司治理结构模式：单层制与双层制

由于受政治、经济、文化等因素的影响，各国在公司治理结构模式选择上存在较大差异。目前，在世界范围内，形成了三种具有影响力的公司治理结构模式，即美英模式、德日模式及亚洲家族模式。其中，以前两种模式影响最大。

美英模式与德日模式最显著的区别在于是否单独设立监事会。至于股东大会与董事会等，各国无甚差异，亦即各国均设股东大会与董事会——虽然董事会的功能，两种模式之间并不完全相同。

具体来说，美英模式实行单层制，即只设董事会，不设监事会。在美英等国，对公司经营者的监督，主要通过市场如股票市场、经理市场与产品市场等进行。尤其是公司控制权市场的存在，对公司经营者起到了很大约束作用，使其不敢过于偏离股东利益。与此同时，美英等国还通过股票期权等手段对经营者实施激励，以达到经营者自我约束的目的。通过这种“大棒加胡萝卜”的政策，美英等国在很大程度上解决了由于所有权与经营权分离而带来的代理问题，保护了股东利益。在美英等国，对于经营者的控制，由于主要依赖外部市场力量进行，因此，美英模式又被称为外部控制主导型模式。[1]此外，美英

---

〔1〕 李维安主编：《公司治理学》（第3版），高等教育出版社2016年版，第289页。

等国公司董事会的构成、功能与德日等国也不尽相同，表现在独立董事在董事会中占有相当比例，董事会还下设审计委员会等专门委员会，以发挥监督功能。由此可见，在美英等国，董事会不仅是决策机关，同时也是监督机关，再加上外部市场的监督，单层模式下的监督力量并不薄弱，只是监督方式有别而已，可谓殊途而同归。

德日等国在公司治理结构上的最大特点是：在董事会之外，另设监事会，作为公司的专门监督机关。也就是说，德日等国公司实行双层制。形成双层制的根本原因在于：德日等国的资本市场相较于美英等国有欠发达，难以通过市场的力量约束经营者的行为，只能通过内部控制方式，以解决或缓解代理问题，保护股东利益。因此，德日模式又被称为内部控制主导型模式。

当然，如果进一步分析，德国的双层制与日本的双层制又不尽相同，即德国实行垂直式，而日本采取并列式。具体来说，在德国，公司董事会由监事会选举产生，监事会是董事会的上位机关。而在日本，公司董事会与监事会均由社员大会选举产生，两者是并列关系而非隶属关系。不过，无论是在德国还是在日本，监事会都是公司的专门监督机关，有权监督董事会的活动。

清末以降，我国在立法上受德日两国影响，受德国影响更为明显。表现在公司治理结构模式选择上，我国现行《公司法》亦采双层制，即既设董事会，又设监事会。不过，在处理董事会与监事会的关系上，我国现行立法与德国有别，而与日本相同，即董事会与监事会均由股东大会选举产生，两者是并列关系。我国台湾地区“公司法”亦是如此。

二、国外合作社治理结构模式简述

上文已述，各国合作社治理结构模式受公司治理结构模式影响较大，甚至是公司治理结构模式的“翻版”。

在美英等国，一如其公司治理结构，合作社治理结构也是只设理事会，不设监事会。美英等国的合作社治理结构具体包括社员大会、理事会（美国称董事会）与经理层等。社员大会是合作社的最高权力机关，由全体社员组成，有权决定合作社的一切重大事项。理事会由社员大会选举产生，是合作社的常设机关，也是合作社的监督机关，负责监督经理层的活动。如果理事人数较多，理事会规模较大，美英等国通常还在理事会下设审计委员会，作为理事会的附属机构，以代表理事会对合作社的业务与财务进行监督。至于对理事会的监督，则由社员大会进行。合作社的经理层一般由理事会聘任，具体负责合作社的日常经营管理活动，并接受理事会的监督。[1]除美英等国外，加拿大、澳大利亚等国也属于这种类型。

德国、日本以及意大利等国采取双层制，即在理事会之外，另设监事会。理事会与监事会虽同由社员大会选举产生，但监事会有权代表社员大会对理事会实施监督。根据《德国工商业与经济合作社法》第40条规定，监事会甚至“有权根据自己的判断”暂时解除应由社员大会解职的理事的职权，并有权因业务需要任命临时理事。不过，监事会不能对理事会“指手画脚”，不能干涉理事会的业务活动。

法国与欧盟合作社立法具有自己的特色。在法国，合作社是否设立监事会，由合作社自主选择。对于不设监事会的合作社，则在理事会向社员大会提交财务与业务报告时，通过让每个社员对理事会报告发表意见的方式，行使对于理事会的监督权。欧盟立法同时规定了双层模式与单层模式，供合作社选择。

---

〔1〕 中华全国供销合作总社赴意英合作社考察团：“取他山之石，开创合作社事业新局面”，载《中国供销合作经济》2003年第11期。

在双层模式中，设有执行机关与监督机关，其中，执行机关成员由监督机关任免。而在单层模式中，不存在凌驾于执行机关之上的监督机关。[1]

三、我国合作社治理结构模式选择

（一）我国现行立法规定

迄止目前，我国虽然没有出台合作社基本法，但于2006年颁布了一部《农民专业合作社法》并于2017年进行了修订。该法涉及了农民专业合作社治理结构模式。

我国现行《农民专业合作社法》第33条第2款规定："农民专业合作社可以设执行监事或者监事会。""可以"二字表明，我国农民专业合作社的监督机关是任意机关，而非法定必设机关。

（二）我国未来立法选择

笔者认为，我国未来在进一步修订《农民专业合作社法》或制定合作社基本法时，对于合作社治理结构模式，应当参考德日等国立法经验，采取双层制，即在理事会之外，另设监事会。之所以采取双层制，理由如下：

1. 有利于对经营者实施监督

正如孟德斯鸠所说，一切有权力的人都容易滥用权力。为了防止权力被滥用，"必须以权力约束权力"。[2]合作社的经营者具体负责合作社的生产经营管理活动，因此，客观上掌握了合作社的权力。为了防止其在行使权力过程中侵害社员及其他利益相关者的利益，必须对其权力进行约束。对于合作社经营

---

〔1〕欧阳仁根、陈岷等：《合作社主体法律制度研究》，人民出版社2008年版，第232页。

〔2〕［法］孟德斯鸠：《论法的精神》（上册），张雁深译，商务印书馆1961年版，第154页。

者的监督，本应由社员大会负责。然而，囿于其性质与特点，社员大会无法完全胜任：其一，社员大会是非常设机关，决定着其监督效果不可能达到理想状态；其二，“搭便车”现象的存在，影响社员大会监督功能的发挥；其三，社员能力的局限影响社员大会的监督实效。合作社的经营管理工作是一项复杂的活动，涉及财务、法律等专业知识。对合作社的经营者实施监督，必须具有相关专业知识，并非每个社员均能胜任。

鉴于上述，必须由社员大会选举产生的专门监督机关即监事会专司对经营者的监督，才能保证监督效果，最终达到保护社员及其他利益相关者利益的目的。

2. 有助于我国企业立法的协调统一

此前我国《公司法》已采双层制，即既设董事会，又设监事会。企业组织立法之间具有相通性。上文已述，其他国家与地区合作社治理结构模式即直接“套用”了其公司治理结构模式。有鉴于此，我国合作社治理结构也应采取双层制。也就是说，在我国，合作社（包括农民专业合作社）不仅应当设立理事会，而且应当设立监事会。当然，如果合作社人数较少或规模较小，也可以只设执行监事，不设监事会。采取双层制，不仅可以加强监督效果，也有助于我国企业立法的协调统一。

3. 符合我国立法传统

我国自清末以降即继受大陆法，在立法传统上深受德日等国影响，而德日两国在合作社治理结构模式上采取双层制，因此，我国未来合作社法采取双层制也顺理成章。

以上所述，最为关键的是，采取双层制有利于加强对经营者的监督——加强监督是“主”，企业立法的协调统一和符合立法传统是“次”。进一步说，采取双层制完全符合合作社“民主控制”的基本属性，是合作社这一特殊经济组织的本质要求。

第五节　本章小结

合作社虽然号称"民主控制"的组织，但仍然存在"两权分离"，即所有权与经营权（控制权）分离。既然存在"两权分离"，必然存在治理结构问题。

合作社治理结构的核心是针对经营者的约束与激励。在合作社治理结构中，约束机制与激励机制不可或缺其一。

合作社治理结构的价值，即合作社治理结构的"用途或积极作用"。合作社治理结构的价值主要表现为：合作社治理结构是合作社有效运行的制度基础；合作社治理结构有助于实现合作社经营管理决策的科学化；合作社治理结构有利于保护社员及其他利益相关者的利益；合作社治理结构可以提高经营者的经营积极性。

合作社治理结构的目标涉及合作社应否承担社会责任。由于我国修订后的《公司法》与《合伙企业法》已分别增加规定公司与合伙企业"应当承担社会责任"的内容，因此，公司与合伙企业应当承担社会责任在理论与实务界获得了广泛共识。但是，由于我国《农民专业合作社法》未有相关规定，导致合作社应否承担社会责任存在争议。笔者认为，合作社与公司、合伙企业同为经济组织，同样具有"社会性"与"外部性"，因此，同样应当承担社会责任。换言之，合作社不仅应当对社员负责，而且应当对包括社区在内的其他利益相关者负责。我国现行《农民专业合作社法》存在立法漏洞，亟须进行"漏洞补充"。我国未来相关立法不仅应在总则编规定原则性内容，而且应在分则编予以落实落细。

合作社治理结构的模式，一如公司治理结构模式，有所谓单层制与双层制。我国应当采取双层制。采取双层制，不仅符合我国立法传统，保持与其他企业立法的协调，关键的原因还在于，有利于加强对合作社经营者的监督，进而保护社员及其他利益相关者的利益。

第四章
社员大会制度

社员大会是由社员组成的，故本章首先分析社员，然后讨论社员大会。以下各章同此体例。

第一节　社　员

一、社员的种类与资格

（一）社员的种类

合作社的社员，大而别之，可以分为自然人社员与非自然人社员（包括法人社员与非法人组织社员），或曰个人社员与团体社员。

1. 自然人社员

众所周知，合作社是弱者用以自救的组织形式，而处于弱势地位的往往是自然人（相较于法人与非法人组织）。因此，从各国合作社的立法与实践来看，合作社的社员大多是自然人，或者说，自然人是合作社社员的主体。我国《农民专业合作社法》第 20 条第 1 款即规定："农民专业合作社的成员中，农民至少应当占成员总数的百分之八十。"有些国家的法律甚至规定，合作社的社员只能是自然人，如《意大利民法典》第 2522 条第 2 款规定："三人以上即可设立合作社，但是社员应当是自然人。"由此可见，在意大利，法人与非法人组织不得利用合作社这一法律制度工具。[1]不过，笔者认为，完全将法人与非法人组织排除在合作社社员之外，不利于合作社的生存与发展。

2. 非自然人社员

（1）法人社员。“法人既有人格，且是权利义务的主体，自然可以加入合作社为社员。”[2]除少数国家与地区外，大多数国家与地区都允许法人社员的存在。英国《合作社法》第 41 条和第 42 条即分别规定，合作社得向其他法人出资，其他法人得对合作社出资。我国《农民专业合作社法》第 19 条第 1 款亦规定：“具有民事行为能力的公民，以及从事与农民专业合作社业务直接有关的生产经营活动的企业、事业单位或者社会组织，能够利用农民专业合作社提供的服务，承认并遵守农民专业合作社章程，履行章程规定的入社手续的，可以成为农民专业合作社的成员。但是，具有管理公共事务职能的单位不得加入农民专业合作社。”不少国家与地区合作社法在允许法人社员存在的同时，也规定了或多或少、或此或彼的限制条件。例如，在我国，限制有二：其一，“具有管理公共事务职能的单位”不得成为农民专业合作社社员；其二，“企业、事业单位和社会组织”社员不得超过社员总数的5%。[3]笔者认为，我国现行立法比较合理，即既允许法人成为农民专业合作社社员，从而带动农民专业合作社发展，又对法人性质与比例予以限制，从而保

---

〔1〕 意大利立法机关可能认为，相较于自然人，法人是“强者”；既为“强者”，自不应利用作为弱者联合体的合作社这一法律制度工具。

〔2〕 李锡勋：《合作社法论》，三民书局股份有限公司 1982 年版，第 90 页。

〔3〕 我国《农民专业合作社法》第 20 条第 2 款规定：“成员总数二十人以下的，可以有一个企业、事业单位或者社会组织成员；成员总数超过二十人的，企业、事业单位和社会组织成员不得超过成员总数的百分之五。”一句话，法人社员不得超过社员总数的 5%。

护其他农民专业合作社[1]与自然人社员（农民社员）利益，可谓趋利避害的制度设计。

（2）非法人组织社员。至于非法人组织能否成为合作社社员，则少有法律作出规定。日本不少学者认为，应当允许非法人组织参加合作社，因为，允许其参加合作社不仅对于合作社没有损害，相反，还有利于合作社筹措资金。[2]此说有一定道理。再从我国《农民专业合作社法》的具体规定来看，并未将其限定为“企业法人”等，因此，可以理解为非法人组织也可以作为农民专业合作社的社员，只是其必须“从事与农民专业合作社业务直接有关的生产经营活动”。

（二）社员的资格

1. 积极资格

社员的积极资格，即社员应当具备的条件。就自然人社员而言，综观其他国家与地区合作社立法，其积极资格主要体现在以下几个方面：

（1）年龄条件。在合作社中，社员既享有一定的权利，也负有一定的义务。社员行使权利、承担义务，必须具有民事行为能力，而确定民事行为能力的标准主要是年龄，因此，不少国家与地区合作社法均针对自然人社员规定了年龄条件，只是由于文化传统等方面的差异，相关规定并不统一。例如，英国《合作社法》第 132 条规定，如果合作社章程没有作出相反规定，16 岁以上即可申请加入合作社；不过，未满 20 岁的社员，不得担任合作社的理事、财产管理人、文书与会计等职务。越南、印度《合作社法》以及我国香港地区《合作社条例》则将

---

〔1〕“具有管理公共事务职能的单位”不得成为农民专业合作社社员，旨在防止利益输送。

〔2〕转引自李锡勋：《合作社法论》，三民书局股份有限公司 1982 年版，第 91 页。

自然人社员的年龄规定为18周岁。我国香港地区《合作社条例》第21条第1款即规定："任何人（注册合作社除外）须符合以下规定，才合资格成为合作社社员——（a）年满18岁。"我国现行《农民专业合作社法》第19条第1款对于自然人社员的年龄没有直接规定，只是规定应当"具有民事行为能力"。所谓"具有民事行为能力"，根据我国《民法通则》第11条的规定，是指"十八周岁以上"的成年人，或者"十六周岁以上不满十八周岁""以自己的劳动收入为主要生活来源"的未成年人。我国《民法总则》对此相沿未改。

我国台湾地区有学者认为，应放宽自然人社员的年龄条件，即允许未成年人加入，同时参考英国立法经验，禁止其担任合作社职务。非如此，则"增加经营合作社的困难不少"。[1]我国台湾地区修正后的"合作社法"已大幅放宽自然人社员的年龄条件。[2]

笔者认为，合作社是典型的自治性组织，由社员实行"民主控制"，而"民主控制"的实现，须以社员具有完全民事行为能力为前提。基于此，社员必须达到成年年龄，不失为一个比较妥当的立法选择。

（2）国籍条件。针对自然人社员，不少国家与地区合作社法除规定年龄条件外，还规定了国籍条件，如菲律宾与越南合作社法均规定，合作社社员必须是其本国公民。

我国现行《农民专业合作社法》第19条第1款规定，"具有民事行为能力的公民"，"可以成为农民专业合作社的成员"。所谓"公民"，是指具有中华人民共和国国籍的自然人。也就是说，在我国，除了"企业、事业单位或者社会组织"，只有具有

---

〔1〕 李锡勋：《合作社法论》，三民书局股份有限公司1982年版，第88页。

〔2〕 参见我国台湾地区"合作社法"第11条。

中华人民共和国国籍的自然人才能申请加入农民专业合作社。我国现行《农民专业合作社法》之所以规定国籍条件，可能是因为农民专业合作社与“三农”问题息息相关——为了解决“三农”问题，须将外国人排除在外。如果说，我国现行立法上述规定不无一定政策考量因素在内，因此无可厚非，那么，未来我们在制定合作社基本法时，即不应再规定国籍条件，因为外国人也有利用合作事业的权利，毕竟，加入合作社以改善自己的经济地位是私权而非公权。我国台湾地区“合作社法”原来也规定了社员的国籍条件，但在后来修订时予以删除。放宽社员的国籍条件，可以说是大势所趋，在这一背景下，我国仍有学者坚持社员的国籍条件，[1]对此，笔者不敢苟同。

（3）品德条件。合作社是社员互助合作的组织，互助合作的目的能否达到，很大程度上取决于社员的品德。如果允许品德上存在“瑕疵”的人参加合作社，则对于合作社及其他社员来说，不仅无益，反而有害。有鉴于此，不少国家与地区的合作社法对于社员的品德条件均作出了明确规定。在德国，赖夫艾森式合作社即非常重视社员的品德条件。[2]我国现行《农民专业合作社法》对于社员的品德条件未有规定。但是，由中国银监会制定的《农村资金互助社管理暂行规定》弥补了这一立法缺憾，明确规定农村资金互助社的社员应当“诚实守信，声誉良好”。笔者认为，我国未来合作社法应当借鉴上述部门规章以及其他国家与地区立法经验，针对社员的品德条件作出明确规定，因为其关系合作社与其他社员利益至巨，不可不规制也。

---

〔1〕 欧阳仁根、陈岷等：《合作社主体法律制度研究》，人民出版社 2008 年版，第 157 页及以下。

〔2〕 尹树生：《合作经济概论》，三民书局股份有限公司 1986 年版，第 58 页。

（4）其他条件。除上述年龄、国籍与品德条件外，一些国家与地区的合作社法，或直接规定社员的住所条件等，或授权合作社章程规定。例如，我国香港地区《合作社条例》第 21 条第 2 款即规定："任何人（注册合作社除外）须符合以下规定，才合资格成为合作社社员——（b）在章程所描述的合作社经营地区内居住或占有土地。"《德国工商业与经济合作社法》第 8 条第 1 款第（二）项亦规定，合作社章程可以规定"社员资格的取得和存续与特定区域内的住所相联系"。我国《农村资金互助社管理暂行条例》第 18 条第 2 款规定，社员户口所在地或经常居住地应在入股农村资金互助社所在乡（镇）或行政村内。

2. 消极资格

有些国家与地区的合作社法，不仅从正面规定社员应当具备的条件，即社员的积极资格，而且从反面规定社员必须排除的条件，即社员的消极资格。合作社法之所以规定社员的消极资格，旨在将不适合参加合作事业的人排除在外。这样，有利于合作社健康快速发展，进而保护与促进社员利益。

二、社员的入社与出社

（一）社员的入社

所谓社员入社，是指取得新社员的资格。

合作社实行"门户开放"（open membership）政策。对此，国际合作社联盟《关于合作社特征的声明》作出了明确规定，即："合作社是自愿的组织，向所有能够利用其服务并愿意承担社员义务的人开放，没有性别、社会、种族、政治和宗教的歧视。"不少国家与地区合作社法亦有类似规定，如《瑞士债法典》第 839 条第 1 款和第 2 款即分别规定："合作社可以在任何时间接纳新社员入社。""为了维护合作社不限制社员数目的原则，合作社章程可以对社员资格附加特别条件；但附加条款不得对合作社接纳新社员造成困难。”日本《中小企业合作社法》亦规定，凡是具有社员资格的人都可以加入合作社，没有正当理由，合作社不得拒绝，并不得附加苛刻条件，以造成其入社困难。

合作社虽然实行“门户开放”政策，但是，社员入社必须履行一定手续，具有社员资格的人并非当然成为合作社社员。为此，不少国家与地区合作社法对社员入社的方式与程序作出了具体规定。例如，《瑞士债法典》第 840 条第 1 款、第 3 款分别规定：“新社员入社应当提出书面申请。”“合作社章程中没有说明合作社可以依据申请事实取得社员资格或者需要合作社大会决议的，董事会有权决定接纳新社员的有关问题。”相较之下，我国现行《农民专业合作社法》相关规定过于原则，亟须具体化。

1. 社员入社的方式

关于社员入社的方式，学者间观点不一。早在民国时期，即有学者认为，社员入社的方式只有一种，即独立依照章程规定加入合作社成为社员。[1]目前，我国仍有学者坚持这一观点，并且认为，合作社本质上是“人”的结合而非“资”的结合，这就决定了合作社社员资格的专属性，因此，不能通过继承或转让的方式入社。[2]另有学者则认为，社员入社实际上存在三种不同的方式，即普通入社、继承入社与受让入社。[3]笔者认为，在我国合作社实践中，继承入社与受让入社是“客观存在”，不容否认；再说，从比较立法例考察，不少国家如德国、意大利、瑞士等国对这三种入社方式均作出了明确规定。

---

〔1〕 张则尧：《合作社十论》，江西农村合作委员会 1936 年版，第 42 页。

〔2〕 屈茂辉等：《合作社法律制度研究》，中国工商出版社 2007 年版，第 177 页。

〔3〕 李锡勋：《合作社法论》，三民书局股份有限公司 1982 年版，第 92 页及以下。

（1）普通入社。所谓普通入社，简言之，即继承入社与受让入社以外的入社方式。详言之，是指具有社员资格的人，依照合作社法与合作社章程的规定，向合作社提出申请（此即申请人向合作社作出的要约），待合作社作出承诺后，即可入社。普通入社是一种典型的契约行为。

入社申请须以书面方式提出，以示慎重。这是因为，入社不仅关系申请人的利益，而且关系其他社员的利益。对此，不少国家与地区合作社法（如《瑞士债法典》第 840 条第 1 款、我国台湾地区“合作社法”第 14 条第 1 款等）均作出了明确规定。

对于入社申请，理事会应当依照合作社法与合作社章程规定的条件予以审查，并在法定或章定期限内作出决定。理事会作出不同意决定，应当说明理由。对于理事会的不同意决定，申请人有权请求社员大会作出决议。《意大利民法典》第 2528 条第 3 款和第 4 款即分别明确规定：“董事会应当在 60 天内做出说明理由的拒绝入社申请的决议，并且通知申请人。”“董事会拒绝入社申请的，申请人在收到拒绝入社通知的 60 天内，可以请求提交社员大会对未被接受的入社申请进行讨论并且做出决议。如果不为此专门召集大会，则在下一次社员大会上讨论。”此项立法经验，值得我国未来立法或修法时参考。

在普通入社中，除了书面方式外，我国台湾地区“合作社法”还规定了社员介绍方式，即由两名以上社员介绍入社，以代替书面方式（参见我国台湾地区“合作社法”第 14 条第 1 款）。

（2）继承入社。继承入社，即继承人继受被继承人权利义务而取得社员资格的一种入社方式。对于继承入社，不少国家与地区合作社法均作出了明确规定，而我国现行《农民专业合作社法》却付之阙如，实为憾事，因为社员死亡乃“事理之常”，对此，法律不能不有所调整。

社员死亡（包括宣告死亡），如果其继承人不愿加入合作社，那么，合作社只需将死亡社员股金退还其继承人即可，此时，不发生继承入社。但是，如果继承人愿意加入合作社，便发生继承入社问题。

根据其他国家与地区合作社法的规定，继承入社并非当然发生，而是应当具备一定的条件，并依照一定的程序。首先，继承人应当具备合作社法与合作社章程规定的社员资格。不具备社员资格，继承入社便无由发生。《意大利民法典》第 2534 条第 2 款即有此规定。其次，继承人应当向合作社提出书面申请。只有在合作社有关机关同意后，申请人方能取得社员资格，进而享有社员权利，承担社员义务。此外，如果存在 2 个以上继承人，则继承人应指定 1 人（《意大利民法典》第 2534 条第 3 款称为“共同代表”）继承社员资格，德国、瑞士、意大利以及韩国等不少国家合作社法均有此规定。

除自然人社员外，法人与非法人组织社员同样有可能发生继承入社问题，因为法人与非法人组织一旦终止或解散，其主体资格即归消灭，自然就产生继承法律关系。对此，法律亦应予以规制。

（3）受让入社。受让入社，是指基于让与人与受让人订立的转让合同而产生的一种入社方式。

受让入社，因受让人是否具有社员身份而有异。如果受让人是合作社社员，一般情况下，转让可以自由进行，无需取得合作社同意。例如，《俄罗斯联邦民法典》第 111 条第 3 款第（一）项规定：“合作社社员有权将自己的全部或部分股份转让给合作社的其他社员。”〔1〕不过，受让人的原有股金与受让股金之和不得超过法定或章定限额，超过部分不能转让。〔2〕这是因为，合作社是“民主控制”的组织，为了防止个别社员控制合作社，合作社法或合作社章程往往对社员的持股数额予以限制。如果受让人并非合作社社员，则不少国家与地区合作社法规定，当事人之间的股金转让应当取得合作社同意；否则，对合作社不产生效力。《俄罗斯联邦民法典》第 111 条第 3 款第（二）项即规定：“须经合作社同意方可将股份（部分股份）转让给不是合作社社员的公民。”受让人被合作社“接纳”以前，社员权利仍由让与人行使（参见《瑞士债法典》第 849 条第 2 款）。“社员股金不得公有”（参见韩国《农业协同组合法》〔3〕第 23 条第 4 款），即社员股金不得转让给两人以上。对于当事人之间的股金转让，如果合作社拒绝同意，则让与人可以在接到拒绝通知后的一定期限内，向法院提起诉讼，以寻求司法救济（参见《意大利民法典》第 2530 条第 5 款）。

当然，合作社章程也可以规定，通过合同方式转让社员资格时，只需出示合同即生转让效力，《瑞士债法典》第 849 条第 3 款即有此规定。

2. 社员入社的程序

社员入社申请，在一般情况下，并不自动产生入社效力，而是在合作社有关机关依法作出决定后，申请人方能取得社员

〔1〕 本书所引《俄罗斯联邦民法典》条文，均引自《俄罗斯联邦民法典》，黄道秀等译，中国大百科全书出版社 1999 年版。

〔2〕 尹树生：《合作经济概论》，三民书局股份有限公司 1986 年版，第 59 页。

〔3〕 本书所引韩国《农业协同组合法》条文，引自孔祥智、金洪云、史冰清等：《国外农业合作社研究——产生条件、运行规则及经验借鉴》，中国农业出版社 2012 年版，第 343~366 页。

资格。[1]根据其他国家与地区合作社法的规定，有权作出决定的机关通常是理事会。例如，《瑞士债法典》第840条第3款规定，如果合作社章程没有说明申请人可以根据申请事实取得社员资格或需要社员大会作出决议，那么，对于申请人的申请，由董事会（即理事会）决定。《意大利民法典》第2528条第1款亦规定："董事会根据申请人的申请，作出接受新社员的决议。"而我国台湾地区"合作社法"则区别对待：加入有限责任或保证责任合作社，由理事会决定；加入无限责任合作社，由社员大会决定。因为无限责任合作社社员所负的责任最重，因此交由全体社员讨论决定。

申请人入社以后，合作社应在法定期间内办理变更登记。否则，不得以之对抗善意第三人。

我国2006年颁布的《农民专业合作社法》对于社员入社程序未作规定，是为明显的立法漏洞，2017年修订后对此进行了填补，其第24条规定："符合本法第十九条、第二十条规定的公民、企业、事业单位或者社会组织，要求加入已成立的农民专业合作社，应当向理事长或者理事会提出书面申请，经成员大会或者成员代表大会表决通过后，成为本社成员。"笔者认为，该条有待进一步完善：①对申请人的入社申请，由理事会决定。当然，如果合作社因为规模较小或人数较少而不设理事会，也可以由社员大会作出决议；②理事会不同意入社申请，应当说明理由，申请人有权请求社员大会作出决议；③对于社员大会作出的不同意入社申请的决议，申请人有权向人民法院起诉。如此设计，旨在保护申请人的合法权益。此外，我国未来相关立法还应当规定，申请人入社以后，合作社应当在一定

---

〔1〕 有些国家合作社法也允许合作社章程规定，申请人可以根据申请的事实取得社员资格，《瑞士债法典》第840条第3款即有此规定。但此类规定并不常见。

期限内到工商行政主管部门办理变更登记。

3. 社员入社的效力

无论是通过申请方式入社，还是通过继承与受让等方式入社，一旦入社，新社员即享有与老社员同等的权利，承担与老社员同等的义务。对此，不少国家与地区合作社法均有明文，如我国台湾地区“合作社法”第15条即规定：“新社员对于入社前合作社所负之债务，与旧社员负同一责任。”〔1〕《德国工商业与经济合作社法》第23条第2款亦规定：“合作社加入者对于其加入前形成的债务亦要承担责任。”

(二) 社员的出社

所谓社员出社，是指社员基于一定原因而丧失社员资格。根据是否出于社员意愿，社员出社分为自由出社与法定出社。前者出于社员自愿，后者则否。

1. 自由出社

合作社实行“退社自由”原则（这也是合作社与集体经济组织最为显著的区别之一）。对于合作社提供的服务，社员如果不再需要，即可申请退社，或将股金转让他人。

(1) 预告退社。由于退社可能影响合作社的社务与业务，甚至影响债权人利益（社员退社即导致合作社股金减少），因此，不少国家与地区合作社法针对社员申请退社规定了预告制度。日本《农业协同组合法》〔2〕第22条与《瑞士债法典》第844条即有此规定。例如，《瑞士债法典》第844条规定：“合作社社员只能在营业年度末，并经提前一年通知退出合作社。合

〔1〕 该条现已被删除。之所以被删除，或许因为其系赘文——新社员与老社员享有同等的权利、承担同等的义务，乃当然之理，不言自明。

〔2〕 本书所引日本《农业协同组合法》条文，除非特别说明，均引自杨绍平：《新概念合作社》(下)，中共中央党校出版社2009年版，第628~673页。

作社章程可以规定短期通知，允许在现行营业年度期间内退伙。”我国现行《农民专业合作社法》第25条亦规定：“农民专业合作社成员要求退社的，应当在会计年度终了的三个月前向理事长或者理事会提出书面申请；其中，企业、事业单位或者社会组织成员退社，应当在会计年度终了的六个月前提出；章程另有规定的，从其规定。退社成员的成员资格自会计年度终了时终止。”

我国台湾地区“合作社法”第27条规定：“社员得于年度终了时退社，但应于三个月前提出请求书。前项期间，得以章程延长至六个月，社员为法人时，得延长至一年。”现该条已被删除。这就意味着，在我国台湾地区，社员可以随时申请退社。无独有偶，韩国《农业协同组合法》第29条第1款规定：“社员向地区农协说明退出事由即可退出。”笔者认为，允许社员随时申请退社，旨在彻底贯彻“退社自由”原则。可以说，两种立法例各有利弊。

（2）转让退社。转让退社与受让入社，是一个问题的两个方面，只是着眼点不同：受让入社着眼于受让人的入社，转让退社则着眼于让与人的出社。为免重复，兹不赘述。

针对自由出社，还应当指出，如果合作社法或合作社章程规定在一定期限内不得退社，则社员既不得申请退社，也不得将股金转让他人。我国合作社实践曾对社员尤其是核心社员的退社权作出过限制。[1]但是，这种限制应在合理期间内，不得永久禁止社员退社，否则，即有违国际公认的“退社自由”原则。此外，虽然社员享有退社自由，但如果因此给合作社造成损失的，应向合作社承担损害赔偿责任，《瑞士债法典》第842

〔1〕 全国人大农业与农村委员会课题组：“农民合作经济组织法立法专题研究报告”（二），载《农村经营管理》2004年第10期。

条第2款即有此规定。笔者认为，瑞士这一立法例值得借鉴，因为其较好平衡了双方利益，既保障了社员退社权利，同时又保护了合作社及其他社员利益，可谓“利益平衡”之适例。

2. 法定出社

法定出社，是指基于合作社法或合作社章程规定的原因而丧失社员资格。

（1）社员资格的丧失。社员入社应当符合合作社法或合作社章程规定的条件。入社以后，如果条件不复存在，社员资格即随之丧失。在合作社实践中，行为能力、业务性质、业务区域等方面的变化均可导致社员资格的丧失。例如，合作社章程规定，社员必须居住在一定区域内。如果社员迁出该业务区域，即丧失社员资格。

（2）死亡、终止或解散。自然人死亡、法人终止或非法人组织解散，意味着法律主体资格的消灭，在这种情况下，应为当然出社，所谓“皮之不存，毛将焉附”。我国台湾地区“合作社法”第26条第2款只规定了自然人死亡导致社员资格丧失，而未规定法人终止或非法人组织解散的情形，有失周延，因此招致学者批评。[1]因为法人终止或非法人组织解散与自然人死亡，法律效果完全相同，均当然导致社员资格的丧失，立法不应顾此失彼。相较之下，日本《中小企业合作社法》第19条规定较为完善，因为其在社员资格丧失的原因中，既规定了自然人的死亡，同时也规定了法人的终止与非法人组织的解散。

（3）除名。除名乃合作社以一方的意思表示剥夺社员资格，也可以说是社员被动退社而丧失社员资格。[2]除名是典型的“社团罚”，其产生基于社团自治权，目的在于维持社团纪律与

---

〔1〕 李锡勋：《合作社法论》，三民书局股份有限公司1982年版，第96页。

〔2〕 施启扬：《民法总则》（修订第8版），中国法制出版社2010年版，第163页。

秩序。[1]

由于除名涉及社员的切身利益，因此，除名事由应当法定化或章定化，即应由合作社法或合作社章程予以规定。从比较立法例考察，意大利（《意大利民法典》第2533条第1款）、俄罗斯［《俄罗斯联邦民法典》第111条第2款第（一）项］、韩国（《农业协同组合法》第30条第1款）与日本（《农业协同组合法》第22条第2款）等国通过法律规定除名事由，即除名事由法定化；德国（《德国工商业与经济合作社法》第68条第1款）与瑞士（《瑞士债法典》第846条第1款）等国则"授权"合作社章程予以规定，即除名事由章定化。例如，《德国工商业与经济合作社法》第68条第1款规定："将社员开除出合作社的事由必须在社章中规定。"我国于2006年颁布的《农民专业合作社法》并未规定除名事由，2017年修订后对此进行了"漏洞补充"，其第26条第1款规定："农民专业合作社成员不遵守农民专业合作社的章程、成员大会或者成员代表大会的决议，或者严重危害其他成员及农民专业合作社利益的，可以予以除名。"可谓除名事由法定化。法定化相较于章定化有利于保护当事人的合法权益。我国这一立法举措，值得肯定。

将社员除名属于合作社的"重大事项"，因此，除名决定应由社员大会作出。对此，《瑞士债法典》第846条第3款、韩国《农业协同组合法》第30条第1款、日本《农业协同组合法》第22条第2款与《俄罗斯联邦民法典》第111条第2款第（一）项等均有明确规定。[2]我国《农民专业合作社法》第26条第2款亦

---

〔1〕 王泽鉴：《民法总则》（增订版），中国政法大学出版社2001年版，第191页及以下。

〔2〕 当然，也有少数国家法律规定由董事会（理事会）决定，如《意大利民法典》第2533条第2款。

规定："成员的除名，应当经成员大会或者成员代表大会表决通过。"

社员大会在作出除名决定前，应为拟被除名社员提供陈述意见的机会。韩国《农业协同组合法》第30条第2款即规定："在实施第1款规定时，地区农协须在召开大会10日之前通知该社员，并为该社员提供在大会陈述意见的机会。"我国《农民专业合作社法》第26条第3款亦规定："在实施前款规定时，应当为该成员提供陈述意见的机会。"日本《农业协同组合法》第22条第3款进一步规定，如果在作出除名决定时"未通知本人"，则"不得与本人对抗"。

除名决定作出后，如果被除名社员不服，有权向法院提起诉讼。《意大利民法典》第2533条第3款即明确规定："对除名的决议，社员可以在接到通知后的60天内向法院提起诉讼。"但我国现行《农民专业合作社法》对此却未作规定，是为立法不足——未作规定，不利于被除名社员合法权益的保护。

3. 出社的效力

社员出社以后，并非一"出"了之，而是与合作社仍然发生一定的权利义务关系。

首先，出社社员有权请求合作社退还其股金的全部或一部。至于股金的计算，除非合作社章程另有规定，否则，应"依合作社营业年度终了时之财产定之"（参见我国台湾地区"合作社法"第30条第1款）。

其次，在特定情况下，出社社员仍须对合作社的债务承担清偿责任，如我国台湾地区"合作社法"第31条规定，无限责任或保证责任合作社的社员，对于出社前合作社债权人的责任，自出社决定作出之日起，经过两年，始得解除。如果合作社在社员出社后6个月内解散，则该社员视为未出社。应当认为，我国台湾地区此项规定有利于保护债权人利益，可以在很大程度上弥补合作社在资本制度上存在的不足。

社员出社以后，合作社应在法定期间内办理变更登记。否则，不得以之对抗善意第三人。

三、社员的权利与义务

（一）社员的权利

社员的权利是指社员基于其资格而对合作社享有的权利。社员的权利是团体法上的权利，其相对人是合作社。社员的权利，既来源于合作社法，也来源于合作社章程，来源于合作社法的称为法定权利，来源于合作社章程的称为章定权利。

社员权利的内容非常丰富，其中既包括经济性质的权利，也包括非经济性质的权利，前者称为自益权，后者称为共益权。

综观其他国家与地区合作社的立法与实践，社员的权利主要有以下六种：〔1〕

1. 表决权

合作社是“民主控制”的组织，实行“一人一票”原则，亦即每一社员，无论其持股多少，都享有一个投票权。例如，《俄罗斯联邦民法典》第110条第5款即明确规定：“在社员大会通过决议时，每个社员一票。”我国《农民专业合作社法》第22条第1款亦规定：“农民专业合作社成员大会选举和表决，实行一人一票制，成员各享有一票的基本表决权。”

有些国家与地区在坚持“一人一票”原则的同时，开始实行“一人多票”，以解决合作社面临的资金等方面的困难。不过，“一人多票”均受到不同程度的限制。例如，我国《农民专业合作社法》第22条第2款规定：“出资额或者与本社交易量（额）较大的成员按照章程规定，可以享有附加表决权。本社的

〔1〕 尹树生：《合作经济概论》，三民书局股份有限公司1986年版，第60页。

附加表决权总票数，不得超过本社成员基本表决权总票数的百分之二十。享有附加表决权的成员及其享有的附加表决权数，应当在每次成员大会召开时告知出席会议的全体成员。”

从比较立法例考察，坚持“一人一票”原则的国家与地区相对较多。俄罗斯（《俄罗斯联邦民法典》第 110 条第 5 款）、韩国（《农业协同组合法》第 26 条）、日本（《农业协同组合法》第 16 条第 1 款）以及我国香港地区（《合作社条例》第 24 条）等均坚持此项原则。[1]例如，韩国《农业协同组合法》第 26 条即明确规定：“社员不受出资多少的限制一律具有平等的表决权和选举权。”这也符合国际合作社联盟《关于合作社特征的声明》所规定的原则。[2]

2. 社员大会召集请求权

社员“民主控制”合作社的实现，端赖社员大会。社员大会制度应当为社员行使民主权利提供便利条件。为此，不少国家与地区合作社法规定，一定比例的社员有权请求召开社员大会；如果此项请求未被满足，社员有权在履行法定或章定程序后，自行召集。《瑞士债法典》第 881 条第 2 款和第 3 款即分别规定：“合作社大会应合作社十分之一以上的社员要求，或者在合作社社员不满三十八人时，有三人以上社员要求召开大会时，即可召开。”“董事会未能应要求在合理时间内召开大会的，法官有权应申请人请求命令召开大会。”

3. 选举权与被选举权

作为一个组织体，合作社必须通过机关进行活动，而机关的担当者，如理事、监事等，由社员选举产生，社员因此享有

---

〔1〕 不过，根据日本与我国香港地区法律规定，联合社不在此内，亦即联合社社员（合作社）可以“一人多票”。

〔2〕 对于“初级合作社”（“primary co-operatives”），更应如此。

选举权与被选举权。选举权与被选举权是社员的一项重要权利。对于社员的选举权与被选举权，几乎所有国家与地区合作社法均予以肯认。不过，有些国家与地区，基于社员的入社年限、交易量（额）大小等对其有所限制。

4. 罢免权

罢免权指罢免理事、监事的权利。理事与监事由社员大会选举产生。他们理应“全心全意”为社员服务。如果理事或监事不履行法定或章定职责，社员有权通过社员大会予以罢免。罢免权之设，旨在防止理事或监事失职、渎职行为的发生，从而有效维护合作社及其社员利益。

罢免权，一般规定于合作社法有关社员大会职权条款。例如，我国《农民专业合作社法》第 29 条第（二）项规定：“农民专业合作社成员大会由全体成员组成，是本社的权力机构，行使下列职权：……（二）选举和罢免理事长、理事、执行监事或者监事会成员。”

5. 查阅权

为了顺利实现社员对合作社的“民主控制”，社员应当享有知情权，而知情权的享有以查阅权的行使为前提。有鉴于此，不少国家与地区合作社法均规定，社员对于合作社的各种“书类”享有查阅的权利；社员在行使查阅权时，合作社有关机关（如理事会）与有关人员（如理事长）不得拒绝，并为其提供便利条件。查阅权是社员“民主控制”合作社所不可或缺的一项重要权利。因此，我国未来合作社法应当对其作出明确而具体的规定。

6. 盈余分配请求权

合作社虽不以营利为目的，但由于存在对社员多收或少付等原因，实践中，不少合作社存在一定盈余。对于合作社的盈余，应当按照其来源，即按照社员与合作社的交易量（额）比例返还给社员。因此，社员的盈余分配请求权，又被称为盈余返还请求权。

（二）社员权利的诉权保护

1. 社员权利诉权保护的必要性分析

法谚有云："无救济即无权利。"缺乏救济的权利，对于社员来说，无异镜花水月，没有任何实际意义。有鉴于此，十八届四中全会通过的《关于全面推进依法治国若干重大问题的决定》在明确规定公民的"各项权利不受侵犯"的同时，进一步指出，要"健全公民权利救济渠道和方式"。[1]

迄止目前，我国虽然尚未出台合作社基本法，但已颁布《农民专业合作社法》。《农民专业合作社法》的颁布实施，在我国合作社立法史上无疑具有里程碑的意义。尤其值得一提的是，该法对于社员应当享有的权利作出了较为全面、具体的规定，但其在制度设计上也存在诸多漏洞与瑕疵，其中之一即是重赋权、轻救济。[2]换言之，社员权利缺乏诉权保护。

众所周知，纸上的权利并不等于社员能够实际享有，正如理想与现实往往存在或大或小的距离。在合作社内部，由于存在委托-代理关系，作为代理人的经营者，为了追求自身利益最大化，往往会侵害作为委托人的社员的利益。调查发现，我国农民专业合作社内部普遍存在少数人控制，[3]加上我国现行相

〔1〕《中共中央关于全面推进依法治国若干重大问题的决定》，人民出版社2014年版，第11页及以下。

〔2〕王玉梅：《农民专业合作社之法理探究与实践》，科学出版社2012年版，第44页。

〔3〕郭红东、张若健：《中国农民专业合作社调查》，浙江大学出版社2010年版，第346页。

关立法在治理结构设计方面有欠完善，[1]因此，社员尤其是中小社员的权利遭受侵害的现象屡见不鲜。如果社员权利被限制甚至被剥夺，导致其不能行使或不能充分行使的，社员该如何“自救”？能否因此提起诉讼？对此，我国现行相关立法“保持沉默”。此外，如果合作社的合法权益受到侵害，而合作社有关机关如理事会、监事会等却怠于或拒绝提起诉讼，此时，社员能否“挺身而出”，来保护合作社的合法权益？[2]对此，我国现行相关立法亦未提供任何答案。

“不平则鸣”，乃势有必至，而“鸣”的方式，以诉讼最为有效。[3]也就是说，社员权利一旦受到侵害，合作社法应赋予其相应的救济手段。即使社员权利未受侵害而只是合作社利益受损，合作社法也应赋予社员以诉权，因为损害合作社利益最终必将损害社员利益；更何况，合作社是一个典型的“民有”“民治”“民享”的经济组织。正是基于这一考虑，我国于 2005 年修订后的《公司法》除了明确规定股东直接诉讼（a direct action）外，还增设了股东代表诉讼（a derivative action）。股东代表诉讼制度的引进，是我国修订后的《公司法》的一大亮点。有学者甚至认为，股东代表诉讼的“基本原理同样适用于其他社团法人”。[4]

鉴于我国现行《农民专业合作社法》存在“重赋权、轻救济”的弊端，有学者建议，未来立法应增设社员“异议权”。[5]

---

〔1〕 参见雷兴虎、刘观来：“激励机制视野下我国农业合作社治理结构之立法完善”，载《法学评论》2011 年第 6 期。

〔2〕 保护农民专业合作社的合法权益，其实在于保护自己的合法权益，只是方式间接而已。

〔3〕 郑玉波：《法谚（二）》，法律出版社 2007 年版，第 284 页。

〔4〕 刘俊海：《股份有限公司股东权的保护》（修订本），法律出版社 2004 年版，第 314 页。

〔5〕 武光太：“我国《农民专业合作社法》的立法完善——以治理结构为中心”，载《农业经济》2013 年第 1 期。

笔者认为，增设“异议权”虽然可以在一定程度上保护合作社及其社员利益，但尚不彻底，因为缺乏诉权保护的“异议权”，其作用终究有限。最彻底、最有效的方法就是，借鉴我国《公司法》成功修订经验，在《农民专业合作社法》或合作社基本法中增加规定社员直接诉讼与社员代表诉讼制度。

2. 社员权利与诉权的关系

(1) 诉权的意义。诉权是当事人对国家享有的司法保护请求权，即当事人请求法院依法保护其民事权益的权利。[1]一旦自然人、法人或非法人组织的民事权益受到侵犯或者与他人发生争议，该自然人、法人或非法人组织即可请求法院行使审判权，以保护其民事权益或者解决与他人发生的争议，这一权利即为诉权。

从本质意义上说，诉权是“接受裁判的权利”。能够利用民事诉讼制度，以保护自己的合法权益不受侵犯或者解决与他人业已发生的争议，对于自然人、法人或非法人组织来说，是一种利益，而被法律承认得以享有这种利益的权利就是诉权。我国台湾地区的大法官解释认为，诉权“乃人民司法上之受益权”，其“以人民于其权利遭受侵害时，得依正当法律程序请求法院救济为其核心内容”。[2]

对于自然人、法人或非法人组织享有的诉权，国家只有保护的义务，而不得予以限制或剥夺。这是因为，在一个法治国家，自然人、法人或非法人组织相互间的社会生活关系，不受人的支配，而受法的支配。既然如此，基于他们社会生活关系所引发的争议或纠纷，即应通过司法途径予以解决。这是国家的基本职责所在，也是国家对自然人、法人或非法人组织应尽

---

〔1〕 李浩：《民事诉讼法学》，法律出版社 2011 年版，第 160 页。

〔2〕 转引自沈冠伶：《诉讼权保障与裁判外纷争处理》，北京大学出版社 2008 年版，第 4 页及以下。

的义务。当然，从理论上说，存在着诉讼与诉讼外两种纠纷解决机制，但在现代文明国家，前者因其具有程序保障的特点而被公认为最具公正性与权威性，因而普遍被当作终极解决手段。

救济与权利可谓如影随形。严格地说，缺乏救济的权利，不成其为权利。对于自然人、法人或非法人组织应当享有的权利，如果缺乏诉权保护，自然人、法人或非法人组织有可能铤而走险，寻求“自力救济”，而“自力救济”的实施，必然会对社会秩序造成一定程度的破坏。为此，不少国家将诉权上升到宪法高度，通过宪法保护诉权。《意大利宪法》第24条即规定：“任何人为保护其权利和合法利益，皆有权向法院提起诉讼。”日本《宪法》第32条亦规定：“任何人在法院接受审判的权利不得剥夺。”我国现行《宪法》虽然没有明确规定诉权，但有学者认为，从其有关法院和诉讼制度的规定来看，我国《宪法》事实上已经承认了自然人、法人或非法人组织的诉权。[1]《宪法》对诉权作出原则性规定以后，再通过单行法落实落细。《宪法》与单行法相互配合、相互协力，就可以对自然人、法人或非法人组织应当享有的合法权益提供周密、有效的保护。

（2）社员权利与诉权的关系。实体权利与诉权关系密切，可谓由来已久。早在古罗马时代，实体私权便以诉权来表示。[2]例如，债法中的撤销权即被称为“废罢诉权”。究其实质，古罗马早期的法律是程序法，民事权利只是“诉讼的投影”。时至今日，英国仍然奉行“程序先于权利”，所谓“无令状，则无权利”。[3]

---

〔1〕 江伟、邵明、陈刚：《民事诉权研究》，法律出版社2002年版，第147页。

〔2〕 参见［意］彼得罗·彭梵得：《罗马法教科书》，黄风译，中国政法大学出版社1992年版，第86页。

〔3〕 江伟主编：《民事诉讼法学》，复旦大学出版社2002年版，第31页及以下。

就合作社而言，社员权利与诉权的关系，犹如鸟之两翼、车之双轮。如果仅有诉权规范而无社员权利，固然因为缺乏保护对象而失去立法意义；但是，如果仅有社员权利而无诉权，社员权利亦将难以实现。此已涉及法律的可诉性（justiciability）。要使法律具有可诉性，不仅应当在法律规范中明确规定行为模式与法律后果，而且应当明确规定纠纷产生后的解决途径和诉讼主体。法律的可诉性强调法律裁判规范的一面以及法律与诉讼之间的关联性。具有可诉性的法律必然与诉讼发生关联。[1]基于此，我国未来合作社法在规定社员权利的同时，增加诉权保护规范，亦即增设社员直接诉讼与社员代表诉讼制度。

3. 社员权利诉权保护的制度构建：社员直接诉讼与社员代表诉讼

(1) 社员直接诉讼。

第一，社员直接诉讼的内涵。所谓社员直接诉讼，是指合作社社员，为了维护自身合法权益，以自己的名义提起的诉讼。

一如股东直接诉讼与股东代表诉讼，[2]社员直接诉讼旨在保护社员个人利益，社员代表诉讼则旨在保护合作社利益。换言之，社员直接诉讼保护的是自益权，社员代表诉讼保护的是共益权。

在合作社中，社员享有的权利，既有法定权利，也有章定权利。但无论是法定权利还是章定权利，其一旦受到侵害，受害社员均可依法向法院提起诉讼，以捍卫自己的权利。"为权利而斗争"，不仅是权利人对自己的义务，也是权利人对社会的义

---

〔1〕 江伟、邵明、陈刚:《民事诉权研究》，法律出版社 2002 年版，第 323 页。

〔2〕 See Lewis D. Solomon & Alan R. Palmiter, *Corporations*（注译本），中国方正出版社 2004 年版，第 317 页。

务。[1]如果合作社社员都能做到“为权利而斗争”，合作社必能“行稳致远”，合作社事业必将蓬勃发展，而合作社事业的发展，必将有力推动经济社会的发展。

第二，社员直接诉讼的条件。社员直接诉讼与社员身份相联系。一旦取得社员资格，任何社员，无论其出资额多少，也无论其与合作社交易量（额）大小，在其权利受到侵害时，都有权依法提起直接诉讼。直接诉讼提起权应当赋予合作社所有社员。

第三，社员直接诉讼的被告。侵害社员权利的行为，既有可能来自合作社本身，也有可能来自包括理事在内的合作社的经营管理者。相应地，社员直接诉讼的被告，或为合作社，或为合作社的经营管理者。但无论如何，社员直接诉讼的被告不可能是第三人——如果第三人侵害了社员的合法权益，那么，该诉讼即为普通诉讼，而非社员直接诉讼。

第四，社员直接诉讼的意义。在合作社法中增加规定社员直接诉讼制度，不仅具有理论意义，而且具有实践价值。

有学者针对公司内部权力结构指出，仅仅规定权责分明尚不全面，还应当规定权责对应，即有权必有责。[2]配置公司内部权力如此，配置合作社内部权力同样如此。在合作社法中增加规定社员直接诉讼制度，是落实合作社内部权责对应的一个有效法律手段，其必将有助于规范和约束包括理事在内的合作社经营管理者的行为，从而达到保护社员合法权益的目的。

目前，在我国农村地区，“能人”领办农民专业合作社十分普遍。“能人”与“村霸”有时难分彼此。[3]为了防止或减少

---

〔1〕 转引自王泽鉴：《民法总则》，北京大学出版社 2009 年版，第 5 页。

〔2〕 雷兴虎主编：《公司法》（第 2 版），北京大学出版社 2012 年版，第 30 页。

〔3〕 曹锦清：《黄河边的中国（上）》（增补本），上海文艺出版社 2013 年版，第 114 页。

“能人”在农民专业合作社中滥用权力，以保护其他社员合法权益，在合作社法中增加规定社员直接诉讼制度，其意义不容小视。

（2）社员代表诉讼。

第一，社员代表诉讼的内涵。所谓社员代表诉讼，是指合作社的利益受到侵害，而合作社却怠于或拒绝起诉，社员为了合作社的利益而提起的诉讼。

社员代表诉讼与社员直接诉讼最主要的区别在于，社员代表诉讼是社员以自己的名义但为了保护合作社的利益而提起的诉讼。如果社员提起诉讼是为了保护自己的合法权益，那么，该诉讼即为社员直接诉讼。

早在我国合作社制度发轫的民国时期，便有学者在调查后发现，合作社“损失的原因”有三：第一，合作社经理缺乏商业知识与经验；第二，社员对合作社漠不关心；第三，合作社经营管理人员侵害合作社及其社员合法权益的行为没有得到及时有效的制止。[1]为了防止或减少合作社的损失，社员代表诉讼制度不可或缺、不可或忽。

第二，社员代表诉讼的原告资格。既为社员代表诉讼，那么，有权提起诉讼的应为社员。换言之，非社员无权提起诉讼。问题是，如果起诉时具有社员资格，其后社员资格丧失（如基于退社等原因），那么，诉讼该如何进行？此时，法院应裁定终结社员代表诉讼程序。原因很简单，社员资格应与社员代表诉讼程序相始终。丧失社员资格，说明该“社员”已无诉的利益，诉讼程序自应终结。

另外一个问题是，社员提起代表诉讼的权利是单独社员权，

〔1〕 张世文：“上海消费合作社调查”，载李文海主编：《民国时期社会调查丛编——社会组织卷》，福建教育出版社2005年版，第23页及以下。

还是少数社员权。换言之，对起诉人数有无要求。此乃社员代表诉讼的门槛问题。

设计社员代表诉讼的门槛，是立法者面临的一大难题，因为过低可能导致滥诉，而过高又将窒息代表诉讼。我国《公司法》在修订过程中，面对股东代表诉讼，即曾发生过纠结。[1]“尘埃落定”后的我国《公司法》第152条规定，有限责任公司任一股东都有权提起代表诉讼，而股份有限公司股东提起代表诉讼则有持股比例与持股期间的限制。也就是说，有限责任公司股东享有的是单独股东权，而股份有限公司股东享有的是少数股东权。少数股东权之设旨在防止股东滥诉，以保证公司经营管理活动顺利进行。

那么，我国未来合作社法该如何取舍？是规定为单独社员权，还是规定为少数社员权？对此，应结合合作社的性质进行选择。

按照国际合作社联盟《关于合作社特征的声明》的界定，合作社是人们自愿联合，通过联合所有与民主控制的企业，来满足他们共同的经济、社会、文化需求与愿景的自治联合体。由此即知，“民主控制”是合作社的本质属性。既属“民主控制”，那么，合作社的每一个社员都有权参与合作社的经营管理，即使由于主观或客观原因未能直接参与合作社的经营管理，至少有权对合作社的经营管理人员实施监督，以维护合作社利益，进而维护自身利益。

笔者认为，基于合作社的性质，我国未来立法应当将诉权赋予每一个社员。换言之，在社员代表诉讼中，社员享有单独社员权。这样，有利于社员尤其是具有正义感的社员“挺身而

---

〔1〕刘俊海：《新公司法的制度创新：立法争点与解释难点》，法律出版社2006年版，第256页及以下。

出”，从而更好保护合作社利益。

第三，社员代表诉讼的被告范围。社员之所以提起代表诉讼，是因为合作社的经营管理人员或第三人侵害了合作社的利益，而合作社却怠于或拒绝提起诉讼。基于此，社员代表诉讼的被告，或为合作社的经营管理人员，或为第三人。

被告是否涉及第三人，是社员代表诉讼区别于社员直接诉讼的一个明显标志。在社员直接诉讼中，被告不可能是第三人；如果是第三人，则不成其为社员直接诉讼。

第三人既可能是私法主体，也可能是公法主体，如行政机关等。如果被告是私法主体，当然应当适用民事诉讼程序；如果是公法主体，应当适用行政诉讼程序。

第四，合作社在社员代表诉讼中的地位。合作社在社员代表诉讼中的地位是一个值得探讨的问题。

首先，合作社的原告地位应当排除。因为正是合作社怠于或拒绝提起诉讼，才会产生社员代表诉讼，所以在社员代表诉讼中，原告只能是社员，不可能是合作社。其次，如果将合作社定位于被告，也不尽合理。因为从法律上说，被告已经明确，或为合作社的经营管理人员，或为第三人；更何况，社员代表诉讼胜诉后的利益归于合作社。基于此，合作社应被视为有独立请求权的第三人，〔1〕或者说，是名义上的被告、实质上的原告。

第五，社员代表诉讼的前置程序。在引进社员代表诉讼制度的同时，应当设计一个科学合理的前置程序，以对社员代表诉讼起到一定的“过滤”作用。前置程序之设，既可以防止可能存在的滥诉，也可以给合作社一个“改过自新”的机会——

〔1〕 在被称为“股东代表诉讼第一案”的恒通公司案中，公司即以第三人的身份参与诉讼。参见谢文哲：《公司法上的纠纷之特殊诉讼机制研究》，法律出版社2009年版，第159页。

如果合作社借此提起诉讼，社员讼累即可因此避免。

所谓前置程序，是指一旦出现合作社利益受损情形，社员有权请求作为受害人的合作社向法院起诉，只有在合作社怠于或拒绝起诉时，该社员方可提起代表诉讼。前置程序的实质即“竭尽内部救济规则”。

与此同时，我国未来合作社法还应当规定，如果情况紧急，不立即起诉将会使合作社遭受难以弥补的损失的，社员可以直接提起代表诉讼而不受上述前置程序限制。此项规定，旨在应对紧急情况，乃法律原则性与灵活性相结合的体现。

第六，社员代表诉讼的事由。社员提起代表诉讼至少应当包括两种情形：第一，合作社的经营管理人员执行职务时违反法律、行政法规或合作社章程的规定，造成合作社损失，合作社却怠于或拒绝提起损害赔偿之诉的；第二，他人侵害合作社的合法权益，合作社却怠于或拒绝提起损害赔偿之诉的。

当然，社员提起代表诉讼须受前置程序即“竭尽内部救济规则”限制。如果合作社已经或正在提起诉讼，则社员无权提起代表诉讼。

第七，社员代表诉讼胜诉后的利益归属与败诉后的风险负担。社员代表诉讼既然为了合作社的利益而提起，那么，其一旦胜诉，胜诉后的利益当然归于合作社。

还有一个问题应当探讨：社员代表诉讼一旦胜诉，案件受理费等应由败诉方负担；但对于其他必要费用，社员能否从合作社获得补偿，亦即社员是否享有费用补偿请求权。对此，笔者持肯定态度。这是因为，如果原告社员利益得不到合理补偿，社员会基于自身利益考虑而选择不作为（所谓“多一事不如少一事”）。若如此，社员代表诉讼将沦为虚物。有鉴于此，我国未来合作社法应当赋予原告社员费用补偿请求权，以“激活”

社员代表诉讼制度。

有学者指出，中国农民历来善分不善合，他们只看到眼前利益，看不到长远利益，更看不到长远利益基础上的共同利益。[1]笔者认为，如果我国未来合作社法为提起代表诉讼的社员建立一套科学合理的利益补偿机制，就可以在很大程度上提升农民的合作精神与合作能力。否则，中国农民善分不善合的"天然弱点"将难以从根本上改变。

社员代表诉讼如果败诉，相关诉讼费用由谁负担？原告社员应否承担损害赔偿责任？对此，不能一概而论，应区分善意恶意，并据此进行制度设计。如果社员提起代表诉讼旨在增进合作社利益，那么，原告社员即不应承担责任，以保护社员提起代表诉讼的积极性。如果社员提起代表诉讼存在恶意，那么，其不仅应当负担败诉后的相关诉讼费用（如案件受理费等），如果造成合作社损失，还应当承担损害赔偿责任。这样，可以有效遏制恶意诉讼，以维护合作社正常的生产经营管理活动。区别对待，旨在实现法律抑恶扬善的基本功能。

（三）社员的义务

根据权利义务相统一的原则，社员在享有权利的同时，亦应承担相应的义务。综观各国各地区合作社法，社员的义务主要表现在以下几个方面：

1. 遵守合作社法与合作社章程的义务

合作社法是国家意志的体现，是社员应当遵循的基本行为准则。合作社章程是社员集体意志的体现，是合作社的"宪法"。因此，无论是合作社法还是合作社章程，社员都有遵守的义务。如不遵守，除依法承担相应的法律责任外，还有可能构

---

〔1〕 曹锦清：《黄河边的中国（上）》（增补本），上海文艺出版社 2013 年版，第 154 页。

成除名的事由。

2. 出席社员大会并服从社员大会决议的义务

社员大会是合作社的最高权力机关，是合作社的“中枢”。社员“民主控制”合作社，端在社员大会。如果社员不积极参加社员大会，社员大会讨论决定一切重大事项以及监督约束经营者等方面的功能就会大打折扣。因此，出席社员大会，既是社员的权利，同时也是社员的义务。社员大会决议是全体社员共同意志的体现，也是全体社员根本利益所在。故对于社员大会决议，每一个社员都必须遵守，即使投了反对票的社员也不能“豁免”，以维护合作社的整体利益与全体社员的根本利益。

3. 出资的义务

合作社是经济组织，通过开展经济活动为社员服务，而开展经济活动不能不具备相应的资金。既然资金的最终用途是为社员服务，那么，其自应由社员提供。为此，社员负有出资义务。不过，关于社员出资，不少国家与地区合作社法都实行“均等化”原则，以防止个别社员藉此控制合作社。

4. 分担损失的义务

合作社的盈余，社员固然可以分享；合作社的亏损，社员亦须分担。这是权利义务相统一的必然要求，也是其题中应有之义。社员不能只享有权利而不承担义务。否则，即有损债权人利益与市场交易安全，并最终危及合作社的生存与发展。

此外，社员还负有与合作社进行交易以及章程规定的其他义务。

第二节 社员大会

一、社员大会的性质

"社员大会，是全体社员都有权参加的集会。"[1]社员大会由全体社员组成，是合作社的最高权力机关。合作社的一切重大事项，都由社员大会讨论决定。在合作社的机关构造中，社员大会的地位举足轻重。

相较于合作社的其他机关，社员大会具有以下特征：

（一）社员大会系由全体社员组成

凡具有社员资格，都有权参加社员大会，以行使社员权利。参加社员大会与有无表决权无关，不享有表决权的社员仍然有权参加社员大会，其虽然不能参与投票表决，但有权对社员大会的决议提出意见。

（二）社员大会是合作社的意思机关

社员大会形成合作社的意思。合作社的意思是全体社员共同意志的体现，它由全体社员在社员大会上"讨价还价"形成。合作社的意思一旦形成，即交付执行机关执行，以实现社员的集体意志与根本利益。

（三）社员大会是合作社的最高权力机关

在合作社的内部，社员大会的地位至高无上，任何人都不能凌驾于社员大会之上。理事与监事由社员大会选举产生，并可随时由社员大会予以罢免。理事会、监事会对社员大会负责，并向社员大会报告工作。合作社的一切重大事项，都必须经过社员大会讨论决定。社员大会作为合作社最高权力机关的性质，

---

〔1〕 李锡勋：《合作社法论》，三民书局股份有限公司1982年版，第127页。

保证和促进了社员“民主控制”合作社原则的实现。

（四）社员大会是合作社的必设机关

社员大会是必设机关，不是任意机关。对于社员大会，“各国几乎都共同设置”。[1]因此，在合作社的机关构造中，社员大会不是可有可无，而是不可或缺。实践中，那种以理事会代替社员大会的做法，不利于社员“民主控制”合作社，不利于社员民主权利的实现。因此，必须予以纠正。

二、社员大会的职权

（一）社员大会的职权范围

社员大会是合作社的最高权力机关，有权决定合作社的一切重大事项。社员大会决定的事项可以分为两大类，即专属事项与非专属事项，其中专属事项又可细分为法定专属事项与章定专属事项。

1. 法定专属事项

各国各地区合作社法一般都规定，合作社的重大事项必须经过社员大会讨论决定。换言之，“重大事项”属于社员大会法定专属事项。不过，“重大事项”的范围，则不尽相同。我国《农民专业合作社法》第29条规定：“农民专业合作社成员大会由全体成员组成，是本社的权力机构，行使下列职权：（一）修改章程；（二）选举和罢免理事长、理事、执行监事或者监事会成员；（三）决定重大财产处置、对外投资、对外担保和生产经营活动中的其他重大事项；（四）批准年度业务报告、盈余分配方案、亏损处理方案；（五）对合并、分立、解散、清算，以及设立、加入联合社等作出决议；（六）决定聘用经营管理人员和专业技术人员的数量、资格和任期；（七）听取理事长或者理事

[1] 李锡勋：《合作社法论》，三民书局股份有限公司1982年版，第126页。

会关于成员变动情况的报告，对成员的入社、除名等作出决议；（八）公积金的提取及使用；（九）章程规定的其他职权。”

2. 章定专属事项

合作社章程规定必须经由社员大会讨论决定的事项，即章定专属事项。合作社是社员自治的团体，对于法定专属事项以外的事项，社员有权决定通过社员大会作出决议。对此，各国各地区合作社法几乎无一例外予以尊重。例如，《瑞士债法典》第879条第2款第（五）项即规定：“大会享有以下不可转让的权力：5、就法律或者章程规定的大会权限范围内的事务做出决议。”我国现行《农民专业合作社法》第29条第（九）项亦规定：“章程规定的其他职权。”

3. 非专属事项

所谓非专属事项，是指上述法定与章定专属事项以外的事项。由于这些事项关系合作社及其社员利益至巨，因此，亦应由社员大会讨论决定。[1]

（二）“社员大会中心主义”

“社员大会中心主义”一词系借鉴公司法理论中的“股东会中心主义”。

目前，在不少国家的公司法与公司实践中，股东会的权力日减而董事会的权力日增，亦即“股东会中心主义”逐渐向“董事会中心主义”迈进。实行“董事会中心主义”有利于提高公司的经营效率，改善公司的经营绩效，以适应日益激烈的市场竞争环境。

不过，“董事会中心主义”在合作社法与合作社实践并无适用余地。这是由合作社不同于公司的特殊性质决定的。相较于

---

〔1〕 屈茂辉等：《合作社法律制度研究》，中国工商出版社2007年版，第194页。

公司的“资合”性质，合作社是“人合”组织。作为“人合”组织，合作社的一切权力应掌握在社员手中，而社员通过社员大会集体行使权力。董事会（理事会）应在社员大会授权范围内行使职权，对于“剩余权力”，未经社员大会明确授予，不得行使。此即合作社的“民主控制”原则。这也是社员大会作为合作社最高权力机关题中应有之义。

三、社员大会的种类

按照不同的标准，可以对社员大会进行不同的分类：按照举行期间，可以分为定期社员大会〔1〕与临时社员大会；按照组成分子的性质，可以分为社员大会与社员代表大会。

（一）定期社员大会与临时社员大会

1. 定期社员大会

定期社员大会每年至少召开一次。大会召开前，合作社应当将开会的时间、地点与议事日程通知全体社员，便于社员有针对性地进行准备。定期社员大会一般在年度终了后举行，但时间不能过长，这样，便于社员大会审查理事会所作的上一年度的业务报告，并适时决定下一年度的业务计划。〔2〕

2. 临时社员大会

定期社员大会之外，如遇特殊情况，还可召开临时社员大会。从比较立法例考察，除了理事会与监事会等可以提议召开临时社员大会外，一定比例的社员也享有这一权利。至于社员比例的大小，则各国规定不一。《德国工商业与经济合作社法》第45条第1款、《瑞士债法典》第881条第2款、韩国《农业

---

〔1〕 我国台湾地区学者则称为常年社员大会。参见李锡勋：《合作社法论》，三民书局股份有限公司1982年版，第130页。

〔2〕 尹树生：《合作经济概论》，三民书局股份有限公司1986年版，第63页。

协同组合法》第 36 条第 1 款等均规定为 1/10[1]，而我国现行《农民专业合作社法》第 31 条第 1 款第（一）项却规定为 30%，明显偏高。笔者认为，比例过高，不利于少数社员权利的保护，因此，应当借鉴上述国家立法例予以降低。

当社员依法提议召开临时社员大会时，理事会等应在法定期间内[2]召集；不为召集或不在法定期间内召集，社员有权采取相应措施。《瑞士债法典》第 881 条第 3 款规定："董事会未能应要求在合理时间内召开大会的，法官有权应申请人请求命令召开大会。"《德国工商业与经济合作社法》第 45 条第 3 款亦有类似规定。韩国《农业协同组合法》第 36 条第 2 款至第 4 款则分别规定，社员提议召开社员大会，"社长须在两周以内召开大会"；社长未在两周以内召集时，"监事须在 5 日以内召开大会"；监事亦不为召集时，由"请求召开大会的社员代表主持召开大会"。我国现行《农民专业合作社法》未有相关规定，亟待补充完善。

（二）社员大会与社员代表大会

如果社员人数较少，举行社员大会并无太大困难。但是，如果社员人数较多，或者业务区域较大，举行社员大会则多有不便。为了克服由于社员人数多或业务区域大等因素所带来的不便，遂产生了社员代表大会。

综观其他国家与地区立法例，社员代表大会设立与否，主要以社员人数作为标准。至于具体人数多少，各国各地区并不统一。《德国工商业与经济合作社法》第 43 条第 1 款规定，如

[1] 根据《德国工商业与经济合作社法》第 45 条第 1 款规定，合作社章程还可以规定更小的比例。

[2] 德国规定为"必须不迟延地予以召集"。参见《德国工商业与经济合作社法》第 45 条第 1 款。

果社员超过 1500 人，可以设立社员代表大会。《瑞士债法典》第 892 条第 1 款规定为 300 人。日本《农业协同组合法》第 48 条第 1 款规定为 500 人。我国《农民专业合作社法》第 32 条第 1 款则规定："农民专业合作社成员超过一百五十人的，可以按照章程规定设立成员代表大会。"

设立社员代表大会，除了符合上述人数标准外，还必须获得章程授权。否则，即使人数"达标"，也不可能产生社员代表大会。例如，《德国工商业与经济合作社法》第 43 条第 1 款规定："如果合作社社员超过 1500 人，社章可以规定社员大会由社员代表组成（代表大会）。"日本《农业协同组合法》第 48 条第 1 款亦规定："组合员（准组合员除外）超过五百人的组合，根据章程规定，可以设置能够代替全体大会的全体代表大会。"韩国《农业协同组合法》第 42 条第 1 款以及我国《农民专业合作社法》第 32 条第 1 款等均作出了类似规定。

代表人数不宜过多，过多即失去设立社员代表大会的作用；也不能过少，过少则易于被少数人操纵，不利于保护其他社员合法权益。代表人数的上限与下限（尤其是下限）应由法律作出明确规定。我国修订前的《农民专业合作社法》对此未作规定，是为明显的立法漏洞，2017 年修订后对于代表人数的下限〔1〕进行了"漏洞补充"："依法设立成员代表大会的，成员代表人数一般为成员总人数的百分之十，最低人数为五十一人。"此一立法完善举措，值得肯定。

代表应从社员中产生，非社员不得当选为代表。韩国《农业协同组合法》第 42 条第 2 款即明确规定："代表会议代表须为

---

〔1〕 在有关部门提请全国人大常委会审议的一审稿中本有"上限"规定（即"最高人数为一百五十一人"），二审稿予以删除。参见陈建国、陈光国、韩俊主编：《中华人民共和国农民专业合作社法解读》，中国法制出版社 2018 年版，第 99 页。

社员。”《意大利民法典》第2540条第4款同样明确规定，“社员代表应当是社员。”为了体现公平，代表的产生，还应当顾及社员所在区域及业务种类。

社员代表大会可以行使社员大会部分或全部职权。为了实现社员对于合作社的“民主控制”，合作社章程可以对社员代表大会职权予以限制。例如，合作社章程可以规定，章程的修改、合作社的合并、分立与解散由社员大会决定。这样，社员代表大会便无权就上述事项作出决议，否则，即为无效决议，对合作社与社员没有约束力。在不少国家的公司实践中，不同程度存在着“董事会中心主义”。但是，就合作社而言，“社员大会中心主义”不应动摇，也不能动摇，这是实现“民主的社员控制”（democratic member control）[1]的关键一环。

如果合作社法或合作社章程没有作出特殊规定，社员代表大会即适用社员大会相关规定。对此，不少国家法律均作出了明确规定。例如，《瑞士债法典》第892条第4款规定：“代表大会的其他事务应当适用有关合作社大会的规定。”韩国《农业协同组合法》第42条第5款规定：“代表会议准用大会的规定。”

四、社员大会的召集

（一）召集人

从比较立法例考察，理事会、监事会一般都享有社员大会召集权。除此之外，一定比例的社员也享有此项权利。不过，关于“一定比例”，各国各地区合作社法规定存在较大差异，如德国、瑞士、韩国等国为1/10，而我国则为“百分之三十以上”[参见我国《农民专业合作社法》第31条第1款第（一）项]。

---

〔1〕 国际合作社联盟《关于合作社特征的声明》第2项原则。

笔者认为，我国现行立法规定的比例似嫌过高，不利于保护社员权利。

除上述理事会、监事会以及一定比例的社员依法享有社员大会召集权以外，有些国家的合作社法甚至规定，主管机关在一定情形下亦可召集社员大会，英国、埃及与日本等国法律即有此规定。

我国现行相关立法对于社员大会的召集未有规定，而是交由合作社章程处理，以扩大合作社的自治空间，如我国《农民专业合作社法》第 31 条第 1 款规定："农民专业合作社成员大会每年至少召开一次，会议的召集由章程规定。"

（二）召集程序

召集人召集社员大会，应当遵守一定程序。关于召集程序，不少国家与地区合作社法均作出了明确规定。例如，根据《瑞士债法典》规定，社员大会应以章程规定的方式召集，并至少提前 5 天进行。合作社社员超过 30 人，也可以通过发布公告方式召集。召集通知应当列出待决议事项，否则，社员大会不得就此作出决议。我国现行《农民专业合作社法》对此未作规定，有待补充完善。

五、社员大会的决议

（一）"一人一票"原则

在合作社中，社员地位一律平等，表现在表决权上，即"一人一票"原则。"一人一票"原则是英国罗虚代尔公平先锋社创立的一项基本原则，即"不论股金多少，每人一票"。[1]

---

〔1〕［法］季特：《英国合作运动史》，吴克刚译，商务印书馆 1931 年版，转引自张曼茵：《中国近代合作化思想研究（1912-1949）》，上海书店出版社 2010 年版，第 35 页。

此后，“一人一票”原则在各国合作社立法与实践中得到普遍遵行。国际合作社联盟通过的《关于合作社特征的声明》对此亦予以确认：“在基层合作社，社员享有平等的选举权（一人一票）。”〔1〕

合作社的“一人一票”不同于公司的“一股一票”。“一人一票”体现了劳动民主，“一股一票”体现了资本民主。在合作社中，人格本位代替了财产本位。合作社是互助合作的组织，充满了友爱精神，与资本领域盛行的“弱肉强食”大异其趣。

随着市场竞争的加剧，为了克服资金困难，以求得生存与发展，国外合作社开始出现股份化趋势。表现在表决权方面，就是不少国家与地区合作社法允许向资本倾斜，实行“一人多票”。除了向资本倾斜，有些国家与地区合作社法还根据社员交易量（额）大小来分配表决权。一句话，传统的“一人一票”原则受到挑战。不过，几乎所有国家与地区立法例均对“一人多票”予以限制，“一人一票”根基并未动摇。限制的目的在于确保合作社为多数人服务，避免沦为少数人谋利的工具。

我国现行立法也在一定程度上顺应了上述发展趋势。根据我国《农民专业合作社法》第22条规定，表决权被一分为二：基本表决权与附加表决权。基本表决权仍然适用“一人一票”原则，即“农民专业合作社成员大会选举和表决，实行一人一票制，成员各享有一票的基本表决权。”对于“出资额或者与本社交易量（额）较大”的社员，则给予附加表决权，同时对附加表决权予以限制，即“不得超过本社成员基本表决权总票数的百分之二十”。

有学者认为，附加表决权的“普遍存在”，弱化甚至虚化了

---

〔1〕 英文原文为：“In primary cooperatives, members have equal voting rights (one member, one vote).”

社员对于合作社的控制，因此，主张对附加表决权进行“全方位的规制”。[1]对此，笔者表示赞同。法律是时代与实践的产物，自应随着时代与实践的发展而发展。只有“与时俱进”，才能充分发挥法律对于实践的指导作用。附加表决权的诞生即是如此。对于附加表决权，一方面，我们应当肯定其存在价值；另一方面，也应对其进行立法规制，以趋利避害。

（二）表决权的代理与回避

表决权原则上应由社员亲自行使。不过，在特殊情况下，如果社员不能亲力亲为，也可适用代理制度。但是，不少国家与地区立法例对此设有若干限制：第一，代理人必须是社员，非社员不得作为代理人；第二，代理人数不得超过法定限制；第三，委托应以书面方式进行。我国现行《农民专业合作社法》对于表决权的代理行使未作规定，导致相关实践无法可依，亟须进行“漏洞补充”。

为了保护合作社及其他社员的利益，表决权应当实行回避制度，即当所议事项与社员存在利害关系时，该社员应当回避，不得行使表决权，也不得委托他人行使表决权。

（三）社员大会决议方法

社员大会决议，通常分为普通决议与特别决议。普通决议适用简单多数决，即全体社员过半数出席、出席社员过半数同意，即可作出。特别决议适用绝对多数决，但何谓“绝对多数”，各国各地区规定不一，日本规定为2/3，而德国规定为3/4。特别决议一般针对专属事项，如章程的修改、合作社的合并与

〔1〕 张德峰：“论我国合作社社员附加表决权的法律规制”，载《现代法学》2016年第2期。

分立等。适用特别决议事项在各国各地区差别不大。[1]

（四）社员大会会议记录

社员大会应当将所议事项的决定作成会议记录，出席会议的社员应当在会议记录上签名。我国现行《农民专业合作社法》第34条即明确规定："农民专业合作社的成员大会、成员代表大会、理事会、监事会，应当将所议事项的决定作成会议记录，出席会议的成员、成员代表、理事、监事应当在会议记录上签名。"

社员大会会议记录记载了合作社重要事项讨论的经过与结果，是社员行使民主权利的重要见证，也是反映合作社成长历程的重要文献。[2]

（五）社员大会决议瑕疵及其救济

社员大会决议一经作出，即产生法律约束力，合作社及全体社员必须遵守。但是，在合作社实践中，社员大会决议出现瑕疵的情况并不鲜见。为了保护社员乃至其他利益相关者的利益，合作社法必须提供相应救济措施。

社员大会决议瑕疵，既有可能是内容上的瑕疵，也有可能是程序上的瑕疵。前者是指社员大会决议内容违反了法律、行政法规或合作社章程的规定，后者是指社员大会召集程序、表决方式违反了法律、行政法规或合作社章程的规定。内容上的瑕疵，称为狭义瑕疵，广义瑕疵还包括程序上的瑕疵。

针对不同瑕疵，合作社法应当规定不同的救济方法。首先是内容瑕疵。内容瑕疵又分为两种情形：一种是社员大会决议

---

〔1〕 参见欧阳仁根、陈岷等：《合作社主体法律制度研究》，人民出版社2008年版，第239页。

〔2〕 王瑞贺主编：《中华人民共和国农民专业合作社法释义》，法律出版社2018年版，第94页。

内容违反了法律、行政法规；一种是社员大会决议内容违反了合作社章程。对于前者，应规定为无效；对于后者，应规定为可撤销。其次是程序瑕疵。对于程序瑕疵，即社员大会召集程序或决议方法违反了法律、行政法规或合作社章程，应规定为可撤销。撤销之诉应在一定期间内提起。当场未对社员大会召集程序或表决方法提出异议者，不得提起撤销之诉，以示对怠于行使权利者的“惩罚”。

（六）社员大会与“集体行动的困境”

“‘集体行动的困境’成为社会科学中的一个难题”，[1]自然也成为社员大会制度中一个绕不开且不易克服的“难题”。

人们一般认为，个人理性导致集体理性，也就是说，相信“人多力量大”。然而实践中，人多未必力量大，拉绳实验即很好地证明了这一点。

奥尔森的集体行动理论告诉我们，个人理性往往导致集体非理性。“实际上，除非一个集团中人数很少，或者除非存在强制或其他某些特殊手段以使个人按照他们的共同利益行事，有理性的、寻求自我利益的个人不会采取行动以实现他们共同的或集团的利益。”[2]个人之所以不愿参与集体行动，完全是理性选择的结果。众所周知，作为“经济人”，个人必然会作出成本-收益分析，一旦自己付出成本后，收益却让其他成员分享，个人就会选择不作为。换言之，“搭便车”的存在阻碍着集体利益的实现。因此，除非存在强制或“选择性激励”，否则，个人不会为实现集体利益的最大化而努力付出。由此可见，个人理性

---

〔1〕 卢现祥、朱巧玲主编：《新制度经济学》（第2版），北京大学出版社2012年版，第257页。

〔2〕［美］曼瑟尔·奥尔森：《集体行动的逻辑》，陈郁等译，格致出版社、上海三联书店、上海人民出版社1995年版，第2页。

不是集体理性的充分条件。

在合作社中，社员无疑都是理性个体。然而，正是由于理性个体和个体理性的存在，导致社员大会出现“集体行动的困境”，即谁都不愿意别人搭自己的“便车”而一心想搭别人的“便车”。都想坐享其成的结果，便是社员大会权力虚置，以致出现内部人控制或“少数人剥削多数人”现象。然而，社员大会权力弱化甚至虚化，妨碍社员大会功能的发挥，从根本上背离了合作社的宗旨与原则，因为合作社毕竟是社员“民主控制”的组织，旨在实现社员的共同利益。因此，如何走出“集体行动的困境”，乃成为进一步完善社员大会制度不可或忽的重要内容。

第三节　本章小结

合作社的社员，分为自然人社员与非自然人社员（法人社员与非法人组织社员），或曰个人社员与团体社员。合作社社员，以自然人社员（个人社员）为主体，非自然人社员（团体社员）为例外。

社员资格包括积极资格与消极资格。积极资格是指社员应当具备的条件。消极资格是指社员必须排除的条件。立法规定社员的积极资格与消极资格，旨在促进合作社健康快速发展，进而保护社员利益。

社员入社，是指取得新社员资格。社员入社方式包括普通入社、继承入社与受让入社等。社员入社不仅应当符合法定或章定条件，而且应当履行法定或章定程序。社员出社，是指社员基于一定原因而丧失社员资格，分为自由出社与法定出社两种。自由出社包括预告退社、转让退社等，法定出社则包括社员资格丧失、自然人社员死亡或非自然人社员（法人社员与非法人组织社员）终止或解散以及除名等。

社员享有的基本权利包括表决权、社员大会召集请求权、选举权与被选举权、罢免权、查阅权与盈余分配请求权等。立法应当对社员权利提供诉权保护。诉权保护的具体形式表现为社员直接诉讼与社员代表诉讼。社员直接诉讼旨在保护社员利益，社员代表诉讼旨在保护合作社利益，进而保护社员利益。

社员既享有一定的权利，也承担一定的义务。社员的基本义务包括：遵守合作社法与合作社章程的义务，出席社员大会并服从社员大会决议的义务，出资的义务，分担损失的义务，等等。承担义务，旨在更好享有权利。

社员大会是由全体社员组成的合作社的最高权力机关。作为最高权力机关，社员大会有权决定合作社的一切重大事项。社员大会分为定期社员大会与临时社员大会。社员大会由依法享有召集资格的人依照法定程序召集。社员大会原则上实行"一人一票"原则。表决权应由社员亲自行使，特殊情况下，也可适用代理制度。社员大会决议分为普通决议与特别决议，前者适用简单多数决，后者适用绝对多数决。社员大会应当将所议事项的决定作成会议记录，出席会议的社员应当在会议记录上签名。社员大会决议一经作出，即具有法律约束力。社员大会决议内容违反法律、行政法规的，该决议无效。社员大会召集程序或决议方法违反法律、行政法规，或决议内容违反合作社章程的，该决议为可撤销。

第五章

理事会制度

第一节 理 事

一、理事的选任与终任

（一）理事的选任

1. 理事的资格

从比较立法例考察，不少国家与地区的合作社法都规定理事必须具有社员身份。《德国工商业与经济合作社法》第 9 条第 2 款即规定："董事会和监事会成员必须为合作社社员，必须是自然人。"我国台湾地区"合作社法"第 32 条第 1 款亦规定："合作社设理事至少三人，监事至少三人，由社员大会就社员中选任之。"我国《农民专业合作社法》第 33 条第 3 款同样规定："理事长、理事、执行监事或者监事会成员，由成员大会从本社成员中选举产生，依照本法和章程的规定行使职权，对成员大会负责。"

应当认为，上述立法例有其一定的合理性。因为，合作社毕竟是社员"联合所有"的企业，立法规定理事必须具有社员身份，旨在实现社员对合作社经营管理活动的控制。但是，此项规定客观上也存在着弊端。最大的弊端在于，不利于合作社利用外部资源，以克服社员在专业知识和经营管理经验等方面的不足。[1]有鉴于此，引进外部理事（独立理事），不无必要。实证研究表明，外部理事比例与合作社绩效正相关，外部理事比例越高，合作社绩效越好。[2]不过，在合作社这一特殊经济组织中，外部理事比例不应高于“内部理事”（社员理事），否则，即违背合作社的基本属性，不利于社员对合作社的“民主控制”。对此，有些国家合作社法作出了明确规定。例如，《意大利民法典》第2542条第2款即规定，“董事的多数应当产生于合作社社员或法人社员指定的人员。”《瑞士债法典》第894条第1款亦规定，合作社理事会至少由3名理事组成，“其中多数应当为合作社社员”。

上文已述，我国现行《农民专业合作社法》第33条第3款规定，理事必须从社员中选任。笔者认为，此项规定弊大于利。本着“两害相权取其轻”的原则，我国未来合作社法，应当借鉴意大利与瑞士立法模式，为引进外部理事预留制度空间。不仅如此，我国未来合作社法还应当针对外部理事的提名、外部理事的权责利、外部理事与监事会的关系等事项作出具体规定。[3]

理事的资格，除了身份条件，还包括年龄条件与品行条件等。

理事应当具有民事行为能力，这是各国合作社法通例。因为，只有民事行为能力人，才能履行理事的义务与责任。虽然我国现行《农民专业合作社法》没有规定理事的年龄条件，但其第19条第1款规定社员应当具有民事行为能力，而根据其第

〔1〕 王军：“合作社治理：文献综述”，载《中国农村观察》2010年第2期。

〔2〕 文雷：“农民专业合作社治理机制会影响其绩效吗？——基于山东、河南、陕西三省153份问卷的实证研究”，载《经济社会体制比较》2016年第6期。

〔3〕 张燕、吴正刚、李晶晶：“论独立董事制度与我国农民合作经济组织的治理”，载《广西社会科学》2008年第5期。

33 条第 3 款的规定，理事必须从社员中产生。这样，也就等于规定了理事应当具有民事行为能力。不过，各国在衡量民事行为能力的年龄标准上存在一定差异，如德国、法国、意大利为 21 岁，日本为 20 岁，英国为 18 岁。我国《民法通则》第 11 条规定："十八周岁以上的公民是成年人，具有完全民事行为能力，可以独立进行民事活动，是完全民事行为能力人。"我国《民法总则》第 17 条亦规定："十八周岁以上的自然人为成年人。不满十八周岁的自然人为未成年人。"与此同时，我国《民法通则》与《民法总则》还规定，16 周岁以上的未成年人，以自己的劳动收入为主要生活来源的，视为完全民事行为能力人。

在一个合作社中，社员利益能否实现，关键在于执行机关，而执行机关由理事组成，因此，理事个人素质关系社员利益至深且巨。理事个人素质，以能力与品行两者最为重要：有能力而无品行，或者有品行而无能力，均难以有效履行理事职责。德国与美国合作社立法与实践即非常重视理事的品行条件。〔1〕越南《合作社法》第 31 条第 1 款亦规定："管理委员会委员（即理事——笔者注）应是具有良好的道德、教育背景和管理社务能力的社员。"〔2〕我国现行《农民专业合作社法》对于理事的能力与品行条件未作规定。笔者认为，我国未来合作社法对此应当予以补充完善，以保护合作社及其社员利益，进而促进合作事业健康发展。

2. 理事的人数

一个合作社理事人数的多少，与其社员人数的多少以及业

〔1〕 尹树生：《合作经济概论》，三民书局股份有限公司 1986 年版，第 58 页；史纪良、张功平主编：《美国信用合作社管理》，中国金融出版社 2000 年版，第 40 页。

〔2〕 本书所引越南《合作社法》条文，均引自杨绍平：《新概念合作社》（下），中共中央党校出版社 2009 年版，第 566~583 页。

务区域的大小有密切关系。但一般而言，至少得有三人，因为三人始能举行会议。如果合作社规模较大，因而理事过多，召集会议不便的，可在理事中互推若干人为常务理事。[1]

关于理事人数，各国（地区）规定不一。《德国工商业与经济合作社法》第 24 条第 2 款规定："董事会由两名成员组成，由社员大会选举和任命。社章可以规定董事会由更多成员组成以及其他的任命方式。对于社员人数不超过 20 人的合作社，社章可以规定董事会由一人组成。"《瑞士债法典》第 894 条第 1 款规定："合作社董事会应当由三名或者三名以上董事组成。"日本《农业协同组合法》第 30 条第 2 款规定，理事应为 5 人以上。我国台湾地区"合作社法"第 32 条第 1 款规定："合作社设理事至少三人，监事至少三人，由社员大会就社员中选任之。"我国香港特别行政区《合作社规则》第 31 条第 2 款规定："理事会由 5 名成员组成，3 名成员即构成法定人数。"我国现行《农民专业合作社法》第 33 条第 1 款则规定："农民专业合作社设理事长一名，可以设理事会。"据此，我国农民专业合作社可以只设 1 名理事。如果只设 1 名理事，则该理事既为农民专业合作社的"理事长"，也为农民专业合作社的"法定代表人"。我国规定与德国不尽相同，德国明确规定理事人数视社员多寡而定，如果"社员人数不超过 20 人"，可以只设 1 名理事。相较之下，德国的规定较为合理。

有学者认为，合作社理事人数不应过多，也不应过少：过多，增加运行成本、影响决策效率；过少，不利于民主决策、科学决策。[2]对此，笔者深表赞同。合作社理事人数应与其性

---

〔1〕 尹树生：《合作经济概论》，三民书局股份有限公司 1986 年版，第 65 页。

〔2〕 张满林：《我国农民专业合作社治理问题研究》，辽宁大学出版社 2010 年版，第 129 页。

质、规模（社员人数）等相适应。

3. 选任的程序

理事一般由社员大会选任。对此，《德国工商业与经济合作社法》第 24 条第 2 款规定："董事会由两名成员组成，由社员大会选举和任命。"《瑞士债法典》第 879 条第 2 款第（二）项规定："大会享有以下不可转让的权力：2、选举董事和监事。"《意大利民法典》第 2542 条第 1 款规定："除第一届董事会由设立文件任命之外，董事的任命权在社员大会。" 我国《农民专业合作社法》第 29 条第 1 款第（二）项亦规定："农民专业合作社成员大会由全体成员组成，是本社的权力机构，行使下列职权：……（二）选举和罢免理事长、理事、执行监事或者监事会成员。"

如果设有社员代表大会，经社员大会授权，也可由社员代表大会选任。无论由社员大会选任，还是由社员代表大会选任，一般适用简单多数决，即全体社员或社员代表过半数通过即可当选，除非章程作出特别规定。

选任完成后，合作社应将理事姓名等基本信息于一定期限内向合作社行政主管机关进行登记。否则，不得对抗善意第三人。

4. 选任行为的性质

关于选任行为的性质，学者间存在争议，主要有两种观点：单独行为说与契约说。单独行为说认为，选任行为一经完成，被选任人即成为理事。而契约说则认为，社员大会或社员代表大会的选任行为，只是一种要约，必须等待被选任人承诺，选任行为才发生法律效力。两种观点分歧的焦点在于是否应当征求被选任人意见。笔者认为，相较于单独行为说，契约说较为合理，因为理事的选任关系合作社利益至巨，为了保证合作社经营管理活动的顺利开展，必须尊重被选任人的意志与选择。否则，被选任人有可能因此消极怠工，最终损害的还是合作社及其社员的利益。也因此，契约说成为通说。[1]

至于被选任人的承诺方法，根据我国台湾地区“内政部”的解释，则为接获当选通知 7 日内，如未书面表示辞职，即视为承诺。[2]

5. 理事的任期

关于理事的任期，各国各地区规定不一。《瑞士债法典》第 896 条第 1 款规定，理事任期“最长不得超过四年”，“如果章程有相反之规定，可连选连任”。我国台湾地区“合作社法”第 33 条规定：“理事、监事之任期不得超过三年；除法律或章程另有规定外，连选得连任。”

有些国家与地区关于理事任期的规定颇具特色。例如，日本《农业协同组合法》第 31 条即规定，理事任期 3 年，但每年必须改选 1/3。美国纽约州《合作社法》第 60 条亦有类似规定。此项改选规定，旨在保证合作社执行机关的“新陈代谢”，同时也可以防止理事间的“合谋”。

理事的任期还涉及一个问题，即能否连任。根据我国台湾地区“合作社法”第 33 条的规定，“连选得连任”，而且连任次数不受限制，除非“法律”或章程另有规定。但有些国家立法例对连任次数进行了限制，如《意大利民法典》第 2542 条第 3 款即规定：“在适用股份公司规范的合作社中，设立文件规定董事任职和连任的限制，最多连任 3 届。”

我国现行《农民专业合作社法》对于理事任期未有规定，

---

〔1〕 郑玉波：《民法总则》，中国政法大学出版社 2003 年版，第 190 页。

〔2〕 转引自李锡勋：《合作社法论》，三民书局股份有限公司 1982 年版，第 140 页。

是为明显的立法漏洞。我国未来相关立法（修订后的《农民专业合作社法》或制定的《合作社法》）应当规定：理事任期不得超过三年；除法律或章程另有规定外，连选得连任，但连任不得超过两届。此外，亦不妨借鉴其他国家与地区有关改选规定，以更好保护合作社及其社员利益。

（二）理事的终任

理事终任事由，计有下列数端：

1. 任期届满

理事任期届满，即为终任。即使合作社法或合作社章程允许连任，如果未获连任或超过连任次数，亦为终任。此为最常见的终任事由。

2. 社员资格的丧失

如果合作社法或合作社章程规定，理事必须具有社员资格，那么，社员资格一旦丧失，理事资格即终止。当然，该终任事由，对于不以社员资格为前提条件的外部理事并不适用。

3. 辞职

理事与合作社之间，属于委托合同关系。委托合同以当事人之间信任关系为前提，一旦信任关系动摇，一方即有权解除合同。[1]换言之，作为受托人的理事有权向作为委托人的合作社提出辞职。不过，辞职申请具体应向社员大会提出。但是，如果因为辞职而给合作社造成损失的，理事应向合作社承担损害赔偿责任。对此，不少国家与地区的合作社法均作出了明确规定。

4. 罢免

理事如果违反法律、行政法规或合作社章程的规定，或在

〔1〕 崔建远：《合同法》（第2版），北京大学出版社2013年版，第646页。

履行职责时出现失职行为，社员大会有权予以罢免。例如，我国《农民专业合作社法》第29条第1款第（二）项即规定："农民专业合作社成员大会由全体成员组成，是本社的权力机构，行使下列职权：（二）选举和罢免理事长、理事、执行监事或者监事会成员。"

5. 死亡

理事死亡，视为当然终任。其中，死亡包括自然死亡与宣告死亡。

一旦出现以上事由，[1]理事即出缺。理事出缺，应由候补理事递补，以继续执行合作社的业务。不过，我国现行《农民专业合作社法》并未规定候补理事（包括候补监事）制度，是为明显的立法漏洞，亟须填补。一般来说，候补理事不得超过理事人数的一半，且在没有递补前，不得参加理事会。

二、理事的权利、义务与责任

（一）理事的权利

"由于合作社是一种相互的组织，理事基于社员的选任而执行任务，应本着服务的精神，履行义务，而没有权利。"[2]或许因此之故，各国立法没有集中规定理事的权利。不过，理事的权利也并非完全没有，只是散见于一些相关条款而已。[3]归纳起来，理事权利计有以下几种：

---

〔1〕 除上述终任事由外，有些国家与地区合作社法还规定了行政主管机关的"命令解职"，如我国台湾地区"合作社法"第43条即规定："理事违反法令或有其他足以危害合作社之情事者，主管机关认为必要时，得令其解除职权。"不过，该条现已被删除。

〔2〕 李锡勋：《合作社法论》，三民书局股份有限公司1982年版，第146页。

〔3〕 欧阳仁根、陈岷等：《合作社主体法律制度研究》，人民出版社2008年版，第249页。

1. 出席理事会会议的权利

出席理事会会议，既是理事的义务，也是理事的权利。

2. 表决权

理事会一般通过作出决议的方式集体行使权力。理事会的决议，除非法律或章程特别规定，全体理事过半数通过即可。表决时，实行“一人一票”原则，即每一理事享有一个投票权。

3. 临时理事会会议召集请求权

一般而言，理事会每月召开一次会议。但是，如果遇有紧急情况，理事长或理事也可提议召开临时理事会，此即理事的临时理事会会议召集请求权。

4. 报酬请求权

在一些国家和地区，理事工作属于无偿性质。理事系由社员选任，为社员服务，理事与合作社之间并非雇佣关系，因此，无报酬可言。而在另外一些国家和地区，理事工作并非无偿。例如，为了激励理事更好地为合作社与社员服务，我国台湾地区“合作社法”规定了“酬劳金”制度，其第 23 条第 1 款即规定：“合作社结余，除弥补累积短绌及付息外，应提拨百分之十以上为公积金、百分之五以上为公益金与百分之十以下为理事、监事、事务员及技术员酬劳金。”在有些国家，理事有偿无偿，由合作社章程规定，如《德国工商业与经济合作社法》第 24 条第 3 款规定：“可以向董事会成员支付或不支付报酬。”我国现行《农民专业合作社法》对此未作规定。笔者认为，在市场经济条件下，为了激发理事的工作热情，立法应以有偿为原则，或交由合作社章程规定。

（二）理事的义务

理事义务体系之设计，是合作社治理结构的重要内容。设计是否科学合理，关乎合作社功能的发挥，影响合作社的命运，最终波及社员乃至其他利益相关者的利益。

1. 概说

从本质上说，合作社理事的义务与责任，与公司董事的义务与责任具有同一性。[1]

在英美公司法中，公司董事对于公司的义务，统称为“受托义务”（fiduciary duty）。“fiduciary”一词，源于信托关系中受托人与委托人之间存在的信赖关系，英美法将其运用到公司董事与公司的关系上。[2]受托义务因此亦被称为信赖义务。与英美法系不同，大陆法系一般认为，公司与董事之间是委托合同关系（我国台湾地区称为“委任契约”）。不过，两大法系间并无本质区别。

受托义务包括忠实义务（duty of royalty）和注意义务（duty of care）。忠实义务旨在处理受托人与委托人之间的利益冲突，注意义务“乃于特定行为中，具体判断一个人如何尽心尽力”。[3]

我国2005年对《公司法》进行修订时，对公司董事义务作了进一步补充完善。我国修订后的《公司法》第147条第1款规定，董事“对公司负有忠实义务和勤勉义务”。[4]有学者认为，这是我国公司法历史上“开天辟地”的创举。[5]我国台湾地区“公司法”于2001年修订时亦从英美法引进了忠实义务，其“公司法”第23条第1款规定：“公司负责人应忠实执行业

---

〔1〕 James Baarda, “Co-op Directors Held to High Standards”, *Rural Cooperatives*, 2002, 9~10.

〔2〕 王文宇：《公司法论》，中国政法大学出版社2004年版，第108页。

〔3〕 王文宇：《公司法论》，中国政法大学出版社2004年版，第25页。

〔4〕 应当指出，我国公司法虽然规定的是“勤勉义务”而非“注意义务”，但有学者认为，其与“注意义务”内涵“无甚差别”。参见王保树、崔勤之：《中国公司法原理》（修订第3版），社会科学文献出版社2006年版，第211页及以下。

〔5〕 刘俊海：《公司法学》，北京大学出版社2008年版，第255页。

务，并应尽善良管理人之注意义务。”

鉴于合作社理事的义务与公司董事的义务具有同一性，我国未来合作社法亦应借鉴公司法的立法经验，明确规定理事的忠实义务与注意义务，以进一步完善我国合作社治理结构。

2. 忠实义务

对于合作社而言，与注意义务相较，忠实义务的作用更为突出。因为，理事一旦违反忠实义务，对于合作社的“杀伤力”更大。

前文已述，忠实义务之设，旨在防止利益冲突。理事与合作社之间是一种信任关系。理事既受合作社委托，自应全心全意为合作社服务。除了增进合作社利益，理事不应谋求个人利益。一旦发生个人利益与合作社利益冲突的情形，理事应优先保护合作社利益。

关于理事的忠实义务，不少国家与地区的合作社法均作出了明确规定。《瑞士债法典》第902条第1款规定：“董事负有对合作社事务竭忠尽智，并尽其所能地实现合作社宗旨的义务。”日本《农业协同组合法》第31条-2第1款规定，理事应“忠实地为组合而履行他的职务”。我国台湾地区“合作社法”第40条第3款规定：“理事、监事不得兼任其他业务性质相同之同级合作社之理事、监事，或与合作社有竞争关系之团体或事业之职务。”我国《农民专业合作社法》第36条第1款规定：“农民专业合作社的理事长、理事和管理人员不得有下列行为：（一）侵占、挪用或者私分本社资产；（二）违反章程规定或者未经成员大会同意，将本社资金借贷给他人或者以本社资产为他人提供担保；（三）接受他人与本社交易的佣金归为己有；（四）从事损害本社经济利益的其他活动。”第37条又进一步规定：“农民专业合作社的理事长、理事、经理不得兼任业务性质相同的其他农民专业合作社的理事长、理事、监事、经理。”应当指出，我国《农民专业合作社法》第36条第1款第（四）项的“兜底条款”值得肯定，因为其可以涵盖农民专业合作社实践中可能出现的理事违反忠实义务的其他行为，有助于克服法律因滞后性而带来的局限性。

综观各国（地区）合作社的立法与实践，理事的忠实义务具体表现在以下几个方面：

（1）不得基于理事身份获益。理事应当为合作社利益最大化而努力工作，不得利用理事身份谋取个人私利。英美判例法即严格禁止理事利用其身份获取个人私利。

（2）竞业禁止。竞业禁止，简言之，即禁止理事与合作社竞争。理事应当一心一意为合作社服务，不得为自己或他人经营合作社营业范围内的业务。

（3）不得利用职权收受贿赂或其他非法收入，不得侵占合作社财产。利用职权收受贿赂或其他非法收入、侵占合作社财产，属于典型的违法行为，也是违反忠实义务的具体表现，理事不得为之。

（4）不得泄露合作社秘密。合作社秘密关系合作社的生存与发展。有鉴于此，对于在经营管理活动中掌握的合作社秘密，理事不得泄露。否则，即应对合作社承担损害赔偿责任。

（5）不得擅自利用合作社的商业机会。合作社的商业机会只能造福于合作社，理事不能利用其为自己或他人谋取利益。否则，即违反了忠实义务。

理事违反忠实义务所取得的收入，应归合作社所有。相应地，合作社取得“归入权”。对此，我国《农民专业合作社法》第36条第2款前段即明确规定：“理事长、理事和管理人员违反前款规定所得的收入，应当归本社所有。”

3. 注意义务

关于注意义务，《牛津法律词典》作有如下解释，即：“the legal obligation to take reasonable care to avoid causing damage”[1]（为了防止给他人造成损害，应当尽到合理注意的一种法律义务）。在我国，有学者针对公司董事的注意义务（我国现行《公司法》称为勤勉义务）认为，董事在执行职务时应勤勉、尽责，做到一个适任的管理人应有的注意。注意义务的核心是善意、尽责，为了公司的最大利益而积极作为。[2]笔者认为，这一界定与分析亦可适用于合作社理事。

对于注意义务，存在两种不同的衡量标准，即：主观标准与客观标准。主观标准认为，只需尽到与处理自己事务相同的注意即可，美国判例法将其表述为一个正常的、谨慎的人在类似情况下处理自己事务时所应尽的注意。[3]客观标准则高于主观标准，是指所谓“善良管理人的注意义务”，亦即管理人对于抽象的轻过失亦应负责。鉴于合作社与理事之间具有信任关系，理事受合作社委托处理合作社事务，理应对合作社承担较高的注意义务。因此，理事的注意义务以采客观标准为宜，便于维护合作社及其社员利益。

根据义务的来源不同，理事的注意义务分为制定法上的注意义务与非制定法上的注意义务，前者是合作社法及相关法律所规定的义务，后者则基于合作社章程、理事身份及合作社的

---

〔1〕 See Elizabeth A. Martin (ed.), *Oxford Dictionary of Law*, 上海外语教育出版社 2007 年版，p. 165.

〔2〕 王保树、崔勤之：《中国公司法原理》（修订第 3 版），社会科学文献出版社 2006 年版，第 212 页及以下。

〔3〕 史际春：《企业和公司法》（第 2 版），中国人民大学出版社 2008 年版，第 187 页。

特殊性质而产生。[1]

不少国家与地区的合作社法均对理事的注意义务作出了规定。《德国工商业与经济合作社法》第 34 条第 1 款规定："董事会成员在执行业务时应尽到正派和认真的合作社业务经理之细心。"《瑞士债法典》第 902 条第 1 款规定："董事负有对合作社事务竭忠尽智，并尽其所能地实现合作社宗旨的义务。"我国现行《农民专业合作社法》对于理事的注意义务未有专门规定，是为明显的立法漏洞，亟须填补。

理事的注意义务主要表现在以下几个方面：[2]

（1）遵守合作社法。遵守合作社法，是理事最低限度的注意义务，也是制定法上的注意义务（以下所述均为非制定法上的注意义务）。

（2）遵守合作社章程。合作社章程是社员共同意志的体现，是合作社的"宪法"，对于合作社所有各方均具有法律约束力，理事自有遵守的义务。

（3）不得越权履行职务。不得越权履行职务，包括两方面内容：第一，理事应在合作社经营范围内活动，不得超越合作社经营范围。我国于 2017 年修订的《农民专业合作社法》新增一项内容，即农民专业合作社"不得从事与章程规定无关的活动"。对此，理事必须遵守。第二，理事只能在合作社法、合作社章程和社员大会授权范围内活动，不得超出授权范围。超出授权范围，给合作社造成损害的，理事应当承担损害赔偿责任。

---

〔1〕 欧阳仁根、陈岷等：《合作社主体法律制度研究》，人民出版社 2008 年版，第 249 页。

〔2〕 屈茂辉等：《合作社法律制度研究》，中国工商出版社 2007 年版，第 207 页及以下。

（4）勤勉参与合作社经营管理活动。理事应尽可能地亲自履行职务，将时间与精力花在管理合作社事务上——“受人之托，忠人之事”；与此同时，还应加强对理事会聘任人员（包括经理和财务会计人员等）的监督管理。此即理事的勤勉义务。理事的勤勉义务具体表现为：积极参加理事会会议，没有特殊情况，不得委托其他理事代为出席，以充分发挥集体的智慧；对理事会会议所议事项，不仅应当进行充分的准备，而且应当审慎行使表决权，以切实维护合作社及其社员的利益；等等。

理事的注意义务当然不止上列诸端，“它可以包括无数的行为准则”。[1]因此，在实践中，对理事的注意义务只能结合个案进行具体的分析判断。

（三）理事的责任

违反义务即应承担责任，责任是保证义务得以履行的有效法律手段。如果没有责任作为后盾，那么，所谓“义务”，终将沦为“摆设”。合作社理事违反忠实义务与注意义务，当然应承担相应的法律责任。理事责任体系设计是合作社治理结构法律制度中不可或缺的重要一环。

1. 理事对于合作社的责任

上文已述，理事对合作社负有忠实义务与注意义务。违反这两项义务，致合作社受损害时，理事即应承担损害赔偿责任。对此，各国各地区合作社法几乎无一例外予以肯定。

《瑞士债法典》第 916 条即规定：“被授权负责合作社的行政、经营管理、监察工作的人员以及清算人，故意或者过失违反其义务给合作社造成损失的，应当承担赔偿责任。”日本《农业协同组合法》第 31 条-2 第 2 款亦规定：“理事玩忽职守时，

---

〔1〕［德］托马斯·莱塞尔等：《德国资合公司法》（第 3 版），高旭军等译，法律出版社 2005 年版，第 161 页。

他要对组合负连带损害赔偿责任。”我国台湾地区“合作社法施行细则”第15条则规定：“合作社理事、监事或其他职员，违反本法及本细则之各项规定，或不依章程规定处理社务，致合作社、社员或准社员受损害时，除依法处置外，并得由社员大会或社员代表大会依章程规定处理之。”相较于其他国家与地区的立法例，德国合作社法的规定更为完善。《德国工商业与经济合作社法》第34条第2款规定，理事如果违反“审慎义务”（即注意义务——笔者注），致合作社受损害的，应对合作社承担损害赔偿责任。如果就是否履行该义务发生争议，理事负有举证责任。换言之，如果不能举证或举证不力，理事即应承担损害赔偿责任。笔者认为，德国理事责任推定制度，对于保护合作社及其社员利益，意义重大。《德国工商业与经济合作社法》第34条第3款规定，理事如果违反本法或合作社章程的规定，“支付结存款”“向社员提供利息或盈利份额”“分配合作社财产”“在合作社出现支付不能后或者出现作为合作社根据第98条启动破产程序原因的过度负债后，仍进行支付”和“提供贷款”的，亦应承担赔偿责任。为了防止“官官相卫”，《德国工商业与经济合作社法》第34条第4款进一步规定，一旦出现该法第3款行为，理事承担的赔偿责任，不因监事会对该行为予以“认可”而免除，除非该行为是根据社员大会的合法决议作出的。笔者认为，德国上述制度设计堪称完善，值得我国未来合作社法（无论是《农民专业合作社法》的进一步修订，还是《合作社法》的制定）参考借鉴。

如果理事会成员对于损害的发生均负有责任，则应当承担连带赔偿责任。对此，《瑞士债法典》第918条第1款、日本《农业协同组合法》第31条-2第2款和《德国工商业与经济合作社法》第34条第2款等都作出了明文规定，如《瑞士债法典》第 918 条第 1 款即明确规定："数人共同对同一损失负有责任的，应当承担连带责任。"

顺便指出，我国有公司法学者将"归入权"也列入董事的责任范围。[1]实则，归入权的实质是"物归原主"，并非董事承担的不利后果。[2]因此，本书不将其纳入理事的"责任"范围，而只在上述理事的"义务"部分中论及。

2. 理事对于第三人的责任

理事因违反义务给合作社造成损害的，应对合作社承担赔偿责任，对此，各国立法例并无不同。但是，如果理事违法执行职务，致第三人受损害，应否对第三人承担赔偿责任，各国（地区）立法例则并不统一。我国现行《农民专业合作社法》对此"保持沉默"，我国台湾地区"合作社法"亦未有明确规定。[3]不过，不少国家合作社法对此予以肯定。日本《农业协同组合法》第 31 条-2 第 3 款即规定，理事在执行职务过程中，如果存在恶意或重大过失，应对第三人承担连带赔偿责任。此外，如果在其第 39 条第 1 款所列文件[4]的重要事项上进行虚伪记载、虚伪登记或虚伪公告的，理事亦应对第三人承担连带赔偿责任。《瑞士债法典》第 917 条亦规定："在合作社破产时，董事和清算人故意或者过失未能履行法律规定的义务，应当对因此造成合作社、合作社社员及合作社的债权人的损失承担赔

---

〔1〕 刘俊海：《公司法学》，北京大学出版社 2008 年版，第 262 页。

〔2〕 王保树、崔勤之：《中国公司法原理》（修订第 3 版），社会科学文献出版社 2006 年版，第 217 页。

〔3〕 我国大陆有学者引用我国台湾地区"合作社法"第 38 条规定，以作为其对外承担责任的依据。实则，该条已于 2002 年修订时删除。参见屈茂辉等：《合作社法律制度研究》，中国工商出版社 2007 年版，第 210 页。

〔4〕 此类文件主要包括业务报告书、财产目录、盈余分配方案、亏损处理方案等。

偿责任。社员或者债权人因合作社受到损失而间接遭受损失的，应当依照股份有限公司的相应规定请求赔偿。”《芬兰合作社法》第 161 条规定与《瑞士债法典》上述规定颇为相似。而《德国工商业与经济合作社法》的相关规定不无自己的特色，其第 34 条第 5 款规定，如果合作社理事违反法律或合作社章程的规定，出现该法第 34 条第 3 款规定的行为〔1〕，导致债权人受损的，一旦债权人不能从合作社获得赔偿，即可要求理事“承担赔偿义务”，此种“赔偿义务”，“既不能通过合作社的放弃或和解而取消，也不能因该行为是根据社员大会做出的而取消”。

关于理事对于合作社的责任，我国现行《农民专业合作社法》作出了明确规定。但是，关于理事对于第三人的责任，我国现行《农民专业合作社法》却付之阙如。笔者认为，此乃明显的立法漏洞。该立法漏洞的存在，不利于从法律上进一步规制理事行为，从而不利于保护第三人的合法权益。为此，亟须在借鉴其他国家立法经验的基础上，结合我国农民专业合作社的实践，对该立法漏洞予以填补。

3. 理事责任追究机制设计

合作社治理结构的核心内容之一，即是对理事实施监督。监督的实施端赖责任追究机制的建立与完善。其中，社员直接诉讼与社员代表诉讼不可或缺。鉴于社员直接诉讼与社员代表诉讼前文已述，兹不赘。

〔1〕 即“支付结存款”“向社员提供利息或盈利份额”“分配合作社财产”“在合作社出现支付不能后或者出现作为合作社根据第 98 条启动破产程序原因的过度负债后，仍进行支付”和“提供贷款”。

第二节　理事会

理事会是由社员大会选举产生的理事组成的合作社的业务执行机关。理事会在合作社治理结构中处于“核心地位”。[1]

一、理事会的性质

（一）理事会是合作社的执行机关

理事会由社员大会选举产生的理事组成，负责执行社员大会的决议。如果说，社员大会是社员意思的决定机关，那么，理事会就是社员意思的执行机关。社员大会闭会期间，合作社的日常经营管理工作概由理事会负责，理事会行使合作社的经营管理权。不过，理事会是集体行使职权的机关，非经理事会特别授权，任何理事不得单独行使职权。理事会集体行使职权，既可有效防止单个理事的滥权行为，也可因此发挥集体的智慧，从而促进合作社经营管理活动的顺利开展。

（二）理事会是合作社的常设机关

所谓常设机关，是相对于非常设机关而言的，是指在合作社存续期间，理事会始终存在。由于社员大会是会议体机关，因此，在社员大会闭会期间，必须有一个机关能够代表社员大会经营管理合作社，此际，理事会应运而生。理事会是社员大会闭会期间负责执行社员大会决议的机关。合作社，无论规模大小及人数多少，均须设立理事会。当然，如果社员人数较少，也可以不设理事会，而只设执行理事。由此可见，理事会是合作社的必设机关与常设机关。

---

〔1〕 王军：“合作社治理：文献综述”，载《中国农村观察》2010 年第 2 期。

二、理事会的职权

理事会的职权既是一种权力，也是一种责任，是权力与责任的统一体。理事会的职权与行政权相似，而与民事权利有别。理事会的职权只能行使，不能放弃，否则，即为失职。

各国或地区规定理事会职权的方式不尽相同。笔者认为，列举的方式最为契合合作社的性质。所谓列举的方式，是指合作社法（或通过合作社章程）明确规定理事会可以行使的职权，不在“清单”内的权力，理事会不得行使。之所以说列举的方式最为契合合作社的性质，这是因为，合作社是典型的由社员实行“民主控制”的企业组织形式，合作社的一切权力均归社员享有与行使，理事会职权的大小与多少由社员通过合作社章程授予，未经授予的“剩余权力”仍归社员享有。换言之，合作社应当实行“社员大会中心主义”。这一点，与现代公司实践中颇受青睐的“董事会中心主义”判然有别。“社员大会中心主义”与“董事会中心主义”是两种不同价值目标下的产物，在效率与公平之间，公司优先选择效率，合作社则更多顾及公平。合作社与公司在价值目标上的差异，从根本上说，取决于两者的不同性质。

理事会的职权虽然较为广泛，但大而别之，无非包括两个方面：对内与对外——对内执行合作社的业务，对外代表合作社。《泰国合作社法》第 24 条即对此作出了准确概括。[1]

（一）理事会的执行权

综观其他国家与地区合作社法的规定，理事会的执行权主要包括：计划并管理合作社的社务和业务；雇用并管理合作社

---

〔1〕 参见杨绍平：《新概念合作社》（下），中共中央党校出版社 2009 年版，第 588 页。不过，《泰国合作社法》将理事会称为“执行委员会”。

的重要职员；召集社员大会，向社员大会报告社务与业务状况，并执行社员大会的各种决议。[1]

我国现行《农民专业合作社法》第33条第3款规定："理事长、理事、执行监事或者监事会成员，由成员大会从本社成员中选举产生，依照本法和章程的规定行使职权，对成员大会负责。"由此可见，我国《农民专业合作社法》对于农民专业合作社理事会的职权并未作出明确规定，而是交由农民专业合作社章程予以规定。但是，我国《农村信用合作社管理规定》对于农村信用合作社理事会的职权却作出了明确规定，其第21条第3款规定："理事会行使下列职权：（一）召集社员代表大会，并向社员代表大会报告工作；（二）执行社员代表大会决议；（三）选举和更换理事长、副理事长；（四）审定农村信用社的发展规划、经营方针、年度业务经营计划；（五）聘任和解聘农村信用社主任、副主任；（六）审议农村信用社主任的工作报告；（七）批准农村信用社的内部管理制度；（八）批准农村信用社内部职能部门和分支机构的设置方案；（九）拟定农村信用社年度财务预算、决算方案、利润分配方案和弥补亏损方案；（十）拟定农村信用社合并、分立、解散等重大事项的计划和方案；（十一）章程规定和社员代表大会授予的其他职权。"我国香港特别行政区《合作社规则》第33条亦对理事会的职权（职责）作出了明确规定。笔者认为，我国未来合作社法应当以列举+概括的方式对理事会职权予以规定，以进一步完善合作社治理结构。事实上，早在20世纪50年代（1950年），在刘少奇亲自指导下起草的《合作社法（草案）》即有此内容。《合作社法（草案）》第28条第1款规定："理事会之职权如下：一、执行社

[1] 尹树生：《合作经济概论》，三民书局股份有限公司1986年版，第65页。

员大会、社员代表大会或合作社代表大会的决议及上级社的指示；二、依照社员大会、社员代表大会或合作社代表大会批准的计划执行任务；三、对外代表合作社签订合同和其他事项；四、吸收社员；五、其他有关合作社业务、财务、组织事项。”该《合作社法（草案）》当时虽然由于种种原因而未获通过，但其宝贵立法经验值得我们在进一步修订《农民专业合作社法》或制定《合作社法》时参考借鉴。

（二）理事会的代表权

理事会对内执行合作社的业务，对外则代表合作社。《德国工商业与经济合作社法》第 24 条第 1 款即明确规定：“董事会在诉讼中和非诉讼中代表合作社。”我国香港特别行政区《合作社规则》第 33 条第 1 款亦明确规定：“理事会在所有公共主管当局前，及在与第三者进行的买卖及交易中，须代表注册合作社，并有权以合作社名义提起讼案，或在针对合作社的讼案中抗辩，一般而言，理事会须执行在管理注册合作社社务方面本规则或章程未有特别指派给大会或合作社其他高级人员的职责。”如果理事人数较多，为了便于对外交往，应互推一人或数人对外代表合作社。互推一人为理事会主席，互推多人为常务理事。

理事会互推主席或常务理事以后，应在法定期限内向合作社主管机关申请登记，未经登记，不得对抗善意第三人。如果合作社代表或其代表权限发生了变更，还应当进行变更登记，否则，亦不得对抗善意第三人。实施登记制度，旨在保护善意第三人，进而保护交易安全。

代表与代理不同。“代表云者，代表人所为之行为，即视为被代表人之行为者是也。”[1]也就是说，代表人与被代表人是一

〔1〕 郑玉波：《民法总则》，中国政法大学出版社 2003 年版，第 191 页。

个人格，代表人的行为即是被代表人的行为；代理却存在两个不同的人格，只不过根据法律规定，代理人行为的效果直接归属于被代理人而已。此外，代表不仅可以为法律行为，也可以为事实行为；代理只能为法律行为或准法律行为。

三、理事会的会议

（一）理事会会议的种类

理事会会议分为定期会议与临时会议。定期会议的频次不能过低，但也不能过高。过低，不利于理事会有效履行职责；过高，“不利于合作社利润率的提升”〔1〕。不少国家与地区合作社法对于定期会议的频次均作出了明确规定。例如，越南《合作社法》第30条第3款即规定：“管理委员会（即理事会——笔者注）每月至少举行一次会议。”我国台湾地区“合作社法”第45条第1款第（三）项亦规定：“理事会，每三个月至少召开一次。”我国香港特别行政区《合作社规则》第34条对于定期会议的频次也作出了明确规定：“理事会须视乎注册合作社事务所需而举行会议，但在任何情况下不得少于每月一次。”但是，我国现行《农民专业合作社法》对此则尚付阙如。笔者认为，我国未来合作社法应当对理事会定期会议的频次作出明确规定，以进一步完善理事会制度，进而完善合作社治理结构法律制度。鉴于“每月至少一次”频次过高，〔2〕我国未来合作社法应当规定：“理事会，每三个月至少召开一次。”

理事会会议，除了定期会议，还有临时会议。临时会议可

〔1〕 王军、邵科：“理监事会特征对农民合作社绩效的影响——基于我国果蔬合作社的实证分析”，载《西部论坛》2015年第6期。

〔2〕 我国台湾地区“合作社法”第45条第1款第3项原来规定：“理事会，每月至少召集一次”，2015年修订时改为：“理事会，每三个月至少召开一次。”由此可见，“每月至少一次”频次过高。

以随时召集。一旦出现合作社法或合作社章程规定的紧急情况，理事长即可召集临时理事会。

（二）理事会会议的召集

理事会会议的召集，是理事会会议的启动程序。没有召集程序，理事会会议就无法举行，理事会功能更无从发挥。〔1〕因此，理事会会议的召集是理事会会议制度中不可或缺的内容。

1. 召集人

理事会会议由理事长召集。〔2〕理事长因故不能召集时，可以委托其他理事代为召集。理事长既不召集又不委托其他理事代为召集的，则由半数以上理事共同推举一名理事负责召集。我国台湾地区“合作社法施行细则”第13条第1款和第3款即分别规定：“理事会主席或监事会主席不依规定召集理事会或监事会时，得分别由理事或监事过半数之连署，报请主管机关核准后召集之。”“第一项〔3〕会议之召集，分别由理事或监事互推一人为主席。”

2. 召集程序

召集理事会会议，应说明事由，并提前（如提前7日，具体提前日期可由合作社章程规定）通知。说明事由并提前通知，旨在使理事有针对性地进行相关准备工作，从而提高决策的科学化水平与效率。当然，临时理事会会议之召集不在此限。

（三）理事会会议的召开

半数以上理事出席，方可召开理事会会议。理事应当亲自

〔1〕欧阳仁根、陈岷等：《合作社主体法律制度研究》，人民出版社2008年版，第254页。

〔2〕我国香港特别行政区《合作社规则》规定由理事会秘书召集，其第34条即规定：“理事会会议由秘书以书面召集。”

〔3〕我国台湾地区“立法”依次称“条”“项”“款”，与我国立法依次称“条”“款”“项”有所不同。

出席会议。确有正当理由不能亲自出席会议的，也可委托其他理事代理出席。委托其他理事代理出席的，应出具委托书，委托书应载明授权范围。

四、理事会的决议

（一）理事会决议方法

理事会通过召开会议并作出决议的方式行使职权。理事会在表决时，实行“一人一票”原则，即每一理事享有一个投票权。在社员大会中，有些国家的合作社法为了吸引投资或鼓励社员与合作社交易，对投资额或交易量（额）大的社员规定了附加表决权；但在理事会中，各国立法几乎无一例外实行“一人一票”制，即使该理事的投资额或交易量（额）明显大于其他理事，也不享有附加表决权。理事会会议实行“一人一票”制，其目的在于充分发挥每个理事的经验与智慧，以提高理事会决策的科学化水平。理事如果与理事会会议所议事项存在利害关系，应当进行回避，即该理事既不得参加表决，也不得代理其他理事行使表决权。理事会作出决议，由全体理事过半数通过。如果票数相等，由理事长投票决定。越南《合作社法》第 30 条第 3 款即明确规定：“当赞成票数和反对票数相等时，由会议主席（即理事长——笔者注）投票决定。”

（二）理事会会议记录

为了规范理事会决策程序，强化理事责任，合作社法应当规定理事会会议记录制度，其内容包括：理事会应对所议事项的决定作成会议记录，出席会议的理事应在会议记录上签名。理事应当对理事会决议承担责任。理事会决议如果违反法律、行政法规、合作社章程或社员大会决议，导致合作社损失的，参与决议的理事应当承担连带赔偿责任。但经证明在表决时曾表明异议并记载于会议记录的，该理事可以免除责任。

（三）理事会决议的瑕疵及其救济

一如社员大会决议，理事会决议有可能在内容或程序上存在瑕疵。为此，合作社法应当规定相应的救济措施，以保护合作社及其社员乃至其他利益相关者的利益。

针对理事会决议不同的瑕疵，合作社法应规定不同的救济措施。理事会决议内容违反法律、行政法规的，该决议无效。理事会会议召集程序、表决方式违反法律、行政法规或合作社章程，或决议内容违反合作社章程的，该决议为可撤销，社员可以自决议作出之日起一定期限（例如，60 日）内，请求法院予以撤销。

五、理事长

理事长由理事会选举产生。理事会选举时，实行“一人一票”制度，每一理事享有一个投票权，半数以上理事通过即可当选理事长，除非合作社法或合作社章程另有规定。有些国家与地区的合作社法还对理事长的国籍、住所等条件作出了明确规定。例如，《瑞士债法典》第 895 条第 1 款即有此规定。

理事长主持社员大会，召集并主持理事会。理事长是合作社的法定代表人，[1]对外代表合作社。除了在对外关系上代表合作社，理事长不享有任何特权，其职权与理事完全相同。合作社的社务与业务，由理事会通过多数决执行。换言之，理事会必须集体行使权力。集体行使权力，既可以集中集体的智慧，也可以防止权力过分集中，以最终保护合作社及其社员利益。

理事长是合作社中最重要的企业家，对于合作社的发展起

---

〔1〕 有学者认为，合作社的法定代表人，应“章定”（由合作社章程规定），不应“法定”（由合作社法规定）。对此，笔者表示赞同，因为“章定”符合合作社的自治性质。参见张满林：《我国农民专业合作社治理问题研究》，辽宁大学出版社 2010 年版，第 131 页。

着关键作用。[1]由于理事长的教育程度显著正向影响合作社的服务能力,[2]因此，应强化理事长培训，重点对理事长进行经营管理知识与技能培训，以提高其带动社员增收能力。[3]

有学者认为，理事长与理事会之间是此消彼长的关系，理事长的权力如果过大，理事会的作用就很难发挥，甚至会导致理事会形同虚设。为此，应通过合作社章程对理事长的职权予以限制。[4]其实，有些国家与地区不仅对理事长的职权进行了“章定化”，而且进行了“法定化”，亦即其合作社法对理事长的职权范围作出了明确具体规定。例如，越南《合作社法》第33条第1款即是如此。对此立法经验，我国未来立法应当予以借鉴。

第三节　本章小结

选任理事，必须首先明确理事的资格。理事的资格包括身份条件、年龄条件与品行条件等。理事由社员大会或社员代表大会选举产生。理事人数，合作社法一般只规定下限，上限由合作社章程规定或社员大会决定。理事任期，合作社法一般只规定上限。理事终任事由包括任期届满、社员资格丧失、辞职、罢免、死亡等。

---

〔1〕 许驰、张春霞：“福建省农民林业专业合作社发展中的理事长能力影响研究”，载《学术论坛》2014年第5期。

〔2〕 黄凤、杨丹：“农民合作社内部治理对其农业服务能力的影响——来自中国15省市的调查数据”，载《湖南农业大学学报（社会科学版）》2014年第6期。

〔3〕 陈江华、陶志、彭安明：“农民合作社理事长企业家才能对农民合作社绩效的影响”，载《福建农林大学学报（哲学社会科学版）》2016年第3期；崔宝玉、简鹏、王纯慧：“农民专业合作社绩效测度与影响因素———兼析我国农民专业合作社的发展路径”，载《中国农业大学学报（社会科学版）》2016年第4期。

〔4〕 张满林：《我国农民专业合作社治理问题研究》，辽宁大学出版社2010年版，第131页。

理事既享有一定的权利（职权），也承担一定的义务（职责）。理事的权利包括出席理事会会议的权利、表决权、临时理事会会议召集请求权、报酬请求权等。理事的义务主要有忠实义务与注意义务。违反这两项义务，给合作社或第三人造成损害的，理事应当对合作社或第三人承担损害赔偿责任。

理事会由社员大会选举产生的理事组成，是合作社的业务执行机关。理事会在合作社治理结构中具有举足轻重的地位和作用。理事会的职权较为广泛，大而别之，包括对内与对外两个方面，即：对内执行合作社的业务，对外代表合作社。立法规定理事会职权的方式大多采概括+列举式。

理事会会议分为定期会议与临时会议。定期会议的频次应当合理。临时会议可以随时召集。理事会会议由理事长召集与主持。召集理事会会议，应说明事由，并提前通知。召开理事会会议，应有半数以上理事出席。

理事会通过召开会议并作出决议的方式行使职权。理事会表决时，实行“一人一票”原则。理事会决议，须经全体理事过半数通过。理事与理事会会议所议事项存在利害关系的，应当进行回避。

理事会应对所议事项的决定作成会议记录，出席会议的理事应在会议记录上签名。理事会决议内容违反法律、行政法规的，该决议无效。理事会会议召集程序、表决方式违反法律、行政法规或合作社章程，或决议内容违反合作社章程的，该决议为可撤销，社员有权请求法院予以撤销。

理事长由理事会选举产生。理事长主持社员大会，召集并主持理事会。理事长是合作社的法定代表人。鉴于理事长在理事会中的重要作用，应当对理事长的职权予以“法定化”，亦即通过合作社法对理事长的职权范围作出明确具体的规定。

第六章 监事会制度

合作社治理结构的核心内涵包括约束（监督）与激励两个方面。合作社中，对于经营者的监督，主要由社员大会和监事会承担。实践中，由于社员大会的监督效果并不十分理想，因此，监督经营者的重责大任便落在了监事会身上。经营者能否尽职尽责，社员及其他利益相关者的利益是否得到有效的保护，合作社的功能与作用有否得到充分的发挥，等等，在很大程度上取决于监事会制度建设。监事会制度因此成为合作社治理结构法律制度中不可或缺的重要组成部分。“在过去的五十年间，没有哪项企业法制度像监事会制度这样引起国内外专家或外行的极大关注。”〔1〕正是由于监事会制度的重要地位和作用，我国于 2005 年修订《公司法》时，对监事会制度进行了脱胎换骨的改革，既扩充了监事会的监督职权，又强化了监事会的监督手段。〔2〕《公司法》这一改革动向，对于我们未来进一步完善合作社监事会制度，不无启示意义。

---

〔1〕［德］路特、克里格尔：《监事会的权利与义务》，杨大可译，法律出版社 2011 年版，第 1 页。

〔2〕 刘俊海：《公司法学》，北京大学出版社 2008 年版，第 249 页。

第一节 监 事

一、监事的资格

明确监事的资格，有利于将忠于合作社使命，忠于社员利益，能够独立公正履行监督职责的人选拔出来。[1]监事的资格分为积极资格与消极资格。

（一）积极资格

所谓监事的积极资格，是指监事必须具备的条件，包括身份条件、年龄条件、国籍条件以及能力、品行条件等。

1. 身份条件

关于监事是否必须具有社员身份，域外立法例出现了两种截然不同的态度。《德国工商业与经济合作社法》第9条第2款规定："董事会和监事会成员必须为合作社社员，必须是自然人。"《意大利民法典》第2544条第2款规定："由合作社社员选举的监督委员会成员，应当从社员中产生，或者从法人社员指定的人员中产生。"《俄罗斯联邦民法典》第110条第2款第（三）项规定："只有合作社社员方能担任合作社监督委员会和管理委员会的委员以及合作社主席。"我国台湾地区"合作社法"第32条第1款亦规定："合作社设理事至少三人，监事至少三人，由社员大会就社员中选任之。"上述国家与地区均限定监事必须具有社员身份。我国亦是如此。我国《农民专业合作社法》第33条第3款规定："执行监事或者监事会成员，由成员大会从本社成员中选举产生。"但《瑞士债法典》却判然有别，其第906条第3款规定："监事或者其代理人不必一定为合作社

---

〔1〕 张满林：《我国农民专业合作社治理问题研究》，辽宁大学出版社2010年版，第134页。

之社员”；第4款进一步规定：“公共机构或者司法人员如信用团体或者审计师协会亦可被任命为监事。”

在我国学界，有学者认为：“新型农民专业合作社的监事，也只能由社员大会或社员代表大会在社员中选任。”[1]对此，笔者不敢苟同。笔者认为，相关立法之所以将合作社监事限定为合作社社员，无非是为了实现社员对于合作社的“民主控制”，从而保护社员利益。但是，为了保护社员的长远利益乃至其他利益相关者的利益，我国未来立法对监事选任应当持开放态度，亦即没有必要规定监事必须具有社员身份。原因在于：第一，目前我国合作社的主体是农民合作社，而农村是个典型的熟人社会，社员相互间因为“熟人熟事”而很难实施有效监督。如果引入独立监事，则可以在一定程度上克服地缘、亲缘等因素给合作社监事履行职责所带来的困扰或弊端。[2]第二，监事会的一项基本职责是对合作社的财产状况和经营管理层的业务执行情况实施监督，而此项职责之履行，需要监事（至少是部分监事）具备相应的财务、法律等专业知识与能力。[3]但从目前我国农村情况来看，很难满足这一要求。第三，从本质意义上说，合作社不仅是社员的组织体，同时也是社员与其他利益相关者的利益共同体，因为合作社不仅关系到社员利益，而且关系到所在社区乃至政府的利益，如合作社应当促进社区发展、执行国家产业政策等。由此看来，《瑞士债法典》第906条第4款规定政府与社区等亦可选派代表参加监事会，并非无因。总

---

〔1〕 邵兴全：“新型农民专业合作社治理结构研究”，西南财经大学2011年博士学位论文，第111页。

〔2〕 李静：“农民专业合作社法人治理结构及其规范运行分析”，载《经济问题》2013年第3期。

〔3〕 张满林：《我国农民专业合作社治理问题研究》，辽宁大学出版社2010年版，第135页。

之，我国未来合作社立法对于监事会人员构成应秉持开放的态度，以更好适应合作社尤其是农民合作社实践发展的需要。

2. 年龄条件

各国合作社法一般都规定，监事必须是成年人。因为只有成年人才具有完全民事行为能力，才能有效履行监督职责。至于成年年龄，则各国规定不一。在我国，成年年龄为18周岁。我国《民法通则》第11条即规定："十八周岁以上的公民是成年人，具有完全民事行为能力，可以独立进行民事活动，是完全民事行为能力人。"我国《民法总则》第17条亦规定："十八周岁以上的自然人为成年人。不满十八周岁的自然人为未成年人。"与此同时，我国《民法通则》和《民法总则》还规定，16周岁以上的未成年人，以自己的劳动收入为主要生活来源的，视为完全民事行为能力人。也就是说，以自己的劳动收入为主要生活来源的16周岁以上的未成年人，视为成年人或曰准成年人。

我国《农民专业合作社法》对于监事的年龄条件未作规定。不过，我国《农民专业合作社法》第33条第3款规定，监事必须从社员中选任，而公民社员（在我国，农民专业合作社社员，除公民社员外，还包括企业、事业单位或社会组织社员）必须具有民事行为能力（《农民专业合作社法》第19条第1款）。这样，就间接规定了公民监事的年龄条件。不过，笔者认为，我国未来立法还是以直接规定监事的年龄条件为宜，尤其当未来立法允许非社员可以充任监事（独立监事）时，更应如此。

3. 其他条件

监事的积极资格，除了身份条件与年龄条件外，还包括国籍条件与能力、品行条件等。

现在，一般国家与地区均对监事国籍采取"自由放任主义"

态度。换言之，无论是本国人还是外国人，均可被选任为监事。相较之下，我国现行立法值得商榷。根据我国《农民专业合作社法》第 33 条第 3 款的规定，监事从社员中选举产生，而社员是“具有民事行为能力的公民”（《农民专业合作社法》第 19 条第 1 款）等。众所周知，“公民”是指具有中华人民共和国国籍的人。据此，我国农民专业合作社监事必须具有中国国籍。进一步说，外国人或无国籍人不得成为我国农民专业合作社监事。笔者认为，我国现行立法规定监事的国籍条件，不利于从国外引进优秀经营管理人才，不利于独立监事制度的实施，最终不利于我国农民专业合作社事业的发展。因此，我国未来立法应取消合作社监事的国籍限制。

由于监事的能力与品行直接关系到合作社及其社员的利益，因此，有些国家与地区合作社立法与实践特别重视理事、监事乃至社员的能力与品行条件。例如，德国联邦最高法院在其 Hertie 一案的判决书中即写道：“每名监事都必须具备或努力掌握为独立负责地履行其职务所必需的知识与能力；即使没有第三人帮助，他也必须能够对公司（包括合作社——笔者注）业务作出客观公正的判断或评价。”〔1〕

（二）消极资格

所谓监事的消极资格，是指监事必须排除的条件。

各国、各地区合作社法几乎无一例外规定，合作社理事等合作社经营管理人员不得兼任监事。《德国工商业与经济合作社法》第 37 条与《芬兰合作社法》第 85 条对此均有明确规定。我国台湾地区“合作社法”第 40 条亦规定：“监事不得兼任理事、事务员或技术员。曾任理事之社员，于其责任未解除前，

〔1〕 转引自［德］路特、克里格尔：《监事会的权利与义务》，杨大可译，法律出版社 2011 年版，第 11 页。

不得当选为监事。理事、监事不得兼任其他业务性质相同之同级合作社之理事、监事，或与合作社有竞争关系之团体或事业之职务。”我国《农民专业合作社法》第33条第2款后段同样规定：“理事长、理事、经理和财务会计人员不得兼任监事。”立法如此规定，旨在防止被监督者与监督者角色重合，亦即立法不允许运动员同时又当裁判员，以从根本上保护合作社及其社员的利益。有学者进一步认为，不仅合作社经营管理人员不得兼任监事，其亲属、同学等利害关系人也不得担任监事职务。[1]对此，笔者深表赞同。不过，法律应当对“利害关系人”作出明确界定，防止其在实践中因缺乏可操作性而被滥用。

此外，不少国家与地区合作社法还规定，因特定犯罪被追究刑事责任的人、未清偿债务的人以及曾担任破产企业管理人而对该企业破产负有个人责任的人等亦不得担任合作社的监事。我国台湾地区修正后的“合作社法”第32条第2款即规定：“社员受破产宣告、或经依消费者债务清理条例裁定开始清算程序，尚未复权者，不得为合作社之理事或监事。”监事受社员委托，对执行机关的经营管理活动实施监督，为了防止社员的信任落空，合作社法限制或禁止有不良行为记录的人或个人资信状况较差者出任监事很有必要，此举旨在保护合作社及其社员的利益。

二、监事的选任

监事一般由社员大会选举产生。对此，我国立法例基本一致。《德国工商业与经济合作社法》第36条第1款即规定：“如果社章没有规定一个更大的成员人数，监事会由社员大会选举

---

〔1〕 张继：“农民专业合作社社员权益之法律保护探析”，载《吉首大学学报（社会科学版）》2011年第2期。

的三名成员组成。"《瑞士债法典》第906条第2款亦规定："大会应当选举一名或者多名监事，任期至少为一年。大会也可选举代理监事。"我国《农民专业合作社法》以及我国台湾地区"合作社法"也不例外。我国《农民专业合作社法》第29条第1款第（二）项与第33条第3款分别规定："农民专业合作社成员大会由全体成员组成，是本社的权力机构，行使下列职权：选举和罢免理事长、理事、执行监事或者监事会成员。""理事长、理事、执行监事或者监事会成员，由成员大会从本社成员中选举产生，依照本法和章程的规定行使职权，对成员大会负责。"我国台湾地区"合作社法"第32条第1款规定："合作社设理事至少三人，监事至少三人，由社员大会就社员中选任之。"

社员大会选举监事，一般适用简单多数决，即全体社员过半数通过即可。[1]根据我国《农民专业合作社法》第30条第2款之规定，社员大会选举监事，虽也适用简单多数决，但却不是以社员人数而是以表决权数为标准，即"成员大会选举或者作出决议，应当由本社成员表决权总数过半数通过"。从一定意义上说，这是向"资本"妥协的结果，旨在照顾"投资社员"，以解决合作社资金短缺的现实难题。

监事的选任乃契约行为，因此，只有得到被选任人承诺，始生效力。[2]立法可以规定，如果被选任人在获知当选后一定期限内未表示反对，即视为同意。"契约行为说"的最大优点在于尊重被选任人的意志，因而有利于合作社监督管理活动的顺利开展，也有利于调动被选任人的积极性。

---

〔1〕 根据《德国工商业与经济合作社法》第36条第1款的规定，社员大会选举监事，是适用简单多数决还是绝对多数决，由合作社章程予以规定。

〔2〕 李锡勋：《合作社法论》，三民书局股份有限公司1982年版，第151页。

三、监事的任期

关于监事任期，各国规定不一，或长或短，有的甚至未作规定。例如，《德国工商业与经济合作社法》对于监事任期即未作规定，但根据德国《股份法》等相关法律规定，所有监事的任期一律不得超过5年，公司章程可以规定较短任期，而且可以为不同监事规定不同任期，但不得仅仅针对职工监事作出特殊规定。[1]在德国，合作社法未尽事项，一般可以适用《股份法》等相关企业法。[2]《瑞士债法典》第906条第2款规定，监事任期至少为1年。瑞士法律只规定下限、不规定上限，与德国法律只规定上限、不规定下限适成对比。

我国台湾地区“合作社法”第33条规定：“理事任期一年至三年，监事任期一年，均得连任。”监事任期之所以规定较短，有台湾学者认为，其目的在于“使较多的社员能有轮流监察合作社业务的机会”。[3]大陆学者则认为，监事任期较短，除了不影响业务执行和增加社员监督合作社的机会外，还可以防止监事与理事相互勾结，营私舞弊。[4]其实，监事任期长短（相较于理事任期）没有绝对的优劣之分，任期长有利于监督理事等经营管理人员的经营管理活动，可以增加监督的实效性。我国台湾地区“合作社法”第33条的修正即是明证。2015年最新修正后的第33条规定：“理事、监事之任期不得超过三年；除法律或章程另有规定外，连选得连任。”我国现行《农民专业合

---

〔1〕［德］路特、克里格尔：《监事会的权利与义务》，杨大可译，法律出版社2011年版，第12页。

〔2〕意大利也有类似规定，其《民法典》第2519条第1款即规定：“对本章未规定的事宜，有关股份公司的规定均适用于合作社。”

〔3〕尹树生：《合作经济概论》，三民书局股份有限公司1986年版，第66页。

〔4〕欧阳仁根、陈岷等：《合作社主体法律制度研究》，人民出版社2008年版，第263页。

作社法》对于监事任期未作规定。为此，可以由农民专业合作社章程予以规定。笔者认为，立法者对于监事任期作出“白纸规定”，虽不失为明智之举，但未来修法（修订《农民专业合作社法》）或立法（制定合作社基本法）以对此进行“漏洞补充”为宜。

四、监事的义务

监事的义务，与理事的义务基本相同。对此，《德国工商业与经济合作社法》第41条即作出了明确规定。

从法理上说，监事与合作社之间是委托关系。监事受合作社委托，对理事执行职务的行为实施监督。作为受托人的监事，对于作为委托人的合作社，因此负有忠实义务与注意义务。违反这两项义务，致合作社或第三人受损害的，监事应承担相应的损害赔偿责任。

不过，由于职权性质不同，监事承担的义务与理事承担的义务在具体表现形式上不无差异。例如，就忠实义务而言，由于监事不负责执行合作社的业务，因此，不存在竞业禁止义务。又如，监事的注意义务体现在业务监督上，而理事的注意义务则体现在业务执行上。

五、监事的责任

不仅监事的义务与理事的义务基本相同，监事的责任与理事的责任也并无二致。《德国工商业与经济合作社法》第41条即规定，其第34条有关理事责任的规定适用于监事。日本《中小企业合作社法》第43条亦规定，监事的责任准用其《商法》第266条与第267条规定。据此，在日本，如果合作社监事怠忽职务，或违反合作社法与合作社章程的规定，致合作社或第三人受损害，应向合作社或第三人承担损害赔偿责任。

我国台湾地区“合作社法”对于监事责任未作规定。为此，有台湾学者认为，应针对其第39条进行相应的漏洞补充，即增加一项内容：“监事因怠忽职务，致合作社受损害，或对于理事违法未能及时举发，其所负责任与理事同。”[1]我国现行《农民专业合作社法》对于监事责任亦付阙如。笔者认为，台湾学者的上述建议，对于我国未来《农民专业合作社法》中监事责任的进一步完善不无借鉴意义。

如果合作社怠于行使其对监事的损害赔偿请求权，则社员有权以合作社名义对该监事提起代表诉讼，以保护合作社及其社员的利益。

第二节 监事会

一、监事会的法律地位

监事会由社员大会选举产生的监事组成，是合作社的常设监督机关。

（一）监事会由社员大会选举产生的监事组成

监事，无论是社员监事还是非社员监事（独立监事），均由社员大会选举产生。对此，上文已述，兹不赘。

监事之所以由社员大会选举产生，是由合作社的性质决定的，旨在实现社员对合作社的“民主控制”。

监事组成监事会。监事会对社员大会负责，向社员大会报告工作。

（二）监事会是合作社的监督机关

一如公司，合作社也实行“三权分立”制度。“三权分立”

---

〔1〕 李锡勋：《合作社法论》，三民书局股份有限公司1982年版，第154页。

思想渊源于古希腊亚里士多德。至法国孟德斯鸠，“三权分立”理论基本形成。“三权分立”理论与制度的基本内容是：把国家权力一分为三，即立法权、行政权与司法权，“三权”由三个不同的国家机关行使。这样，通过权力的相互制约，可以保持权力的平衡状态，以防止某一机关或某一个人独断专行，进而保障人民权利。[1]就合作社而言，“三权分立”表现为决策权、执行权与监督权分立，即社员大会行使决策权，理事会行使执行权，监事会行使监督权。

阿克顿勋爵（Lord Acton）曾说：“权力使人腐化，绝对的权力使人绝对的腐化。”[2]为了防止合作社执行机关在生产经营过程中“蚕食”或“鲸吞”合作社及其社员的利益，必须对执行机关的生产经营活动实施有效监督。按理说，社员大会作为合作社的最高权力机关，有权利亦有义务监督执行机关的活动。但是，实践中，由于社员大会会议体机关的性质，加上社员“搭便车”行为的普遍存在，导致社员大会的监督作用极为有限。为了强化监督，必须在合作社内部设立一个专门机关，职司对执行机关生产经营活动的监督。监事会便是这样的专门监督机关。完全可以说，合作社服务社员的宗旨能否实现，在很大程度上取决于监事会监督功能能否得到充分的发挥。作为社员大会的代表与化身，监事会应恪尽监督职责，以期保护合作社及其社员的利益。

（三）监事会是合作社的必设机关

由于权力天然存在着自我腐化的倾向，因此，对其实施监督不可或缺，亦不可或弱。上文已述，在合作社机关体系中，社

---

〔1〕中国大百科全书总编辑委员会《法学》编辑委员会：《中国大百科全书·法学》，中国大百科全书出版社1984年版，第499页。

〔2〕转引自［美］余英时：《中国文化的重建》，中信出版社2011年版，第2页。

员大会作为合作社的最高权力机关，完全可以而且应当行使监督权力，只是由于社员众多，且社员大会不常召开，监督不易、监督不力，因此，才需要设立专门的监督机关，以代表全体社员对执行机关的日常经营管理活动实施监督。有鉴于此，不少国家与地区合作社法均将监事会定位于必设机关。《瑞士债法典》第 906 条第 2 款即规定："大会应当选举一名或者多名监事。"我国台湾地区"民法典"总则编虽然将法人监督机关的性质规定为任意机关，但其民法特别法，如"公司法"与"合作社法"等，均将监督机关定位于法定必设机关；而且实践中，公司与合作社法人以外的其他法人，也大多设有监督机关。〔1〕我国台湾地区"合作社法"第 32 条第 1 款规定："合作社设理事至少三人，监事至少三人，由社员大会就社员中选任之。"

德国于 2006 年对其合作社法进行修改，修改的一大亮点是，如果社员不超过 20 人，监事会设立与否，由合作社章程规定。章程规定不设立监事会的合作社，其监督职能由社员大会行使。〔2〕《德国工商业与经济合作社法》第 9 条第 1 款规定："合作社必须设有董事会和监事会。对于社员人数不超过 20 人的合作社，可以在社章中规定不设监事会。在该种情形下，如果本法没有作出其他规定，社员大会承担〔3〕监事会的权利和义务。"也就是说，在德国，社员超过 20 人的合作社，监事会是必设机关；社员不超过 20 人的合作社，监事会是任意机关或曰选设机关。无独有偶，《俄罗斯联邦民法典》第 110 条第 2 款第

---

〔1〕 施启扬：《民法总则》（修订第 8 版），中国法制出版社 2010 年版，第 147 页。

〔2〕［德］路特、克里格尔：《监事会的权利与义务》，杨大可译，法律出版社 2011 年版，第 380 页。

〔3〕 既是"权利和义务"，应为"享有和承担"。

(一) 项亦规定:“在社员超过50人的合作社中应设立监督委员会，该委员会对合作社执行机关的活动实行监督。”换言之，在俄罗斯，社员不超过50人的合作社，监事会是任意机关，而非必设机关。

我国《农民专业合作社法》第33条第2款规定:“农民专业合作社可以设执行监事或者监事会。”据此，我国农民专业合作社监事会是任意机关。而根据我国修订后的《公司法》，无论是股份有限公司还是有限责任公司，监督机关都是必设机关。即使是德国与俄罗斯，其立法例也只是规定社员在20人或50人以下的合作社可以根据章程规定不设监事会。社员在20人或50人以下的合作社，由于社员人数较少，不设监事会而由社员大会代行其职能，监督职能不致受到影响。但我国现行《农民专业合作社法》第33条第2款未区分合作社社员多少或规模大小，径将监事会定位于任意机关，笔者认为，此举极为不妥，不利于对执行机关实施有效监督。实践中，合作社的经营者极有可能利用自己的优势地位，操纵合作社不设立专门的监督机关。这样，对于合作社的经营者，就缺少一股监督制约的力量。仅凭社员自己履行监督职能，受知识、能力、信息等各方面限制，可能心有余而力不足。[1]有鉴于此，应对我国现行《农民专业合作社法》进行制度完善，完善的途径有二:其一，借鉴瑞士以及我国台湾地区的立法经验，规定合作社不论社员多少，监事会是其必设机关;其二，参考德国与俄罗斯立法例，规定社员超过一定数量，监事会是必设机关;未超过一定数量，监事会设立与否，由合作社章程规定。两相比较，后者更为合理，因其具有适度弹性。但无论如何，合作社社员较多或规模较大，

---

〔1〕 张继:“农民专业合作社社员权益之法律保护探析”，载《吉首大学学报(社会科学版)》2011年第2期。

均必须设立监事会，以落实对经营者的监督，进而保护社员利益。

（四）监事会是合作社的常设机关

所谓常设机关，是相对于非常设机关而言的。合作社存续期间，监事会即应存在并运作，监事会与合作社应“生死与共”。监事会的设立，旨在弥补社员大会的不足，以便在社员大会闭会期间代表全体社员对理事会实施监督。

（五）在特定情况下，监事会亦是合作社的代表机关

合作社的代表权一般由理事会行使。但是，在特定情况下，监事会亦可代表合作社。《德国工商业与经济合作社法》第 39 条第 1 款即规定，“在与董事会成员的关系中，监事会在诉讼内外代表合作社。”由于此时董事会成员与合作社存在利害冲突，因此，必须由监事会代表合作社，以防止董事会成员损人利己行为的发生。

我国现行《农民专业合作社法》第 33 条第 3 款规定：“理事长、理事、执行监事或者监事会成员，由成员大会从本社成员中选举产生，依照本法和章程的规定行使职权，对成员大会负责。”而“本法”（即《农民专业合作社法》）并未规定农民专业合作社的代表权，是为明显的立法漏洞，亟须填补。

二、监事会的人数

关于监事会的人数，各国、各地区规定不一。综观其他国家与地区立法例，往往只规定下限，上限则由合作社章程予以规定。

《芬兰合作社法》第 85 条即规定，监事会成员由社员大会选举产生，其人数不得少于 3 人。我国台湾地区“合作社法”第 32 条第 1 款亦规定：“合作社设理事至少三人，监事至少三人，由社员大会就社员中选任之。”《德国工商业与经济合作社

法》第36条第1款规定，监事会由社员大会选举产生的3名监事组成；同时规定，合作社章程可以规定更多监事。换言之，德国合作社监事不得少于3人。不过，《德国工商业与经济合作社法》于2006年修订时对此进行了调整，即社员人数不超过20人的合作社，可以在其章程中规定不设监事会；此时，由社员大会代行监事会的监督职能。也有国家将监事人数下限规定为3名以下，如《瑞士债法典》第906条第2款规定，“大会应当选举一名或者多名监事”；日本《农业协同组合法》第30条第2款则规定监事必须为2人以上。

前文已述，我国现行相关立法将监事会规定为任意机关（“农民专业合作社可以设执行监事或者监事会”），即可设可不设。如果不设监事会，自然谈不上监事会的人数；即使设立监事会，现行立法也未规定监事会人数或其下限。此乃我国《农民专业合作社法》的明显漏洞。笔者认为，对于人数较多或规模较大（何谓“人数较多”或“规模较大”，立法应当作出明确界定）的合作社，我国未来相关立法不仅应当规定监事会为必设机关，而且应当规定监事会人数的下限，以强化对经营者的监督，进而保护社员的合法权益。从比较立法例考察，德国、芬兰以及我国台湾地区等关于监事会人数的规定较为合理，可资借鉴。监事会人数不宜太少，且应当为单数。这样，不仅可以充分发挥集体的智慧，而且便于投票表决。

三、监事会的会议

（一）监事会的召集

监事会会议由监事会主席召集与主持。监事会主席由监事会选举产生，全体监事过半数通过即可当选。监事会主席不履行或不能履行职务时，由全体监事共同推举一名监事召集与主持。

关于监事会会议的频次，不少国家合作社法并未作出明确规定，我国现行《农民专业合作社法》亦付阙如。不过，我国台湾地区“合作社法”对此则作出了明确规定，其第45条第1款第（四）项规定：“监事会，每三个月至少召开一次。”我国理论界对于监事会会议的频次出现了两种截然不同的观点。一种观点认为，频次低，必然会影响监事会监督职能的发挥。[1]另一种则认为，频次高，不利于合作社利润率的提升。[2]笔者认为，如果法律没有对监事会会议的频次作出规定，则合作社章程应当予以规定。但不管法定还是章定，频次应当适度，既不能过高，也不能过低。过低，会影响监事会监督功能的发挥。合作社法或合作社章程不妨规定：监事会，每6个月至少召开一次。另外，必须指出，除了上述“例行会议”，如果遇有法定或章定的特殊情况，经监事会主席或监事提议，还可以召开临时监事会会议。

监事会主席除了负责召集与主持监事会会议外，其他方面的职权与监事完全相同，亦即监事会主席在监事会中不享有任何特权。

（二）监事会的决议

监事原则上可以单独行使职权。不过，为了发挥集体的智慧与力量，监事会往往通过召开会议并作成决议的方式行使职权。监事会会议的表决，实行“一人一票”制度。除非合作社章程另有规定，否则，监事会在作出决议时实行简单多数决，亦即全体监事过半数通过即可作出决议。

---

〔1〕王文莉、王秀萍、张艳：“董事会、监事会特征对农村信用社绩效影响的研究———以陕西省的调研数据为例”，载《生产力研究》2017年第1期。

〔2〕王军、邵科：“理监事会特征对农民合作社绩效的影响——基于我国果蔬合作社的实证分析”，载《西部论坛》2015年第6期。

（三）监事会会议记录

监事会应当将所议事项的决定作成会议记录，出席会议的监事应当在会议记录上签名。如果对监事会决议持有异议，应当在会议记录上予以记载。

实行监事会会议记录制度的目的，在于进一步督促监事正确行使职权，履行职责。如果监事滥用职权，或者怠于行使职权，不履行其职责，致合作社受损害的，任何社员都有权请求其承担损害赔偿责任。此时，监事会会议记录正可发挥证据的作用。

四、监事会的职权

（一）监事会行使职权的方式

监事会行使职权的方式与理事会有所不同。理事会必须集体行使职权，而监事会可以单独行使职权。对此，《德国工商业与经济合作社法》第 38 条第 1 款作出了明确规定。

监事会与理事会在行使职权的方式上存在上述区别的根本原因在于，理事会是合作社的执行机关，具体负责合作社的生产经营管理活动。为了防止理事滥用权力，并且为了发挥集体的智慧，理事会应当集体行使职权。进一步而论，理事会集体行使职权可以在很大程度上克服单个理事能力与经验的不足，能够做到群策群力，并可收相互制约之效。而监事会是合作社的监督机关，监事并不具体参与合作社的经营管理活动，因此不存在滥权自肥的机会。允许监事单独行使职权，对于社员利益并不构成威胁。相反，立法允许监事单独行使职权，还可以充分发挥监事监督的积极性，从而有助于在合作社内部实现较为理想的监督效果。

当然，学界对此亦不无异议。有学者即认为，监事在行使职权时，也应当采取会议的方式，“监事个人不能单独行使职权”。[1]对此，笔者不敢苟同，原因如上所述。

总而言之，监督权与执行权性质的不同决定着其权力行使方式的不同。

（二）监事会的职权范围

不少国家与地区的合作社法对于监事会（监事）的职权（职责）均作出了明确规定，如《德国工商业与经济合作社法》第38条、《瑞士债法典》第907条、我国台湾地区“合作社法”第39条等。但我国现行《农民专业合作社法》对于监事会的职权却未作规定。

综观其他国家与地区立法例，监事会的职权主要包括：监督权、代表权和社员大会召集权。其中，代表权和社员大会召集权只在特定情况下行使，监督权则是监事会职权的核心——作为合作社的监督机关，监事会的宗旨与使命即在于对执行机关的经营管理活动实施监督。

1. 监督权

监事会的监督权主要表现为业务监督与财务监督两个方面。

（1）业务监督权。对于监事会的业务监督权，其他国家与地区的合作社法大多作出了概括规定。《俄罗斯联邦民法典》第110条第2款即规定：“在社员超过50人的合作社中应设监督委员会，该委员会对合作社执行机关的活动实行监督。”我国台湾地区“合作社法”第39条第1款第（二）项亦规定，监事有权“监查理事执行业务之状况”。《瑞士债法典》第908条第3款规定，监事会一旦发现理事会的行为不规范甚至违反法律或合作社章程，应当“报告给责任人的上司”，“情节严重的，应当向

---

〔1〕 尹树生：《合作经济概论》，三民书局股份有限公司1986年版，第66页。

大会通报”。

德国则通过概括与列举相结合的方式对监事会的业务监督权予以规定。《德国工商业与经济合作社法》第 38 条第 1 款先是概括规定：“监事会负责监督理事会的业务执行活动。”紧接着，又具体列举了监事会的一些常规监督行为。笔者认为，概括+列举的方式体现了法律原则性与灵活性的统一，在维护法律安全价值的同时，增强了法律的适应性，因此，较为可取。我国未来合作社法亦应采取概括+列举的方式规定监事会的职权。

（2）财务监督权。监事会的监督权除了体现在业务监督以外，还体现在财务监督。企业财务健全与否，关系着企业的命运。监事会对于财务的监督因此成为监事会监督权的重要内容。

对于监事会的财务监督权，国外合作社法大多作出了明确规定，其中以《瑞士债法典》的规定最为全面。《瑞士债法典》第 907 条规定：“监事会负责检查会计报告及资产负债表与账目是否一致，会计报告、资产负债表及合作社账目是否得到妥善保存，以及有关营业结果和财政状况的信息是否符合有关规定等。涉及社员的个人责任或者其社员负有额外付款义务的合作社，监事会还应当检查其社员登记表是否及时保存。”其第 908 条进一步规定，监事会应向社员大会提交书面报告，如果没有监事会报告，社员大会不得就有关账目及资产负债表作出任何决议。其第 910 条还规定：“在例行的账目核查外，章程可规定由特别审核公司或者任命特别监事对全部的合作社事务管理进行临时性的核查。”财务监督权是监事会监督权的重要内容。我国现行《农民专业合作社法》对于监事会的财务监督权规定得过于简单。《瑞士债法典》上述规定，值得我国未来在制定《合作社法》或修改《农民专业合作社法》时参考。

2. 代表权

一般情况下，合作社的代表权由理事会行使，即由理事会代表合作社。但是，如果出现特定情况，为了保护合作社及其社员的利益免受损害，应由监事会代表合作社。实践中，监事会的代表权主要表现在以下几个方面：

（1）代表合作社与理事为诉讼行为。在合作社与理事发生纠纷、诉至法院时，由于理事与诉讼结果存在利害关系，此时即应由监事会代表合作社行使诉权。《德国工商业与经济合作社法》第 39 条第 1 款即规定，一旦合作社与理事发生诉讼，则由监事会代表合作社。我国台湾地区“合作社法”第 39 条第 1 款第（四）项亦规定：“合作社与其理事订立契约或为诉讼上之行为时，代表合作社。”

（2）代表合作社与理事为法律行为。如果理事为合作社社员，那么，其与合作社之间必然发生交易，因为合作社的设立旨在为社员服务，与社员进行交易不仅是合作社生存与发展的前提，更是社员设立或加入合作社的目的。不过，在理事与合作社发生交易时，由于两者间客观上存在利害冲突，因此，为了保护其他社员的利益，此时应由监事会代表合作社与理事为法律行为。例如，《德国工商业与经济合作社法》第 39 条第 2 款规定，如果合作社章程没有作出相反规定，则合作社可以向理事提供贷款，但“每项贷款”必须获得监事会同意。我国台湾地区“合作社法”第 39 条第 1 款第（四）项亦规定：“合作社与其理事订立契约或为诉讼上之行为时，代表合作社。”

（3）代表合作社聘请相关专业人员。为了充分发挥监督效能，监事必须具有相关知识，如法律与财务方面的知识等。但人非圣贤，岂能样样精通？为了弥补专业知识与能力的不足，必要时，监事有权代表合作社聘请律师、会计师等专业人员协助调查，费用由合作社承担。

笔者认为，此项代表权有利于监事会更充分地行使监督权，应是监事会职权中不可或缺的重要组成部分。我国未来合作社法在设计监事会职权时对此应当予以高度重视。

3. 社员大会的召集权

通常情况下，社员大会由理事会召集。但是，如果理事会不能召集或不为召集时，则监事会有权召集社员大会。此外，如果出现紧急情况，监事会亦可随时召集临时社员大会，以保护合作社及其社员利益。

关于监事会的社员大会召集权，不少国家与地区合作社法均作出了明确规定。如《德国工商业与经济合作社法》第38条第2款规定："如对合作社利益确有必要，监事会应当召集社员大会"。我国台湾地区"合作社法"第39条第2款亦规定："监事为执行前项职务，认为有必要时，得召集临时社员大会。"我国现行《农民专业合作社法》未有规定，是为立法漏洞，应予补充完善。

4. 临时解职权

理事在执行职务时违反法律、行政法规、合作社章程或社员大会决议，监事会有权临时解除其职务，并可基于业务需要任命临时理事。《德国工商业与经济合作社法》第40条即有此明文。临时解职权之设，旨在防止合作社损失进一步扩大。因此，德国立法经验值得我国借鉴。

必须指出，监事会的解职权具有临时性质。其行使正当与否，最终有待于社员大会作出决定。这不仅为了实现社员对于合作社的"民主控制"，而且有利于防止监事会的误判[1]或

---

〔1〕 因为对于解职权的行使，《德国工商业与经济合作社法》第40条规定的适用条件只是"监事会有权根据自己的判断"。

滥权。

五、监事会行使职权的保障措施

为了充分发挥监事会的作用，仅仅在法律上规定监事会的职权范围还远远不够，这只是监事会行使职权的充分条件，还应当进一步完善监事会行使职权的保障措施。如果没有法律保障措施作支撑，监事会的职权规定得再多，也无济于事，监事仍不免沦为“花瓶”！2005年我国对《公司法》进行修订，不仅大幅扩充了监事会的职权，提高了监事会的地位，[1]而且增加规定了监事会行使职权的保障措施，原因即在此。

笔者认为，以下保障措施为监事会行使职权所不可或缺：

（一）监事有权对理事会决议事项提出质询

监事有权列席理事会会议，并有权对理事会决议事项提出质询或建议。对于监事提出的质询，理事会有说明的义务。对于监事提出的建议，理事会如果不予采纳，应当说明理由。

（二）监事有权对合作社生产经营管理活动进行调查

监事一旦发现合作社的经营状况异常，有权进行调查。必要时，还有权聘请专业机构与人员协助调查。监事的监督权不能仅仅局限于“事后”监督，还应向前延伸，进行“事中”乃至“事前”监督。这样，可以充分发挥监事会的监督效能。

（三）监事会有权聘请相关专业机构与人员协助其工作

为了克服监事在专业知识与能力上的局限性，从而取得较为理想的监督效果，监事会在执行职务时，有权聘请会计师事务所、律师事务所等中介机构与人员协助其工作。

（四）监事会行使职权所需经费应当予以保障

监事会行使职权所需经费应当予以保障，不仅是指监事会

〔1〕叶林：《公司法研究》，中国人民大学出版社2008年版，第186页。

本身因行使职权所产生的费用由合作社负担，而且是指监事会聘请相关专业机构与人员协助其工作所需费用也应由合作社支付。如果立法对此未予保障，则监事会享有的聘请相关专业机构与人员协助其工作的职权便无从实现。

（五）监事的知情权应当予以充分保障

获得经营信息是监事会行使监督权的前提。监事会与理事会之间客观上存在着信息不对称，监事会在信息占有上处于劣势。为了改变监事会这一不利地位，为其行使职权提供前提条件，合作社法应当明确规定，监事除了可以列席理事会会议外，理事会还应当定期向监事会或监事提供经营信息，并不得妨碍监事会或监事依法依章（合作社章程）行使职权。

第三节　本章小结

合作社中，对于经营者的监督，主要由社员大会和监事会承担。由于社员大会的监督效果并不十分理想，因此，监督重担就落在了监事会身上。监事会制度因此成为合作社治理结构法律制度中不可或缺的重要组成部分。

监事的资格可以划分为积极资格与消极资格。积极资格是指监事必须具备的条件，如监事一般由社员担任，监事必须是成年人，监事具有本国国籍，监事必须具有相应的能力和良好的品行，等等。监事的消极资格是指监事必须排除的条件，如合作社理事等合作社经营管理人员不得兼任监事，因特定犯罪被追究刑事责任的人、未清偿债务的人以及曾担任破产企业管理人而对该企业破产负有个人责任的人等不得担任合作社的监事，等等。

监事由社员大会选举产生，一般适用简单多数决，即全体社员过半数通过即可当选。监事的选任乃契约行为，只有得到被选任人承诺，始生效力。

监事的任期，各国规定不一，或长或短，有的甚至未作规定。如果法律对于监事任期未作规定，一般由合作社章程予以规定。

监事的义务，与理事的义务基本相同。监事对于合作社负有忠实义务与注意义务。违反该义务，致合作社或第三人受损害的，监事应承担相应的损害赔偿责任。由于职权性质不同，监事承担的义务与理事承担的义务在具体表现形式上存在差异。

不仅监事的义务与理事的义务基本相同，监事的责任与理事的责任也并无二致。对此，不少国家与地区合作社法均作出了明确规定。在这方面，我国现行《农民专业合作社法》存在明显的立法漏洞，亟须进行填补。

监事会由社员大会选举产生的监事组成，是合作社的常设监督机关。

监事会的人数，各国、各地区规定不一。对于人数较多或规模较大的合作社，我国未来立法可以只规定下限，上限由合作社章程予以规定。

监事会会议由监事会主席召集与主持。监事会主席不履行或不能履行职务时，由全体监事共同推举一名监事召集与主持。监事会会议的频次应当适当。监事会通过召开会议并作成决议的方式行使职权。监事会会议的表决，实行“一人一票”制度。监事会应当将所议事项的决定作成会议记录，出席会议的监事应当在会议记录上签名。

监事会行使职权的方式与理事会有所不同。理事会必须集体行使职权，而监事会可以单独行使职权。监事会职权主要包括监督权、代表权和社员大会召集权。监督权是监事会职权的核心，表现为业务监督与财务监督两个方面。代表权和社员大会召集权只在特定情况下行使。

法律除了规定监事会的职权，还应当规定监事会行使职权的保障措施。监事会行使职权的保障措施有：监事有权对理事会决议事项提出质询，有权对合作社生产经营管理活动进行调查，有权聘请相关专业机构与人员协助其工作，监事会行使职权所需经费与监事的知情权应当予以保障等。

第七章 经理制度

第一节 经 理

一、经理的概念

经理，又称经理人，是指由理事会聘任，负责组织日常经营管理活动的企业辅助业务执行机关。简而言之，经理是“企业中负责经营管理的人”。[1]

经理的出现，不自今日始，而是“古已有之”。经理是社会分工的产物。有关经理的法律制度，早在古罗马时代即已产生。[2]随着经济（尤其是知识经济）的发展与市场竞争的加剧，企业对于经营专才的依赖越来越强，经理的作用便越来越大。

有学者指出，公司经理作为公司中的经营管理专家，在现代化大生产中，无论是对公司自身，还是对整个社会，都起着举足轻重的作用。[3]在合作社领域，经理的作用同样不可小视。相关研究表明，经理等经营管理层的经营管理能力在很大程度

---

〔1〕 参见《辞海》（第6版缩印本），上海辞书出版社2010年版，第952页。

〔2〕 参见周枏：《罗马法原论》（下册），商务印书馆1996年版，第616页。

〔3〕 参见温世扬教授为刘殿葵著《公司经理人法律问题研究》（法律出版社2008年版）一书所作的“序”。

上影响着合作社功能的实现及其实现程度。[1]合作社经理不仅关系着合作社的发展，而且还关系着社会的公平正义——这是由合作社作为社会弱者组织体的性质决定的。随着合作社雇工经营现象越来越普遍，合作社经理及其法律规制应当进入我们的研究视野。有学者认为："在公司治理结构中，经理具有特殊而重要的地位。"[2]笔者认为，在合作社治理结构中，经理同样是不可或缺的重要一环。

公司为了谋求自身发展，必须仰赖经营管理专家。合作社又何尝不然?！随着市场竞争的加剧和合作社经营范围、经营规模的扩大，社员（包括理事）经营管理合作社往往并不现实。由具有丰富经营管理经验与能力的职业经理来经营管理合作社，有利于合作社在激烈的市场竞争中求得生存与发展。有鉴于此，不少国家与地区合作社法及合作社实践均已冲破"民治"（或曰"民管"，即由社员对合作社实行"民主管理"）禁区，大胆聘用职业经理。在我国，培养造就一支合作社尤其是农民合作社职业经理人队伍，任重而道远。

二、经理的立法模式

经理的立法模式，因民商分立与民商合一而有所不同。

在实行民商分立的国家与地区，如德国、日本以及我国澳门地区等，一般都在商法典的总则篇规定经理制度，如我国澳门地区《商法典》第64条第1款规定："经理系指商业企业主委任以经营企业之人，该委任得按商业习惯以任何职务名称为之。"而在实行民商合一的意大利、瑞士等国以及我国台湾地

---

〔1〕 黄祖辉、高钰玲："农民专业合作社服务功能的实现程度及其影响因素"，载《中国农村经济》2012年第7期。

〔2〕 袁春生：《公司治理中经理管理防御及壁垒效应研究》，中国财政经济出版社2008年版，第8页。

区，则在民法典中规定经理制度，如我国台湾地区“民法典”第553条第1款即规定：“称经理人者，谓由商号之授权，为其管理事务及签名之人。”前者（商法典模式）试图从主体法的角度将经理与商主体分开，强调其为一种身份关系；而后者（民法典模式）则从行为法的角度解析经理与商主体的关系，突出其为一种契约关系。有学者分析认为，两种模式的背后，其实隐含着不同的价值取向：前者对经理地位的安排更多地侧重于强制性规范，以满足经理的权力保障；而后者将经理置于契约当事人地位，侧重于任意性规范，赋予经理以契约上的权利。〔1〕

不过，无论是商法典模式还是民法典模式，其中有关经理的规定，按其性质，均为一般规定，只能作为公司经理的制度基础。〔2〕对于合作社经理来说，商法典或民法典中的相关规定，更是基础的基础，因为合作社经理制度往往还大量“借鉴”公司经理制度。为此，合作社经理制度设计，除了应当遵循商法典或民法典相关规定外，还应当符合合作社法与合作社章程的规定。合作社章程的作用不可小视，有时甚至起着一种不可代替的核心作用，这是因为各国企业立法（包括合作社立法）对经理设置及其职权范围大多采取“放任主义”政策。

三、经理的法律地位

经理的法律地位主要体现在以下几个方面：

（一）经理是合作社的任意机关

任意机关相对于必设机关而言。经理设置与否，属于合作

〔1〕 参见王保树、钱玉林：“经理法律地位之比较研究”，载《法学评论》2002年第2期。

〔2〕 参见范健、王建文：《公司法》（第3版），法律出版社2011年版，第403页。

社自治范围内的事项。合作社有权根据业务需要决定是否设置经理。因此，经理是合作社的任意机关。

先就公司经理来说。我国旧《公司法》规定，经理是必设机关，亦即无论有限责任公司还是股份有限公司，均须设置经理。2005 年修订后的《公司法》，对有限责任公司经理制度作了修改，规定“有限责任公司可以设经理”。这样，有限责任公司经理的性质由必设机关摇身一变而为任意机关。这无疑是立法理念上的一大进步。

再以合作社经理而论。从比较立法例考察，《德国工商业与经济合作社法》第 42 条第 1 款、《瑞士债法典》第 898 条等国外不少国家或地区相关立法均将经理定位于合作社的任意机关。我国《农民专业合作社法》第 35 条第 1 款亦规定，农民专业合作社的理事长或者理事会可以按照社员大会的决定聘任经理。“可以”二字即表明，在我国，经理也是合作社的任意机关。这就意味着，如果合作社人数较少或规模较小，完全可以不必聘任经理，而由理事会或理事长直接负责合作社的经营管理工作，这样，可以节约经营成本。

（二）经理是合作社的辅助业务执行机关

理事会，从法律地位上说，是合作社的执行机关，而经理的职能则是辅助理事会执行业务，具体负责合作社的日常经营管理工作。我国《农民专业合作社法》第 35 条第 2 款即明确规定：“经理按照章程规定和理事长或者理事会授权，负责具体生产经营活动。”因此，经理是合作社的辅助业务执行机关。在国外，经理亦被称为“商业辅助人”。

合作社经理由合作社理事会聘任与解聘。在法律性质上，经理从属于理事会，是理事会的下属机关。理事会虽然是合作社的执行机关，但是，由于理事大多甚至全部由社员充任（有些国家合作社法规定理事必须从社员中选任），而囿于社员的经营管理经验与能力，于是，理事会不得不再将合作社经营管理权委托给作为经营管理专家的经理行使，出现了所谓转委托（sub-delegation）。不过，经理应当在合作社章程规定和理事长或理事会授权范围内行使职权，对此，我国《农民专业合作社法》第35条第2款有明确规定。如果因为越权行使职权而给合作社造成损失，经理应当承担损害赔偿责任。从这方面来说，经理可谓理事会的“替身”。

（三）经理是合作社的代理人

经理受合作社的委托，对内协助理事会处理合作社的日常业务，对外代表合作社。在对外关系上，经理所为一切行为，其效果直接归属于合作社。因此，经理是合作社的代理人。由于合作社是商事主体，经理所从事的为商事活动，因此，经理为商事代理人。基于代理权发生的原因不同，代理可以分为法定代理、指定代理和意定代理。其中，代理权因本人授权行为而发生者，为意定代理，又称委托代理。[1]经理系受合作社的委托从事经营管理活动，因此，经理与合作社之间属于委托代理，经理是委托代理人。

（四）经理是合作社的高级雇员

经理与理事不同。理事由社员大会选举产生，而经理系由理事会聘任，并非通过选举产生。经理与合作社之间是雇佣关系，经理本质上是合作社的雇员，只是相对于其他雇员而言，由于其具体负责合作社的生产经营活动，因此是所谓的高级雇员。《美国示范公司法》第1.40小节规定：“雇员包含高级职员但不包含董事。”在英美法中，“officer”与“director”（董事）

〔1〕梁慧星：《民法总则》（第4版），法律出版社2011年版，第230页。

判然有别，而“officer”（高级职员，亦译高级管理人员）这一概念即包含经理。这说明，经理与董事的地位有别，性质有异。公司经理如此，合作社经理亦不例外，都是负责执行执行机关的决议，并负责日常经营管理工作的人员。

正因为是雇员，所以经理没有一定的任期，理事会可以随时解聘。当然，如果理事会没有正当事由解任经理，致经理受损害的，合作社应对经理承担赔偿责任。反之，如果经理无故辞职，造成合作社损失，经理也应当对合作社承担损害赔偿责任。这样，才符合法律的公平原则。

四、经理的任免

（一）任免机关

经理是理事会的辅助业务执行机关，因此，经理原则上应由理事会任免。根据其他国家与地区相关立法例，经理任免权一般由理事会行使，以便经理在理事会指挥与监督下更好执行业务。当然，不少国家与地区相关立法例同时也规定，社员大会作为合作社的最高权力机关，有权对理事会上述权力实施监督，以确保其依法依章（合作社章程）行使。此乃保护合作社及其社员合法权益的合理规定。

根据我国《农民专业合作社法》第35条第1款的规定，理事长或理事会可以聘任经理，但应当按照社员大会的决定进行。也就是说，在我国，聘任农民专业合作社经理的最终决定权在社员大会而不在理事会。我国现行《农民专业合作社法》之所以如此规定，笔者认为，应当是立法者基于合作社的特殊性质而作出的慎重选择。在效率与公平两者之间，我国合作社立法明显倾向公平。这对于“民有”“民治”“民享”的合作社这一独特经济组织来说，亦无不可，有利于保证社员权利的充分行使。

另外，我国《农民专业合作社法》第35条第1款只规定“聘任经理”而未提及“解聘经理”，但根据法律解释学，解聘经理同样应由理事长或理事会向社员大会提出，由社员大会决定。

（二）任免程序

理事会任免经理，一般通过决议方式作出。该决议属于普通决议，亦即过半数理事通过即可作出任免经理的决议，除非法律或合作社章程另有规定。

上文已述，在我国，任免合作社经理，由社员大会决定。我国《农民专业合作社法》第30条规定，农民专业合作社召开社员大会，出席人数应当达到社员总数2/3以上。社员大会作出决议，应当由本社社员表决权总数过半数通过；作出修改章程或者合并、分立、解散，以及设立、加入联合社的决议应当由本社社员表决权总数的2/3以上通过。章程对表决权数有较高规定的，从其规定。据此，社员大会作出“聘用”经理的决定，应当符合下列条件：①出席社员大会人数应当达到社员总数2/3以上；②本社社员表决权总数过半数通过。当然，如果农民专业合作社章程对表决权数有较高规定的，则从其规定。

（三）经理人数

经理设置与否，既属合作社自治范围内事项，那么，经理人数及其职称更可由合作社根据其自身情况而自行决定。

就公司经理而言，我国台湾地区“公司法”在2001年以前曾对经理职称予以“法定化”，后来考虑到，此乃私法自治范围内事项，法律完全没有必要介入，故在2001年修法时将其予以删除。[1]此一修法理念，对于合作社立法具有参考借鉴意义。

〔1〕王文宇：《公司法论》，中国政法大学出版社2004年版，第120页。

因为，合作社与公司同为企业，合作社法与公司法同为私法，两者间存在诸多共性。

我国现行相关立法对于经理人数没有作出规定，不失为明智之举。我国《农民专业合作社法》第29条第1款第（六）项即规定，社员大会有权“决定聘用经营管理人员和专业技术人员的数量、资格和任期”。对于合作社经理人数，完全可以而且应当由合作社根据其自身情况作出规定。

五、经理的职权

（一）经理权

所谓经理权，是指经理经商号授权，有为商号管理事务及签名之权。[1]

从性质上说，经理权属于代理权，并且属于商事代理权。通说认为，《德国商法典》（第48条及以下）、《瑞士债法典》（第458条及以下）以及《日本商法典》（第37条、第38条）等规定的经理权均为代理权。[2]《德国工商业与经济合作社法》第42条第1款规定：“合作社可以根据《商法典》第48条至第53条的规定授予代理权。”可见，合作社的经理权在性质上亦为代理权。不过，经理权中的“权”，是“权力”（power），而非“权利”（right），因为，其行使并非为了经理的利益，而权利则与利益密不可分。

经理权既为代理权，自然与代表权存在区别，这从我国台湾地区“民法典”第555条的“变迁史”亦可察知。该条原本规定：“经理人，就所任之事务，视为有代表（着重号为笔者所

〔1〕 陈自强：《代理权与经理权之间——民商合一与民商分立》，北京大学出版社2008年版，第118页。

〔2〕 转引自陈自强：《代理权与经理权之间——民商合一与民商分立》，北京大学出版社2008年版，第120页。

加）商号为原告或被告或其他一切诉讼上行为之权。”1999 年，我国台湾地区在对“民法典”债编进行修正时，将其中的“代表”二字改为“代理”，其修正理由谓：“经理人为商号法定之委任代理人，其与商号间，无论民事上或诉讼上均为代理关系，为避免疑义，爰将‘代表’二字修正为‘代理’。”〔1〕

（二）经理职权

1. 经理权与经理职权辨析

在我国，由于经理权研究起步较晚，因此不少人将经理权和经理职权混为一谈。实则，经理权和经理职权并不完全相同。

经理权是一个抽象的概念，基于经理身份而产生。一旦明确了经理身份，即明确了经理权。即使章程对其予以限制，也不得以之对抗善意第三人。经理权主要用于调整外部关系。相较于经理权，经理职权是一个具体的概念，是由法律或章程规定的经理可以享有的各种具体权力。经理职权主要用于调整内部关系。〔2〕可见，经理权与经理职权是抽象与具体的关系，前者是后者产生的基础与依据。〔3〕

2. 经理职权的授予

（1）授予主体。经理虽然由理事会聘任，但经理职权的授予主体却是合作社而非理事会。我国澳门地区《商法典》第 64 条第 1 款对此作出了明确规定，即经理“系指商业企业主委任的经营企业之人”。《意大利民法典》第 2203 条亦同样规定，经理是“接受企业主的委托经营商业企业的人”。可见，经理职权的授予主体是“企业主”，即合作社，而非作为“企业主”机

〔1〕 元照编辑委员会：《民法》，元照出版公司 2005 年版，第 203 页。

〔2〕 参见范健、王建文：《公司法》（第 3 版），法律出版社 2011 年版，第 405 页及以下。

〔3〕 刘殿葵：《公司经理人法律问题研究》，法律出版社 2008 年版，第 90 页。

关的理事会。

（2）授予方式。经理职权的授予往往通过章程或契约的方式进行。例如，我国《农民专业合作社法》第35条第2款即规定："经理按照章程规定和理事长或者理事会授权，负责具体生产经营活动。"

3. 经理职权的内容

（1）章定优于法定原则。关于经理的具体职权，无论是公司经理的职权，还是合作社经理的职权，不少国家公司法与合作社法并未作出明确规定，而是任由公司与合作社实行"意思自治"。即使"越俎代庖"作出相应规定的国家，也大多实行"章定优于法定"原则。例如，我国《公司法》即明确规定："公司章程另有规定的，从其规定。"

我国《农民专业合作社法》对于经理职权亦未作规定。这样，农民专业合作社经理职权的大小，取决于其章程规定与理事会授权。笔者认为，我国现行立法对经理职权作出"白纸规定"，符合经理职权的性质，也有利于理顺经理与理事会的关系。

（2）经理职权的内容。上文已述，经理职权原则上由合作社章程予以规定，或由理事会授予。实践中，经理职权大多围绕合作社日常生产经营活动授予，如主持合作社的生产经营管理工作；组织实施理事会决议；组织实施合作社年度经营计划；监督指挥由其聘任的人员；等等。

经理职权的确定涉及经理与理事会的关系。经理由理事会聘任。实际上，经理是理事会的执行机关与辅助机关。相较于经理，理事会是决策机关。有学者认为，理事会是"权"的代表，而经理应当发挥"能"的作用。[1]或者说，理事会负责合

---

〔1〕 尹树生：《合作经济概论》，三民书局股份有限公司1986年版，第66页。

作社“where to go”（去哪儿），而经理则负责合作社“how to go”（怎么去）。

4. 经理职权的限制

经理职权既由合作社授予，那么，合作社当然有权对其予以限制。不过，此种限制一般只能“对内”，不能“对外”，亦即不得对抗善意第三人。善意第三人受表见代理制度保护。之所以如此，旨在保护相对人利益，进而保护交易安全。

六、经理的义务与责任

为了保证经理正确行使职权，防止滥权、失职等行为发生，保护合作社及其社员乃至其他利益相关者的利益，合作社立法有必要针对经理“量身定做”，设计出科学合理的义务与责任体系。以下即分别探讨经理应当履行的义务和应当承担的责任。

（一）经理的义务

经理在执行职务过程中，负有下列义务：

1. 忠实义务与注意义务

合作社经理，一如合作社理事与监事，对合作社负有忠实义务与注意义务。对此，前文已述，兹不赘。

2. 基于委托关系而产生的义务

合作社经理与合作社之间是委托关系，合作社是委托人，经理是受托人。作为受托人的经理，对于作为委托人的合作社，自然负有基于委托关系而产生的相应义务。

3. 竞业禁止义务

经理既受合作社委托，自应“全心全意”为合作社服务。因此之故，合作社经理不得兼任其他营利企业的经理，并不得自营或为他人经营同类业务。否则，合作社有权行使归入权，并有权解聘经理。竞业禁止义务旨在防止利益冲突，以期实现合作社利益最大化。我国《农民专业合作社法》第 37 条规定：

“农民专业合作社的理事长、理事、经理不得兼任业务性质相同的其他农民专业合作社的理事长、理事、监事、经理。”此即经理的竞业禁止义务。

4. 遵守法律、章程及决议的义务

合作社经理应当遵守法律、合作社章程以及社员大会、理事会决议。违反义务，致合作社受损害的，经理应当对合作社承担赔偿责任。

5. 监督指挥其所聘人员的义务

经理由理事会聘任，合作社其他职员由经理聘任。经理对由其聘任的人员负有监督与指挥的义务，以保证合作社社务与业务顺利进行。

（二）经理的责任

经理违反义务，当然应当承担不利的法律后果，此乃经理的责任。经理的责任，具体划分为经理对于合作社的责任与经理对于第三人的责任。

1. 经理对于合作社的责任

经理对于合作社负有忠实义务。经理因违反忠实义务而取得的收入，合作社享有归入权。我国《农民专业合作社法》第36条第2款前段规定：“理事长、理事和管理人员违反前款规定所得的收入，应当归本社所有。”其中“管理人员”即包含经理。

经理在执行职务时违反合作社法与合作社章程的规定，给合作社造成损失的，应当承担损害赔偿责任。我国《农民专业合作社法》第36条第2款后段即规定，理事长、理事和管理人员违反前款规定，“给本社造成损失的，应当承担赔偿责任”。

事实上，经理与合作社之间还是一种委托合同关系，经理因违反义务而承担的责任，也是一种违约责任。在发生侵权责任与违约责任竞合的场合，合作社享有选择权。

2. 经理对于第三人的责任

经理在执行职务时因违反义务致第三人受损害的，其应否对第三人承担损害赔偿责任？对此，我国现行相关法律并未作出明确规定。笔者认为，为了加强对经理的监督管理，进一步完善约束机制，我国未来相关立法应当明确规定，经理在执行职务过程中，因违反义务致第三人受损害的，经理应当与合作社对第三人承担连带赔偿责任。

应当指出，我们在对当事人义务与权利进行制度设计时，不可顾此失彼，而应统筹兼顾。如果一味强调当事人义务而忽视其权利，那么，难以调动当事人的积极性。鉴于经理在合作社治理结构中所处的重要地位，其权利体系设计与保护更应受到我们的高度重视。因为这不仅关系经理本人的利益，而且关系合作社的健康发展，最终关系社员利益。笔者认为，经理应当享有的权利，以剩余索取权最为重要。有鉴于此，本书特设专节，以集中讨论经营者激励机制设计。

第二节　经营者激励机制设计

合作社虽然号称“民主控制”的企业，但其毕竟不同于业主制企业。在业主制企业，由于所有者直接经营管理企业，所有权与控制权高度统一，因此，不存在对经营者实施监督的问题。但在合作社中，尤其是在社员人数众多、规模较大的合作社中，由于社员不可能全部参加合作社的经营管理，因此，必然存在委托-代理关系。代理人无论经由聘任产生还是由社员兼任，都有可能追求自身效用的最大化，而置委托人利益于不顾。为了保证代理人行为符合委托人利益，针对委托人的约束机制便不可或缺。但是，由于信息不对称的存在以及契约的不完全性，针对委托人的约束只是解决代理问题的必要条件而非充分条件。为了有效降低代理成本，进而保护委托人利益，必须在进一步完善约束机制的同时，根据经济学中的“经济人”假设原理与管理学中的“自我实现”假设原理，对经营者实施激励，[1]旨在将对个人效用最大化的追求转化为对合作社利益最大化的追求。

解决经营者代理问题，我国法学界历来重视约束机制而忽视激励机制，即重约束、轻激励。笔者认为，为了有效降低代理成本，约束机制固然不可或缺，但从某种意义上说，激励机制更显重要。世界著名管理学家巴纳德即曾说过，在现代社会，无论对于个人还是组织，激励都不可或缺。[2]一般来说，在经营者工作能力既定的情况下，其工作绩效在很大程度上取决于其努力程度，而努力程度与激励正相关，用公式表示即是：工作绩效=f（能力×激励）。[3]激励理论（incentive theory）之所以广受经济学、管理学等众多学科青睐，原因在此。

一、经营者激励机制设计的现状：我国现行相关立法述评

如果说，我国现行《农民专业合作社法》中针对经营者的约束机制只是有欠完善的话，那么，激励机制则是名副其实的制度缺失，因为通览整部法律，经营者激励机制实在是“芳踪”难觅！之所以如此，如果从深层次分析，不能不说与我国传统文化有关。在我国，长期以来推崇义务本位，忽视权利的存在

---

〔1〕 高明华等：《公司治理学》，中国经济出版社 2009 年版，第 183 页。

〔2〕 席酉民、赵增耀：《公司治理》，高等教育出版社 2004 年版，第 156 页。

〔3〕 刘俊勇：《公司业绩评价与激励机制》，中国人民大学出版社 2009 年版，第 28 页。

与保障，[1]表现在立法上，则是重对当事人课以义务而轻赋以权利。

（一）对人力资本价值认识不足

严格地说，在我国现行相关立法中，激励因素并非完全没有。根据《农民专业合作社法》第44条第2款的规定，在农民专业合作社可分配盈余中，至少60%须按社员与合作社的交易量（额）比例返还，剩余部分则按出资额比例等进行分配。该条规范设计的初衷即在“激励”社员与合作社进行交易或向合作社投资。此外，该法还在表决权方面向交易量（额）或出资额大的社员倾斜，让他们享有附加表决权。不过，上述激励措施只是针对交易量（额）或出资额大的社员。至于针对经营者的激励机制，现行立法仍是一片空白，属于法律解释学上所谓的“法律漏洞”。实则，作为人力资本的所有者，经营者对于农民合作社可能作出的贡献丝毫不亚于上述两类社员，甚至可以说，农民合作社的“兴亡”在更大程度上系于经营者努力与否及其努力程度。有鉴于此，经营者激励机制在立法上便不应忽视。

（二）忽视精神激励的作用

长期以来，我们对精神激励与物质激励常常持极端的态度。在实行社会主义市场经济以前，迷信精神的作用，忽视物质的力量。崇奉“精神万能”的结果是经济长期停滞不前，教训极为惨痛！而在实行社会主义市场经济以后，则转而相信金钱万能，一切泛物质化，否定精神激励固有的功能。实则，即使在市场经济条件下，对人的激励，物质激励固然不可或缺，但精神激励也并非可有可无。不仅不是可有可无，随着经济社会的

〔1〕 徐行言主编：《中西文化比较》，北京大学出版社2004年版，第240页。

发展，当人的温饱问题基本解决以后，其作用还必将日益凸显。在处理物质激励与精神激励两者的关系上，我们应当借鉴儒家的中庸之道——“无过无不及”（《论语·雍也篇》中说：“中庸之为德也，其至矣乎!”）。我国于2006年10月31日颁布的《农民专业合作社法》缺乏精神激励的内容，不能不说是一大制度缺失。

（三）缺乏经营者责任保险制度

现代企业的经营管理活动是一项极为复杂的活动，由于受主客观条件的限制，经营者在经营过程中难免会出现过失行为（wrongful act），并有可能因此致第三人受损害而负赔偿责任。在这种情况下，如果风险不能有效转嫁出去，不仅会影响第三人民事权益的保护（因为经营者的财力可能有限），而且势必影响经营者主动性与创造性的发挥，并最终导致经营者队伍萎缩。[1]从这个角度说，责任保险也是经营者激励机制的重要组成部分。对此，现行立法不应有所忽视。

（四）激励机制实施的程序与范围有待完善

既曰“机制”，自然是一个“工作系统”。对于激励机制设计而言，仅仅构建一个相对合理的激励体系还不够，还必须统筹兼顾其他环节。否则，制度功能的发挥就有可能受到限制，出现功能不彰的现象。有鉴于此，激励机制实施的程序与范围不可不备。

二、经营者激励机制设计的必要性分析

（一）“约束不足”催生激励机制

俗话说：“寸有所长，尺有所短。”解决合作社中的代理问

---

〔1〕 席酉民、赵增耀主编：《公司治理》，高等教育出版社2004年版，第173页及以下。

题（agency problem），仅仅依靠约束机制尚不能完全奏效，因为约束机制本身天然存在局限性，“约束不足”难以破解。

众所周知，社员大会是合作社的最高权力机关，肩负着监督约束经营者的重责大任。然而，社员大会是会议体机关，而会议体机关的性质决定了其监督职能难以得到充分有效的发挥。这不仅因为社员大会的召集与决议程序繁琐，客观上削弱了社员大会的监督职能，而且因为社员大会必然遭遇“集体行动的困境”，即“有理性的、寻求自我利益的个人不会采取行动以实现他们共同的或集团的利益。”〔1〕在集体行动中，除非存在“强制”或“选择性激励”（selective incentive），否则，难以解决“搭便车”这一难题。每个社员在采取行动时，都会进行成本-收益分析。进行成本-收益分析的结果，谁都不愿意别人搭自己的“便车”，都想自己搭别人的“便车”。这样，个人理性便导致集体非理性，“三个和尚没水喝”由此出现。“搭便车”问题的存在，表明社员大会监督功能有限，社员大会难免“形骸化”，加上我国《农民专业合作社法》将监事会定位于任意机关，于是，合作社治理结构中“约束不足”的问题便非常突出。

退一步说，即使我国未来合作社法在约束机制设计上已臻于完善，合作社治理结构中的代理问题仍然难以彻底解决。这是因为，经营者所从事的经营管理活动是一项极为复杂的工作，其工作努力与否及其努力程度属于“不能观投入”〔2〕——一句话，难以对经营者的经营管理活动实施有效监督。有人曾打过这样的比方：“对工人行为的监督，似乎在日光下进行；对经营

〔1〕［美］曼瑟尔·奥尔森：《集体行动的逻辑》，陈郁等译，格致出版社、上海三联书店、上海人民出版社 1995 年版，第 2 页。

〔2〕周惠中：“经济激励和经济改革”，载汤敏、茅于轼主编：《现代经济学前沿专题》（第 2 集），商务印书馆 1993 年版，第 201 页。

者行为的监督，犹如在月光下实施——由于模糊不清而难以辨识。”[1]由此可见，对于经营者经营管理活动的监督，效果相当有限。“雪上加霜”的是，根据信息经济学原理，在委托-代理关系中，客观上存在“信息不对称”的现象，亦即在信息的占有上，代理人处于明显的优势，而委托人则处于极端的劣势。[2]因此，由处于信息劣势的委托人监督处于信息优势的代理人，即便不说是“难于上青天”，至少可以说，监督效果会大打折扣。

有鉴于此，在合作社治理结构中，仅仅依靠约束机制“一条腿走路”，则难以保证合作社“行稳致远”，还必须重视激励机制的作用。两者应当相辅相成。

（二）人力资本理论呼唤激励机制

西方传统企业理论认为，企业奠基于物质资本之上，物质资本作为生产要素的稀缺程度超过人力资本，因此决定了企业是“资本家”（物质资本家）的企业。[3]“股东至上主义”由此被奉为圭臬。

众所周知，任何理论观点的提出，离不开具体的时代背景。“股东至上主义”当然也不例外，它是针对物质资本普遍稀缺的时代提出来的。然而，到了现代，随着资本市场的发展，物质资本的稀缺程度已有所缓和；[4]同时，随着技术的进步以及专业化程度的提高，人力资本尤其是“企业家才能”在企业中的

---

〔1〕 席酉民、赵增耀：《公司治理》，高等教育出版社 2004 年版，第 156 页及以下。

〔2〕 乌家培等编著：《信息经济学》（第 2 版），高等教育出版社 2007 年版，第 165 页。

〔3〕 卢现祥、朱巧玲主编：《新制度经济学》（第 2 版），北京大学出版社 2012 年版，第 193 页。

〔4〕 已有不少人认为，目前我们所极度缺乏的不是资本，而是企业家与企业家精神。参见张茉楠：“警惕经济泡沫化和实业空心化”，载《南方周末》2010 年 12 月 9 日。

地位与作用急剧上升。新古典经济学大师马歇尔即已将企业家认定为一种独立的生产要素，于是，企业的生产要素由“三要素”（劳动、资本、土地）一变而为“四要素”。〔1〕20 世纪 60 年代，美国经济学家舒尔茨等学者更是将企业家才能当作一种关系企业生存与发展的关键资源（key resources）。〔2〕理论的进步必然带来实践的变革。以企业产权结构而论，即是人力资本所有者应当分享企业的剩余索取权。〔3〕利益相关者理论取代“股东至上主义”，乃大势所趋。〔4〕

上述人力资本地位与作用的变迁，自然也应反映到合作社治理结构的制度设计上面。虽然理论界对于合作社的营利与非营利性质存在争议，但无论如何，合作社作为一种企业组织形式，面对国内外市场的激烈竞争，为了求得生存与发展，不能不关注营利及营利能力。没有营利，合作社服务社员的宗旨即无从实现。所以，营利是基础，是合作社生存与发展的前提。〔5〕如果不能否认合作社的营利性质，那么，就不应否定企业家的作用。美国经济学家熊彼特认为，企业家是经济发展的第一推动力。不过，一个不可忽视的命题是，企业家推动力的大小与其是否被激励以及激励程度正相关，而激励最为有效的方法之一即是让其参与分配，分享企业盈余。

---

〔1〕 尹伯成主编：《西方经济学简明教程》（第 6 版），上海人民出版社 2008 年版，第 55 页。

〔2〕 卢现祥、朱巧玲主编：《新制度经济学》（第 2 版），北京大学出版社 2012 年版，第 221 页。

〔3〕 方福前：《当代西方经济学主要流派》，中国人民大学出版社 2004 年版，第 294 页。

〔4〕 江若玫、靳云汇：《企业利益相关者理论与应用研究》，北京大学出版社 2009 年版，第 25 页。

〔5〕 夏冬泓、杨杰：“合作社收益及其归属新探”，载《农业经济问题》2010 年第 4 期。

三、经营者激励机制设计的内容

（一）物质激励

激励，大而别之，分为物质激励与精神激励，其中物质激励是激励体系的重心。之所以应当重视物质激励，从本质意义上说，是经济人假设条件下的必然选择——在市场经济条件下，经济人均以追求自身利益最大化为目标。美国著名管理学家罗宾斯教授在谈到激励机制时便直截了当地说："Don't ignore money!"[1]为此，我们在构建激励体系时，应当重视物质激励，而在物质激励中，又须考虑其内部结构，切忌顾此失彼。

1. 固定薪酬：薪金

经营者的薪酬结构一般都包括薪金。薪金的最大特点是稳定，它不受经营者所在企业经营状况、经营绩效的影响。薪金实际上对经营者起到了"社会保障"的作用，尤其对于那些厌恶风险的经营者来说，薪金更是不可或缺。但其缺点也很明显，即对经营者起不到任何激励作用。因此，薪金在经营者薪酬结构中的比例不能过高，过高便难以调动经营者的积极性、主动性与创造性，因而对企业长期发展不利。

2. 浮动薪酬：剩余索取权

在国外，激励体系中占主导地位的是长期激励，其中尤以股票期权（stock option）最为普遍。股票期权最初产生于美国，现已为西方国家广泛采用，不仅证券市场较为发达的美英等国对股票期权"钟爱有加"，即使在德、日等国，股票期权也渐受"追捧"。[2]据统计，目前世界500强中，已有89.4%的企业实

---

〔1〕 See Stephen P. Robbins etc., *Management*（影印本），8th edition，清华大学出版社2005年版，p.416.

〔2〕 高明华等：《公司治理学》，中国经济出版社2009年版，第193页。

施股票期权。[1]股票期权的核心作用在于将经营者的利益与企业的长远发展“捆绑”在一起，让经营者与企业“同呼吸”“共命运”“共存亡”。这样，从消极方面来说，可以防止或减少经营者的逆向选择与道德风险等机会主义行为；从积极方面来说，可以激励经营者不断努力，充分发挥其经营的积极性、主动性与创造性，通过对自身利益最大化的追求来实现企业价值的最大化。

然而，股票期权计划却难以在合作社中“复制”，因为股票期权的实施以存在一个有效的股票市场为条件。我们知道，在合作社中，虽然社员可以退社，但其股份一般不能上市交易，更不存在一个有效的股票交易市场，因此股票期权无从适用。不过，好在“天无绝人之路”，我们可以转而求助其他的长期激励措施，如赋予经营者一定的剩余索取权（residual claim）即不失为一个理想的选择。

赋予经营者一定的剩余索取权是一种“强烈而全面的终极激励手段”。[2]有学者指出，我国实行的家庭承包经营责任制即其适例。十一届三中全会以前，政府想方设法想把农业搞上去，结果均告失败，广大农民因此长期处于半饥饿状态。而一旦包产到户，短短几年，农业生产就发生了翻天覆地的变化，解决了几十年一直未能解决的难题。为什么？关键即在于赋予农民一定的剩余索取权。赋予农民剩余索取权，就可以极大调动农民生产的积极性。[3]

---

〔1〕 李维安主编：《公司治理学》（第3版），高等教育出版社2016年版，第127页。

〔2〕 周惠中：“经济激励和经济改革”，载汤敏、茅于轼主编：《现代经济学前沿专题》（第2集），商务印书馆1993年版，第218页。

〔3〕 田国强：“激励、信息及经济机制设计理论”，载汤敏、茅于轼主编：《现代经济学前沿专题》（第1集），商务印书馆1989年版，第42页。

现代企业理论认为，剩余控制权与剩余索取权具有高度的互补性，两者应当统一，不统一会造成企业效率损失。[1]由于契约的不完全性与信息的非对称性，导致企业经营者在客观上“分享”了企业的部分剩余控制权。如果经营者不享有剩余索取权，那么，不仅其积极性、主动性与创造性难以被调动起来，而且他还很有可能利用手中掌握的剩余控制权侵蚀企业的剩余资产。从本质上说，赋予经营者部分剩余索取权，旨在利用经营者利己动机达到利他目标，即通过受托人追求自身利益最大化来实现委托人利益最大化。

基于上述，应对我国现行《农民专业合作社法》进行相应的制度完善，即：以农民专业合作社一定期间内（可以经营者的任职期间为准）可分配盈余的一定比例作为经营者的报酬。至于具体比例，可交由社员大会决定或通过章程规定。不过，为了防止经营者操纵以“自肥”，《农民专业合作社法》应当明确规定该比例的上下限。无论是法定比例还是章定比例，都应当合理。因为，如果过低，达不到激励效果；过高，又有悖合作社的“民享”性质。该项内容以置于《农民专业合作社法》第44条为宜。这样，一个相对完整、合理的物质激励体系（精神激励的内容应放在总则篇）就集中呈现出来了。

应当承认，我们在进行该项制度设计时的确面临着“两难”选择。因为，从性质上说，合作社毕竟不同于公司，如果赋予合作社的经营者以剩余索取权，似乎与合作社的宗旨与原则不符——合作社是社员“联合所有”，旨在满足社员共同需求的经济组织，如果合作社的经营者亦享有合作社的剩余索取权，那么，不免“侵蚀”了社员利益。但是，另一方面，如果缺乏相

〔1〕卢现祥、朱巧玲主编：《新制度经济学》（第2版），北京大学出版社2012年版，第189页。

应的激励机制，合作社的经营者不仅难以产生创新冲动，[1]而且极易产生偷懒等道德风险，而单纯依靠约束机制，又难以奏效。天下实难有两全之策！面对这一两难选择，我们只能根据“两害相权取其轻”的原则，赋予经营者以“部分”剩余索取权。这样，既不过于背离合作社的宗旨与原则，又能充分发挥经营者的积极性、主动性与创造性，使其为实现合作社及其社员利益最大化而不断努力工作。由此说来，上述制度设计虽然算不上最优（first best），但至少可以称得上次优（second best），是一种较为现实的法律制度设计。

进一步而论，国际合作社联盟所确认的合作社应当遵循的基本原则，其中有一项是资本报酬有限原则。如果我们对资本报酬有限原则中的“资本”二字作扩大解释，则资本既包括物质资本，也包括人力资本。由于合作社的经营者是人力资本的所有者，因此，赋予合作社的经营者以部分剩余索取权并未动摇合作社的基本原则。

（二）精神激励

激励包括物质与精神两个方面。此前我国不少学者特别推崇精神激励的功能，认为解决我国当前严重存在的代理问题应以精神激励为主。[2]笔者虽不认同“以精神激励为主”这一提法，但并不否认精神激励的作用。

美国著名心理学家马斯洛教授的“需要层次论”（hierarchy of needs theory）认为，人一旦满足了低层次的需要（如生存的需要与安全的需要），就会产生高层次的需要，其中包括社会的

---

〔1〕 雷兴虎、刘水林：“农业合作社的法律问题探讨”，载《中国法学》2004年第5期。

〔2〕 高程德主编：《现代公司理论》（第2版），北京大学出版社2006年版，第234页。

需要、尊重的需要以及自我实现的需要等。[1]我国古代更是提倡“三不朽”，即立德、立功、立言。诚可谓“中外一理”。这说明，人的需要具有多元化与多层次的特征。随着经济的发展与社会的进步，人的需要结构发生了变化，需要层次也“更上一层楼”，表现在精神需要的比重加大，人越来越注重“社会的需要”“尊重的需要”“自我实现的需要”或“立德”“立功”等。为此，我们在进行相关制度设计时，应顺应上述发展趋势，从制度上保证人的高层次需要得以满足或立德、立功的愿望得以实现，从而有针对性地调动人的积极性，进而推动我国合作社事业健康快速发展。

我国不少法律都有精神激励的内容，如《农业法》第 8 条第 2 款即明确规定：“国家对发展农业和农村经济有显著成绩的单位和个人，给予奖励。”但是，我国于 2006 年 10 月 31 日颁布的《农民专业合作社法》对此却有所“忽略”，这不能不说是我国合作社立法的一大漏洞。值得欣慰的是，《农民专业合作社法》于 2017 年 12 月 27 日修订时对此立法漏洞进行了填补。修订后的《农民专业合作社法》第 10 条第 3 款规定：“对发展农民专业合作社事业作出突出贡献的单位和个人，按照国家有关规定予以表彰和奖励。”该条是对 2006 年 10 月 31 日颁布的《农民专业合作社法》第 8 条的进一步补充与完善。

笔者提倡激励体系应当科学合理，既是指物质激励内部，结构应当合理；同时也是指物质激励与精神激励应当相辅相成，不可或缺其一。实行物质激励与精神激励“双管齐下”，有利于吸引更多的经营管理人才投身合作社事业，培育一大批合作社企业家。日本的企业之所以在世界范围内独树一帜，在很大程

---

〔1〕 转引自周三多主编：《管理学》（第 2 版），高等教育出版社 2005 年版，第 239 页及以下。

度上即归功于精神激励的巧妙运用。

（三）经营者责任保险

经营者责任保险制度除了能够保护第三人利益外，对经营者还能起到激励作用——激励经营者大胆经营，不断开拓创新。如果没有责任保险制度，经营者基于“自保”考虑有可能选择保守经营，“前怕狼、后怕虎”，“不求有功、但求无过”。经营者保守经营的结果，最终必将导致合作社及其社员利益受损。

在西方国家，职业责任保险非常发达，其中最为普及的险种即董事及高级管理人员责任保险（directors and officers liability insurance，简称 D&O 保险）。D&O 保险主要是“为公司、企业及其他机构的董事和高级职员对第三方的经济损失应负的责任提供保障”。[1] 我国于 2001 年 8 月颁布的《关于在上市公司建立独立董事制度的指导意见》和 2002 年 1 月颁布的《上市公司治理准则》分别为独立董事和董事建立了责任保险制度。但是，总的来说，责任保险在我国还很不发达，制度建设更是相对滞后。以我国合作社立法而论，经营者责任保险制度即尚付阙如。鉴于经营者责任保险具有激励功能，我国未来合作社立法对此应当予以补充。

我国未来立法在引进经营者责任保险时应当明确规定，经营者责任保险的承保标的是经营者的过失行为。非过失行为，如经营者违反法律行政法规的行为，违反合作社章程以及社员大会决议的行为等，均不在承保范围之内，亦即不受责任保险的“保护”，以防止经营者道德风险的发生。

（四）激励机制实施的程序与范围

一项制度设计只有“成龙配套”，才有可能发挥其整体的功

---

〔1〕 邓晓辉、李好好：“董事与高级职员的责任保险制度述评”，载《外国经济与管理》2002 年第 8 期。

能。就激励机制的设计而论，如果仅仅从立法上规定一个合理的激励体系还不算“功德圆满”，还必须进一步明确激励机制实施的程序与范围。

激励机制实施的程序涉及由谁决定实施激励，而激励机制实施的范围则是指对谁实施激励。在我国国有企业改革过程中，由于所有者“虚位”，曾经出现过经营者“自我激励”的方式。“自我激励”的实施损害了国家与人民的利益，是一种典型的“慷他人之慨”的违法行为。在合作社中，当然应该禁止这种非法激励方式，以防止经营者借机“蚕食”或“鲸吞”合作社及其社员的利益。

迄止目前，我国民商法学界很少有人讨论合作社的激励机制，遑论合作社激励机制的实施程序。只是有学者讨论了公司激励机制的实施程序，认为公司激励机制的实施“无须提交股东大会投票表决”，径由董事会决定即可。[1]如果说，此种观点系为公司“量身定做”、因此不乏一定的合理性，[2]那么，其对于合作社却未必适用，因为合作社与公司这两种企业组织形式在组织原则上存在重大区别。

对于合作社这种企业组织形式而言，最为重要的一项原则即为“民主控制”。为了实现“民主控制”，“合作社的方针和重大事项由社员积极参与决定”（国际合作社联盟对于“社员民主控制”所作的解释）。由于合作社激励机制的实施影响到全体社员的切身利益，自然属于合作社的“重大事项”，因此，应由社员大会决定。当然，在社员人数较多的情况下，为了降低集

---

〔1〕 高程德主编：《现代公司理论》（第2版），北京大学出版社2006年版，第230页。

〔2〕 其实，在美国的公司实践中，经营者激励机制的实施往往由股东会决定。参见冯震宇：《公司证券重要争议问题研究》，北京大学出版社2008年版，第25页。

体决策的成本，提高决策效率，亦可由社员大会授权社员代表大会决定。

至于激励机制实施的范围，笔者认为不宜过宽，应以肩负合作社经营管理职责、对合作社经营绩效的提高具有重大影响的经营者为限。这不仅因为合作社在性质上属于非营利企业，营利能力有限；而且，如果激励范围过宽，将不免“蚕食”社员的利益，这在一定程度上有违合作社“民享”的性质。若从比较立法例考察，《德国工商业与经济合作社法》第36条第2款即明确将监事排除在激励机制实施的范围之外。

第三节　本章小结

合作社经理是负责合作社日常经营管理活动的辅助业务执行机关。合作社经理在很大程度上影响合作社功能的实现及其实现程度。合作社经理制度是合作社治理结构中不可或缺的重要一环。

经理的立法模式，因民商分立与民商合一而有所不同，或规定于商法典，或规定于民法典。但无论是商法典模式还是民法典模式，其中有关经理的规定，按其性质，均为一般规定，只能作为合作社经理的制度基础。

经理的法律地位主要表现在：经理是合作社的任意机关；经理是合作社的辅助业务执行机关；经理是合作社的代理人；经理是合作社的高级雇员。

经理一般由理事会任免。半数以上理事通过，即可作出任免经理的决议。但各国立法例并不完全一致。在我国，任免经理的决定权在社员大会。各国法律对于经理人数均不作出规定，而是交由合作社章程处理。

所谓经理权，是指经理经商号授权，有为商号管理事务及签名之权。经理权属于代理权，与代表权有别。经理权与经理职权并不完全相同，后者基于前者而产生。经理职权是经理基于法律和合作社章程享有的各种具体权力。经理职权的授予主体为合作社，授予方式则通过章程或契约。经理职权的具体内容，或由章程规定，或由理事会授予。合作社有权对经理职权予以限制，但不得对抗善意第三人，以保护第三人，进而保护交易安全。

经理的义务表现在：忠实义务与注意义务，基于委托关系而产生的义务，竞业禁止义务，遵守法律、章程及决议的义务，监督指挥其所聘人员的义务。经理的责任分为对于合作社的责任和对于第三人的责任。经理违反义务，致合作社或第三人受损害时，应当对合作社或第三人承担损害赔偿责任。

合作社中同样存在委托-代理关系。为了降低代理成本，保护委托人利益，我们在注重约束机制的同时，应当建立健全激励机制。

之所以应当对经营者实施激励，从本质上说，是由于单纯依靠约束机制难以对经营者实施有效监督。

激励体系，从大的方面说，包括物质激励与精神激励。物质激励除了固定薪酬，还包括浮动薪酬。我国未来立法应当高度重视浮动薪酬即剩余索取权的激励功能。与此同时，精神激励也不应受到忽视。在构建激励体系时，经营者责任保险应是其中不可或缺的重要一环。激励机制设计应当“成龙配套”，未来立法在规定科学合理的激励体系的同时，还应当规定激励机制实施的程序与范围，以充分发挥制度的功能与效用。

第八章 结　论

合作社是市场经济的产物，存在市场经济即必然存在合作社，因为市场经济难免“催生”弱者，而合作社正是弱者用以自救的有效组织形式。合作社的出现，可以在一定程度上缓解社会矛盾，促进社会和谐。当今世界，合作社经济已与公有制经济和私有制经济鼎足而立。

新中国成立初期，我国即曾在广大农村地区推行农业合作化运动，但由于当时背离了国际公认的合作社的基本原则，导致农业合作社运动无疾而终。改革开放以后，随着农村家庭承包经营制度的推行，为了解决“小农户”与“大市场”的有效对接，农民专业合作社等新型农民合作组织开始兴起。农民专业合作社的出现，改善了农民的经济地位，保护了农民的经济利益，促进了农村经济社会的发展。

但在实践中，包括农民专业合作社在内的各种类型的合作社，其功能并未得到充分发挥，作用远未彰显。究其原因，在很大程度上归咎于合作社治理结构的不完善。我国虽然于2006年颁布了《农民专业合作社法》并于2017年进行了首次修订，但其中关于农民专业合作社治理结构的制度设计却存在着诸多漏洞与瑕疵。为此，需要我们从理论上对相关制度进行深入细致的探讨，以进一步完善合作社立法，进而指导合作社实践。

根据国际合作社联盟的界定，合作社是人们自愿联合，通过联合所有与民主控制的企业，来满足他们共同的经济、社会、文化需求与愿景的自治联合体。合作社的设立旨在为社员服务，合作社的本质属性是所有者与利用者同一，所有者即利用者，利用者即所有者。除了本质属性，合作社还有三个基本属性，即：入社自愿、退社自由、社员民主控制与盈余按交易量（额）比例返还等。正是基于这些本质属性与基本属性，才得以将合作社与其他经济组织明确区分开来。

从比较立法例考察，各国各地区合作社法大多明确规定合作社属于法人。所谓法人，指自然人以外，由法律所创设，得为权利及义务主体的组织体。不过，对于合作社的法人类型，学界却不无争议。我国《民法通则》将法人划分为企业法人与非企业法人；对于企业法人，再按所有制性质进行划分。《民法通则》对于法人的分类过于粗糙，不仅无法囊括所有类型的法人，而且难以区分不同类型的法人。因此，我们应当参照大陆法系的传统分类对我国法人的分类体系予以重构：首先，将法人划分为公法人与私法人；其次，将私法人划分为社团法人与财团法人；再次，将社团法人划分为营利法人与非营利法人；最后，再将非营利法人划分为公益法人与互益法人。按照这一分类体系，合作社属于私法人；由于合作社是“人合”组织，合作社属于社团法人；由于合作社不以营利为目的，合作社属于非营利法人；由于合作社的设立旨在实现社员利益，受益主体特定，合作社属于互益法人。值得一提的是，2017 年通过的《民法总则》，除了根据国际通行经验，将法人划分为营利法人与非营利法人，还特设一节“特别法人”，其中规定机关法人、农村集体经济组织法人、城镇农村的合作经济组织法人、基层群众性自治组织法人，法人分类标准有所进步。

各国合作社法（尤其是合作社基本法）大多基于历史传统与现实国情对合作社进行分类。标准既殊，分类自异。由于我国尚未制定合作社基本法，因此，不存在合作社的法定分类。本书分类系学理上的分类。按设立基础，合作社可以分为社区合作社与专业合作社；按业务，合作社可以分为农业合作社、工业合作社、消费合作社、信用合作社与保险合作社等；按经济行为，合作社可以分为生产合作社、运销合作社、供给合作社、利用合作社、劳动合作社、消费合作社、公用合作社、运输合作社、信用合作社与保险合作社等；按构成成分，合作社可以分为单位合作社与合作社联合社；按社员责任形式，合作社可以分为有限责任合作社、保证责任合作社与无限责任合作社；等等。

作为一种经济组织，合作社与其他经济组织（如合伙企业、公司、集体经济组织等）之间既存在密切联系，更存在明显区别。合作社是一种特殊的经济组织。鉴于合作社与集体经济组织在我国混淆已久，本书重点探讨了合作社与集体经济组织的区别。本书认为，合作社与集体经济组织在属性、范畴、是否承认社员私有财产权、对待社员入退社态度与分配方式等方面均存在重大区别。

一如公司，合作社同样存在委托-代理问题。合作社的经营者无论是由外聘产生还是由社员兼任，作为“经济人”，都有可能以牺牲委托人利益为代价去追求自身利益的最大化。因此，我们应当正视合作社中客观存在的“代理问题”，并从法律上谋求解决之道，以降低代理成本，保护委托人利益。

解决“代理问题”的关键在于对经营者实施约束与激励。约束主要通过社员大会制度与监事会制度进行。完善约束机制的核心在于完善社员权利保护机制，以权利制约权力。与此同时，我们还必须借助激励机制，以“诱导”经营者不断努力工作。换言之，合作社治理结构制度设计实质上即是针对经营者的约束机制与激励机制设计。

在我国，探讨合作社治理结构不仅具有必要性，而且具有紧迫性。合作社治理结构的价值主要体现在以下几个方面：首先，合作社治理结构是合作社有效运行的制度基础；其次，合作社治理结构能够保证合作社科学决策；再次，合作社治理结构能够保护社员及其他利益相关者的合法权益；最后，合作社治理结构能够激发经营者的积极性。

合作社治理结构的目标规定了合作社最终应该达到的状态或结果。合作社治理结构的目标选择，不仅关乎社员的利益，而且关乎其他利益相关者的利益，甚至关乎经济的发展与社会的稳定。因此，不可等闲视之。

合作社虽然是“互助性”经济组织，但其设立与运行不能仅仅满足于保护社员权利，尚须促进其他利益相关者利益的实现。换言之，合作社应当承担社会责任。

从根本上说，合作社承担社会责任缘于合作社的“社会性”与“外部性”。作为社会的一分子，合作社自应对社会承担保护责任。更何况，作为一种经济组织，合作社必然会从事生产经营活动，而从事生产经营活动难免产生负外部性，正是由于这种负外部性的存在，合作社应当承担社会责任。在国际范围内，社会责任思潮呈现“泛组织化”趋势。国际合作社联盟通过的《关于合作社特征的声明》即“与时俱进”地规定了合作社应当承担社会责任的相关内容。

从性质上说，合作社的社会责任既非简单的法律责任，更非单纯的道德责任，而是法律责任与道德责任的结合体。其中，道德责任对于法律责任起着“拾遗补阙”的作用，以克服法律固有的局限性。合作社的社会责任并非漫无边际，更非“企业办社会”，而是有其一定范围。合作社的社会责任，简言之，就是合作社对其他利益相关者承担的保护义务。完善合作社社会责任承担机制，除了应在合作社法的总则编规定原则性、宣示性内容外，还须通过分则编落实落细，其中内容至少包括：完善经营者的义务与责任体系、引进激励机制、建立社会责任报告制度等。

各国合作社治理结构模式受其本国公司治理结构模式影响较大，甚至可以说，合作社治理结构模式是其公司治理结构模式的“翻版”。在国际上，公司治理结构模式有所谓单层制与双层制。单层制只设董事会，不设监事会，英美法系国家行之。双层制则既设董事会，又设监事会，大陆法系的德日等国采之。

我国在传统上属于大陆法系国家，而且《公司法》业已采取双层制。有鉴于此，我国未来合作社基本法亦应采取双层制，即在理事会之外，另设监事会。采取双层制，有利于对经营者实施监督，从而可以有效防止经营者偷懒等机会主义行为，进而降低代理成本，保护委托人利益。

从静态意义上考察，合作社治理结构是由社员大会、理事会、监事会组成的机关体系。从某种意义上说，合作社治理结构表现为“三会”机关设计。

社员大会由社员组成。社员既包括自然人，也包括法人和非法人组织。不过，社员的主体应为自然人（联合社社员除外，因联合社社员为合作社）。这是由自然人相较于法人和非法人组织的弱势地位决定的。正是基于这种弱势地位，自然人（尤其是农民）才需要利用合作社这一法律制度工具。

社员资格分为积极资格与消极资格两个方面。积极资格是社员必须具备的条件，消极资格是社员必须排除的条件。我国现行相关立法对于社员资格的规定过于粗糙，亟须完善。未来，我们在制定合作社基本法时，不仅应当明确社员的积极资格，而且应当完善社员的消极资格，以促进合作社与合作社事业健康快速发展。

社员入社，就是取得新社员的资格。社员入社有三种方式：普通入社、继承入社和受让入社。合作社虽然实行“门户开放”政策，但社员入社必须经过有关机关（如社员大会、社员代表大会或理事会等）作出相应决定才能产生法律效力。社员入社以后，新社员与老社员享有同等的权利，承担同等的义务。对于社员入社，合作社应在一定期间内向主管机关办理变更登记。我国现行《农民专业合作社法》对于社员入社规定得过于原则，不利于规范社员入社行为，因此，应在借鉴其他国家与地区相关立法例的基础上予以完善。

合作社既实行“入社自愿”，也遵从“退社自由”。社员出社，分为自由出社与法定出社。前者出于社员自愿，其中包括预告退社与转让退社。后者基于法定或章定原因，如社员资格的丧失、自然人死亡与法人或非法人组织终止或解散以及除名等。其中，除名由于涉及社员的重大利益，因此，必须严格遵守法定或章定程序，并且应当赋予被除名社员相应的救济权利。社员出社并非一“出”了之，出社社员在特定情况下尚须对合作社债权人承担债务清偿责任。社员出社后，合作社应在法定期间内办理变更登记；否则，不得以之对抗善意第三人。

社员入社以后，即享有相应的权利。社员权利是团体法上的权利，其相对人是合作社。社员权利的多寡取决于合作社立法与实践，从根本上说，取决于经济发展水平。综观其他国家与地区合作社立法与实践，社员的权利主要有：表决权、社员大会召集请求权、选举权与被选举权、罢免权、查阅权与盈余分配请求权等。

根据权利义务相一致的原则，社员既享有权利，也承担义务。社员的义务主要包括：遵守合作社法与合作社章程的义务、出席社员大会并服从社员大会决议的义务、出资的义务以及分担损失的义务等。

社员大会由全体社员组成，是合作社的最高权力机关，也是合作社的必设机关。合作社的一切重大事项必须经过社员大会讨论决定。社员大会的决议集中体现了社员的意志与利益，因此，全体社员必须遵守。

合作社的一切权力属于社员，属于由全体社员组成的社员大会。除非合作社法与合作社章程另有规定，否则，合作社的一切“剩余权力”均归社员大会行使。在合作社中，应当坚持“社员大会中心主义”，以保证社员对于合作社的“民主控制”。之所以坚持“社员大会中心主义”而摒弃公司实践中较为盛行的“董事会中心主义”，从根本上说，缘于合作社的基本性质。

社员大会分为定期社员大会与临时社员大会。定期社员大会，每年至少召开一次。遇有紧急情况，可以随时召开临时社员大会。理事会、监事会以及一定比例以上的社员均可提议召开临时社员大会。合作社如果社员人数较多或规模较大，还可设立社员代表大会。社员代表大会可以依照合作社法与合作社章程的规定行使社员大会的部分或全部职权。但是，社员代表大会不得“侵蚀”社员大会的权力，以保证社员大会“至尊”地位不受动摇，从而实现社员对于合作社的“民主控制”。

社员大会的召集应当依照法定或章定程序进行，否则，对于社员大会作出的决议，异议社员有权提起撤销之诉。我国现行《农民专业合作社法》对于社员大会的召集程序未有规定，是为明显的立法漏洞，亟须在未来进一步修法时予以填补。

由于合作社是“民主控制”的组织，因此，社员大会在表决时实行“一人一票”原则。不过，随着合作社实践的发展，

"一人一票"有所修正，"一人多票"已非鲜见。但是，各国对"一人多票"均有不同程度的限制，以防止权力集中，确保社员对于合作社的"民主控制"，进而保护普通社员利益。社员的表决权既可亲自行使，也可由他人代为行使。社员大会在作出决议时应当实行回避制度，即当社员大会所议事项与社员存在利害关系时，该社员不得行使表决权，也不得代理他人行使表决权。社员大会决议分为普通决议与特别决议。普通决议适用简单多数决，而特别决议应当适应绝对多数决，以保护社员的根本利益。社员大会决议存在瑕疵在所难免，为此，法律应提供相应的救济渠道。瑕疵不同，救济即应有别。如果社员大会决议内容违反了法律、行政法规的，该决议无效。如果社员大会召集程序或表决方式违反了法律、行政法规或合作社章程的，或者决议内容违反了合作社章程，该决议为可撤销，社员或其他利害关系人（如债权人等）可提起撤销之诉。

理事会是由理事组成的合作社的执行机关。由于理事在合作社治理结构中具有举足轻重的地位，因此，各国各地区合作社法无不针对理事资格作出明确规定。理事由社员大会或社员代表大会选举产生。从性质上说，理事选任是契约行为，必须经过被选任人承诺方为有效。理事人数，通常由合作社章程规定，一般不少于 3 人，以便实行集体决策。关于理事任期，各国各地区规定不一；一般都允许连任，但以连任一次为限。理事终任事由主要包括任期届满、辞职、罢免与死亡等，其中任期届满是最为常见的终任事由。

理事既应享有权利，也应承担义务。然而，相较于权利，理事的义务更应受到我们的高度关注，因为其在很大程度上关系到合作社治理结构目标的实现。概而言之，理事的义务主要包括忠实义务与注意义务。忠实义务旨在防止理事与合作社间发生利益冲突，而注意义务则要求理事在执行职务时应当勤勉、尽责，尽到一个善良管理人应有的注意。

理事既负有义务，如果违反义务，致合作社或第三人受损害，即应对合作社或第三人承担损害赔偿责任。对此，各国各地区合作社法大多作出了明文规定。

笔者认为，为了强化对理事的监督，进而保护合作社及其社员的合法权益，我国未来合作社法应当借鉴《公司法》的修订经验，构建社员直接诉讼与代表诉讼制度。社员直接诉讼旨在保护社员个人利益，社员代表诉讼旨在保护合作社利益，当然，其终极目标仍然是保护社员个人利益。

理事会是合作社的执行机关。理事会对内执行合作社的业务，对外代表合作社，理事会的职权可以因此划分为执行权与代表权两大类。

理事会会议分为定期会议与临时会议。理事会由理事长召集与主持。召集理事会，应提前通知各理事。当然，临时理事会除外。理事会应有半数以上理事出席，方可召开。理事原则上应亲自出席会议，确有正当理由，亦可委托其他理事代理出席。

理事会通过召开会议并作出决议的方式行使职权。理事会在表决时严格实行“一人一票”原则，以充分发挥集体的智慧。理事长，除了负责主持社员大会、召集与主持理事会以及对外代表合作社等以外，不享有任何特权。为了规范决策程序、明确决策责任，理事会应当将所议事项的决定作成会议记录，出席会议的理事应当在会议记录上签名。理事会决议如果在内容或程序上存在瑕疵，该决议或无效或为可撤销，社员等利害关系人可提起无效之诉与撤销之诉。

合作社治理结构的核心内涵在于对经营者的约束与激励。

按理说，对于经营者的约束应由社员大会与监事会共同担当。然而，由于社员大会会议体机关的性质以及社员“搭便车”等因素的存在，实践中，对于经营者的约束端赖监事会。监事会是合作社专门且常设的监督机关，担负着监督经营者的重责大任。

监事会由社员大会选举产生的监事组成。为了充分发挥监事会的监督职能，各国各地区合作社法均对监事的资格以及监事的义务与责任等作出了明确规定。监事的资格同样包括积极资格与消极资格。总的来说，监事的义务与责任和理事的义务与责任基本相同，即：监事对于合作社亦负有忠实义务与注意义务；监事在执行职务时，违反法律或合作社章程，致合作社或第三人受损害的，应对合作社或第三人承担损害赔偿责任。关于监事人数，各国各地区合作社法大多只规定下限（一般不少于 3 人）；至于上限，则交由合作社章程规定。

监事会会议由监事会主席召集与支持。监事会主席由监事会选举产生。监事会会议频次不能过低，以充分发挥监督职能。遇有法定或章定情形，可以随时召开临时监事会会议。监事会作出决议，实行“一人一票”原则，每一监事享有一个投票权。监事会决议一般适用简单多数决，半数以上监事同意即可通过。

在行使职权的方式上，监事会与理事会有所不同。理事会必须集体行使职权，而监事会则可以单独行使职权。理事会集体行使职权是为了发挥集体的智慧，而监事会单独行使职权则是为了便于监督的执行——两者性质不同，职权行使方式自然有异。监事会的职权范围主要包括监督权、代表权、社员大会召集权与临时解职权等。监事会的监督权主要体现在业务监督与财务监督两个方面。监事会的代表权只在特定情况下行使，如代表合作社与理事诉讼，代表合作社与理事为法律行为以及代表合作社聘请相关专业人员等。社员大会原则上由理事会召集，但是，在理事会不能召集或不为召集时，则由监事会召集之。根据有些国家合作社法的规定，监事会还享有临时解职权，即：当理事不善尽职责，致合作社有受损害之虞时，监事会有权临时解除其职务。

为了保证监事会能够有效行使职权，笔者认为，我国未来合作社法应当进一步完善相关保障措施，其中包括赋予监事质询权与调查权，允许监事会在必要时聘请相关专业机构与人员协助其工作以及对监事会行使职权所需经费予以保障等。

随着市场竞争的加剧与生产经营管理活动日趋复杂化，在世界范围内，合作社聘请职业经理以负责其日常经营管理工作已越来越普遍。

经理由理事会聘任，辅助理事会执行业务，是合作社的辅助业务执行机关。经理按照合作社章程的规定与理事会的授权行使职权。经理职权集中体现在对内负责合作社的日常经营管理工作，对外代表合作社。经理是合作社的代理人。

为了确保职权得以正确行使，经理亦负有一定义务。经理的义务至少包括遵守法律、合作社章程与社员大会决议的义务、竞业禁止的义务以及监督指挥其所聘人员的义务等。经理如果违反义务，致合作社或第三人受损害的，应对合作社或第三人承担损害赔偿责任。

合作社的经营者无论由职业经理担任还是由社员兼任，合作社的内部都存在着“代理问题”。解决这一问题，约束机制固然不可或缺，但是，仅仅依靠约束机制远远不能奏效，还必须重视激励机制之运用。

在合作社治理结构中，之所以应当重视激励机制，不仅因为“约束不足”天然存在，而且因为人力资本在企业（包括合作社）中的地位与作用日益凸显。为了充分发挥经营者的积极性、主动性与创造性，激励机制不可或缺。这是市场经济条件下的必然要求。

对于经营者的激励，物质激励与精神激励应当并举，两者不可或缺其一。构建物质激励体系的重要一环即是赋予经营者一定的剩余索取权。将经营者的利益与经营成果挂钩，可以极大促进经营者不断努力，通过实现自身利益最大化来实现合作社及其社员利益的最大化。

经营者激励机制是一个系统工程，除了构建科学合理的激励体系外，还必须相应完善激励机制实施的程序与范围，即我国未来合作社法应当明确规定由谁决定实施激励以及对谁实施激励等。

附　录

国际合作社联盟《关于合作社特征的声明》

Statement on the Co-operative Identity

Definition

A co-operative is an autonomous association of persons united voluntarily to meet their common economic, social, and cultural needs and aspirations through a jointly-owned and democratically-controlled enterprise.

Values

Co-operatives are based on the values of self-help, self-responsibility, democracy, equality, equity and solidarity. In the tradition of their founders, co-operative members believe in the ethical values of honesty, openness, social responsibility and caring for others.

Principles

The co-operative principles are guidelines by which co-operatives put their values into practice.

1st Principle: Voluntary and Open Membership

Co-operatives are voluntary organisations, open to all persons able to use their services and willing to accept the responsibilities of membership, without gender, social, racial, political or religious discrimination.

2nd Principle: Democratic Member Control

Co-operatives are democratic organisations controlled by their members, who actively participate in setting their policies and making decisions. Men and women serving as elected representatives are accountable to the membership. In primary co-operatives members have equal voting rights (one member, one vote) and co-operatives at other levels are also organised in a democratic manner.

3rd Principle: Member Economic Participation

Members contribute equitably to, and democratically control, the capital of their co-operative. At least part of that capital is usually the common property of the co-operative. Members usually receive limited compensation, if any, on capital subscribed as a condition of membership. Members allocate surpluses for any or all of the following purposes: developing their co-operative, possibly by setting up reserves, part of which at least wouldbe indivisible; benefiting members in proportion to their transactions with the co-operative; and supporting other activities approved by the membership.

4th Principle: Autonomy and Independence

Co-operatives are autonomous, self-help organisations controlled by their members. If they enter to agreements with other organisations, including governments, or raise capital from external sources, they do so on terms that ensure democratic control by their members and maintain their co-operative autonomy.

5th Principle: Education, Training and Information

Co-operatives provide education and training for their members, elected representatives, managers, and employees so they can contribute effectively to the development of their co-operatives. They inform the general public-particularly young people and opinion leaders-about the nature and benefits of co-operation.

6th Principle: Co-operation among Co-operatives

Co-operatives serve their members most effectively and strengthen the co-operative movement by working together through local, national, regional and international structures.

7th Principle: Concern for Community

Co-operatives work for the sustainable development of their communities through policies approved by their members.

中华人民共和国农民专业合作社法

（2006年10月31日第十届全国人民代表大会常务委员会第二十四次会议通过 2017年12月27日第十二届全国人民代表大会常务委员会第三十一次会议修订）

第一章 总 则

第一条 为了规范农民专业合作社的组织和行为，鼓励、支持、引导农民专业合作社的发展，保护农民专业合作社及其成员的合法权益，推进农业农村现代化，制定本法。

第二条 本法所称农民专业合作社，是指在农村家庭承包经营基础上，农产品的生产经营者或者农业生产经营服务的提供者、利用者，自愿联合、民主管理的互助性经济组织。

第三条 农民专业合作社以其成员为主要服务对象，开展以下一种或者多种业务：

（一）农业生产资料的购买、使用；

（二）农产品的生产、销售、加工、运输、贮藏及其他相关服务；

（三）农村民间工艺及制品、休闲农业和乡村旅游资源的开发经营等；

（四）与农业生产经营有关的技术、信息、设施建设运营等服务。

第四条 农民专业合作社应当遵循下列原则：

（一）成员以农民为主体；

（二）以服务成员为宗旨，谋求全体成员的共同利益；

（三）入社自愿、退社自由；

（四）成员地位平等，实行民主管理；

（五）盈余主要按照成员与农民专业合作社的交易量（额）比例返还。

第五条 农民专业合作社依照本法登记，取得法人资格。

农民专业合作社对由成员出资、公积金、国家财政直接补助、他人捐赠以及合法取得的其他资产所形成的财产，享有占有、使用和处分的权利，并以上述财产对债务承担责任。

第六条 农民专业合作社成员以其账户内记载的出资额和公积金份额为限对农民专业合作社承担责任。

第七条 国家保障农民专业合作社享有与其他市场主体平等的法律地位。

国家保护农民专业合作社及其成员的合法权益，任何单位和个人不得侵犯。

第八条 农民专业合作社从事生产经营活动，应当遵守法律，遵守社会公德、商业道德，诚实守信，不得从事与章程规定无关的活动。

第九条 农民专业合作社为扩大生产经营和服务的规模，发展产业化经营，提高市场竞争力，可以依法自愿设立或者加入农民专业合作社联合社。

第十条 国家通过财政支持、税收优惠和金融、科技、人才的扶持以及产业政策引导等措施，促进农民专业合作社的发展。

国家鼓励和支持公民、法人和其他组织为农民专业合作社提供帮助和服务。

对发展农民专业合作社事业做出突出贡献的单位和个人，按照国家有关规定予以表彰和奖励。

第十一条 县级以上人民政府应当建立农民专业合作社工作的综合协调机制，统筹指导、协调、推动农民专业合作社的建设和发展。

县级以上人民政府农业主管部门、其他有关部门和组织应当依据各自职责，对农民专业合作社的建设和发展给予指导、扶持和服务。

第二章 设立和登记

第十二条 设立农民专业合作社，应当具备下列条件：

（一）有五名以上符合本法第十九条、第二十条规定的成员；

（二）有符合本法规定的章程；

（三）有符合本法规定的组织机构；

（四）有符合法律、行政法规规定的名称和章程确定的住所；

（五）有符合章程规定的成员出资。

第十三条 农民专业合作社成员可以用货币出资，也可以用实物、知识产权、土地经营权、林权等可以用货币估价并可以依法转让的非货币财产，以及章程规定的其他方式作价出资；但是，法律、行政法规规定不得作为出资的财产除外。

农民专业合作社成员不得以对该社或者其他成员的债权，充抵出资；不得以缴纳的出资，抵销对该社或者其他成员的债务。

第十四条 设立农民专业合作社，应当召开由全体设立人参加的设立大会。设立时自愿成为该社成员的人为设立人。

设立大会行使下列职权：

（一）通过本社章程，章程应当由全体设立人一致通过；

（二）选举产生理事长、理事、执行监事或者监事会成员；

（三）审议其他重大事项。

第十五条　农民专业合作社章程应当载明下列事项：

（一）名称和住所；

（二）业务范围；

（三）成员资格及入社、退社和除名；

（四）成员的权利和义务；

（五）组织机构及其产生办法、职权、任期、议事规则；

（六）成员的出资方式、出资额，成员出资的转让、继承、担保；

（七）财务管理和盈余分配、亏损处理；

（八）章程修改程序；

（九）解散事由和清算办法；

（十）公告事项及发布方式；

（十一）附加表决权的设立、行使方式和行使范围；

（十二）需要载明的其他事项。

第十六条　设立农民专业合作社，应当向工商行政管理部门提交下列文件，申请设立登记：

（一）登记申请书；

（二）全体设立人签名、盖章的设立大会纪要；

（三）全体设立人签名、盖章的章程；

（四）法定代表人、理事的任职文件及身份证明；

（五）出资成员签名、盖章的出资清单；

（六）住所使用证明；

（七）法律、行政法规规定的其他文件。

登记机关应当自受理登记申请之日起二十日内办理完毕，向符合登记条件的申请者颁发营业执照，登记类型为农民专业合作社。

农民专业合作社法定登记事项变更的，应当申请变更登记。

登记机关应当将农民专业合作社的登记信息通报同级农业等有关部门。

农民专业合作社登记办法由国务院规定。办理登记不得收取费用。

第十七条 农民专业合作社应当按照国家有关规定，向登记机关报送年度报告，并向社会公示。

第十八条 农民专业合作社可以依法向公司等企业投资，以其出资额为限对所投资企业承担责任。

第三章 成 员

第十九条 具有民事行为能力的公民，以及从事与农民专业合作社业务直接有关的生产经营活动的企业、事业单位或者社会组织，能够利用农民专业合作社提供的服务，承认并遵守农民专业合作社章程，履行章程规定的入社手续的，可以成为农民专业合作社的成员。但是，具有管理公共事务职能的单位不得加入农民专业合作社。

农民专业合作社应当置备成员名册，并报登记机关。

第二十条 农民专业合作社的成员中，农民至少应当占成员总数的百分之八十。

成员总数二十人以下的，可以有一个企业、事业单位或者社会组织成员；成员总数超过二十人的，企业、事业单位和社会组织成员不得超过成员总数的百分之五。

第二十一条 农民专业合作社成员享有下列权利：

（一）参加成员大会，并享有表决权、选举权和被选举权，按照章程规定对本社实行民主管理；

（二）利用本社提供的服务和生产经营设施；

（三）按照章程规定或者成员大会决议分享盈余；

（四）查阅本社的章程、成员名册、成员大会或者成员代表大会记录、理事会会议决议、监事会会议决议、财务会计报告、会计账簿和财务审计报告；

（五）章程规定的其他权利。

第二十二条 农民专业合作社成员大会选举和表决，实行一人一票制，成员各享有一票的基本表决权。

出资额或者与本社交易量（额）较大的成员按照章程规定，可以享有附加表决权。本社的附加表决权总票数，不得超过本社成员基本表决权总票数的百分之二十。享有附加表决权的成员及其享有的附加表决权数，应当在每次成员大会召开时告知出席会议的全体成员。

第二十三条 农民专业合作社成员承担下列义务：

（一）执行成员大会、成员代表大会和理事会的决议；

（二）按照章程规定向本社出资；

（三）按照章程规定与本社进行交易；

（四）按照章程规定承担亏损；

（五）章程规定的其他义务。

第二十四条 符合本法第十九条、第二十条规定的公民、企业、事业单位或者社会组织，要求加入已成立的农民专业合作社，应当向理事长或者理事会提出书面申请，经成员大会或者成员代表大会表决通过后，成为本社成员。

第二十五条 农民专业合作社成员要求退社的，应当在会计年度终了的三个月前向理事长或者理事会提出书面申请；其中，企业、事业单位或者社会组织成员退社，应当在会计年度终了的六个月前提出；章程另有规定的，从其规定。退社成员的成员资格自会计年度终了时终止。

第二十六条 农民专业合作社成员不遵守农民专业合作社的章程、成员大会或者成员代表大会的决议，或者严重危害其他成员及农民专业合作社利益的，可以予以除名。

成员的除名，应当经成员大会或者成员代表大会表决通过。

在实施前款规定时，应当为该成员提供陈述意见的机会。

被除名成员的成员资格自会计年度终了时终止。

第二十七条 成员在其资格终止前与农民专业合作社已订立的合同，应当继续履行；章程另有规定或者与本社另有约定的除外。

第二十八条 成员资格终止的，农民专业合作社应当按照章程规定的方式和期限，退还记载在该成员账户内的出资额和公积金份额；对成员资格终止前的可分配盈余，依照本法第四十四条的规定向其返还。

资格终止的成员应当按照章程规定分摊资格终止前本社的亏损及债务。

第四章 组织机构

第二十九条 农民专业合作社成员大会由全体成员组成，是本社的权力机构，行使下列职权：

（一）修改章程；

（二）选举和罢免理事长、理事、执行监事或者监事会成员；

（三）决定重大财产处置、对外投资、对外担保和生产经营活动中的其他重大事项；

（四）批准年度业务报告、盈余分配方案、亏损处理方案；

（五）对合并、分立、解散、清算，以及设立、加入联合社等作出决议；

（六）决定聘用经营管理人员和专业技术人员的数量、资格和任期；

（七）听取理事长或者理事会关于成员变动情况的报告，对成员的入社、除名等作出决议；

（八）公积金的提取及使用；

（九）章程规定的其他职权。

第三十条　农民专业合作社召开成员大会，出席人数应当达到成员总数三分之二以上。

成员大会选举或者作出决议，应当由本社成员表决权总数过半数通过；作出修改章程或者合并、分立、解散，以及设立、加入联合社的决议应当由本社成员表决权总数的三分之二以上通过。章程对表决权数有较高规定的，从其规定。

第三十一条　农民专业合作社成员大会每年至少召开一次，会议的召集由章程规定。有下列情形之一的，应当在二十日内召开临时成员大会：

（一）百分之三十以上的成员提议；

（二）执行监事或者监事会提议；

（三）章程规定的其他情形。

第三十二条　农民专业合作社成员超过一百五十人的，可以按照章程规定设立成员代表大会。成员代表大会按照章程规定可以行使成员大会的部分或者全部职权。

依法设立成员代表大会的，成员代表人数一般为成员总人数的百分之十，最低人数为五十一人。

第三十三条　农民专业合作社设理事长一名，可以设理事会。理事长为本社的法定代表人。

农民专业合作社可以设执行监事或者监事会。理事长、理事、经理和财务会计人员不得兼任监事。

理事长、理事、执行监事或者监事会成员，由成员大会从本社成员中选举产生，依照本法和章程的规定行使职权，对成员大会负责。

理事会会议、监事会会议的表决，实行一人一票。

第三十四条 农民专业合作社的成员大会、成员代表大会、理事会、监事会，应当将所议事项的决定作成会议记录，出席会议的成员、成员代表、理事、监事应当在会议记录上签名。

第三十五条 农民专业合作社的理事长或者理事会可以按照成员大会的决定聘任经理和财务会计人员，理事长或者理事可以兼任经理。经理按照章程规定或者理事会的决定，可以聘任其他人员。

经理按照章程规定和理事长或者理事会授权，负责具体生产经营活动。

第三十六条 农民专业合作社的理事长、理事和管理人员不得有下列行为：

（一）侵占、挪用或者私分本社资产；

（二）违反章程规定或者未经成员大会同意，将本社资金借贷给他人或者以本社资产为他人提供担保；

（三）接受他人与本社交易的佣金归为己有；

（四）从事损害本社经济利益的其他活动。

理事长、理事和管理人员违反前款规定所得的收入，应当归本社所有；给本社造成损失的，应当承担赔偿责任。

第三十七条 农民专业合作社的理事长、理事、经理不得兼任业务性质相同的其他农民专业合作社的理事长、理事、监事、经理。

第三十八条 执行与农民专业合作社业务有关公务的人员，不得担任农民专业合作社的理事长、理事、监事、经理或者财务会计人员。

第五章 财务管理

第三十九条 农民专业合作社应当按照国务院财政部门制定的财务会计制度进行财务管理和会计核算。

第四十条 农民专业合作社的理事长或者理事会应当按照章程规定，组织编制年度业务报告、盈余分配方案、亏损处理方案以及财务会计报告，于成员大会召开的十五日前，置备于办公地点，供成员查阅。

第四十一条 农民专业合作社与其成员的交易、与利用其提供的服务的非成员的交易，应当分别核算。

第四十二条 农民专业合作社可以按照章程规定或者成员大会决议从当年盈余中提取公积金。公积金用于弥补亏损、扩大生产经营或者转为成员出资。

每年提取的公积金按照章程规定量化为每个成员的份额。

第四十三条 农民专业合作社应当为每个成员设立成员账户，主要记载下列内容：

（一）该成员的出资额；

（二）量化为该成员的公积金份额；

（三）该成员与本社的交易量（额）。

第四十四条 在弥补亏损、提取公积金后的当年盈余，为农民专业合作社的可分配盈余。可分配盈余主要按照成员与本社的交易量（额）比例返还。

可分配盈余按成员与本社的交易量（额）比例返还的返还

总额不得低于可分配盈余的百分之六十；返还后的剩余部分，以成员账户中记载的出资额和公积金份额，以及本社接受国家财政直接补助和他人捐赠形成的财产平均量化到成员的份额，按比例分配给本社成员。

经成员大会或者成员代表大会表决同意，可以将全部或者部分可分配盈余转为对农民专业合作社的出资，并记载在成员账户中。

具体分配办法按照章程规定或者经成员大会决议确定。

第四十五条　设立执行监事或者监事会的农民专业合作社，由执行监事或者监事会负责对本社的财务进行内部审计，审计结果应当向成员大会报告。

成员大会也可以委托社会中介机构对本社的财务进行审计。

第六章　合并、分立、解散和清算

第四十六条　农民专业合作社合并，应当自合并决议作出之日起十日内通知债权人。合并各方的债权、债务应当由合并后存续或者新设的组织承继。

第四十七条　农民专业合作社分立，其财产作相应的分割，并应当自分立决议作出之日起十日内通知债权人。分立前的债务由分立后的组织承担连带责任。但是，在分立前与债权人就债务清偿达成的书面协议另有约定的除外。

第四十八条　农民专业合作社因下列原因解散：

（一）章程规定的解散事由出现；

（二）成员大会决议解散；

（三）因合并或者分立需要解散；

（四）依法被吊销营业执照或者被撤销。

因前款第一项、第二项、第四项原因解散的，应当在解散事由出现之日起十五日内由成员大会推举成员组成清算组，开始解散清算。逾期不能组成清算组的，成员、债权人可以向人民法院申请指定成员组成清算组进行清算，人民法院应当受理该申请，并及时指定成员组成清算组进行清算。

第四十九条　清算组自成立之日起接管农民专业合作社，负责处理与清算有关未了结业务，清理财产和债权、债务，分配清偿债务后的剩余财产，代表农民专业合作社参与诉讼、仲裁或者其他法律程序，并在清算结束时办理注销登记。

第五十条　清算组应当自成立之日起十日内通知农民专业合作社成员和债权人，并于六十日内在报纸上公告。债权人应当自接到通知之日起三十日内，未接到通知的自公告之日起四十五日内，向清算组申报债权。如果在规定期间内全部成员、债权人均已收到通知，免除清算组的公告义务。

债权人申报债权，应当说明债权的有关事项，并提供证明材料。清算组应当对债权进行审查、登记。

在申报债权期间，清算组不得对债权人进行清偿。

第五十一条　农民专业合作社因本法第四十八条第一款的原因解散，或者人民法院受理破产申请时，不能办理成员退社手续。

第五十二条　清算组负责制定包括清偿农民专业合作社员工的工资及社会保险费用，清偿所欠税款和其他各项债务，以及分配剩余财产在内的清算方案，经成员大会通过或者申请人民法院确认后实施。

清算组发现农民专业合作社的财产不足以清偿债务的，应当依法向人民法院申请破产。

第五十三条　农民专业合作社接受国家财政直接补助形成的财产，在解散、破产清算时，不得作为可分配剩余资产分配给成员，具体按照国务院财政部门有关规定执行。

第五十四条 清算组成员应当忠于职守，依法履行清算义务，因故意或者重大过失给农民专业合作社成员及债权人造成损失的，应当承担赔偿责任。

第五十五条 农民专业合作社破产适用企业破产法的有关规定。但是，破产财产在清偿破产费用和共益债务后，应当优先清偿破产前与农民成员已发生交易但尚未结清的款项。

第七章 农民专业合作社联合社

第五十六条 三个以上的农民专业合作社在自愿的基础上，可以出资设立农民专业合作社联合社。

农民专业合作社联合社应当有自己的名称、组织机构和住所，由联合社全体成员制定并承认的章程，以及符合章程规定的成员出资。

第五十七条 农民专业合作社联合社依照本法登记，取得法人资格，领取营业执照，登记类型为农民专业合作社联合社。

第五十八条 农民专业合作社联合社以其全部财产对该社的债务承担责任；农民专业合作社联合社的成员以其出资额为限对农民专业合作社联合社承担责任。

第五十九条 农民专业合作社联合社应当设立由全体成员参加的成员大会，其职权包括修改农民专业合作社联合社章程，选举和罢免农民专业合作社联合社理事长、理事和监事，决定农民专业合作社联合社的经营方案及盈余分配，决定对外投资和担保方案等重大事项。

农民专业合作社联合社不设成员代表大会，可以根据需要设立理事会、监事会或者执行监事。理事长、理事应当由成员社选派的人员担任。

第六十条　农民专业合作社联合社的成员大会选举和表决，实行一社一票。

第六十一条　农民专业合作社联合社可分配盈余的分配办法，按照本法规定的原则由农民专业合作社联合社章程规定。

第六十二条　农民专业合作社联合社成员退社，应当在会计年度终了的六个月前以书面形式向理事会提出。退社成员的成员资格自会计年度终了时终止。

第六十三条　本章对农民专业合作社联合社没有规定的，适用本法关于农民专业合作社的规定。

第八章　扶持措施

第六十四条　国家支持发展农业和农村经济的建设项目，可以委托和安排有条件的农民专业合作社实施。

第六十五条　中央和地方财政应当分别安排资金，支持农民专业合作社开展信息、培训、农产品标准与认证、农业生产基础设施建设、市场营销和技术推广等服务。国家对革命老区、民族地区、边疆地区和贫困地区的农民专业合作社给予优先扶助。

县级以上人民政府有关部门应当依法加强对财政补助资金使用情况的监督。

第六十六条　国家政策性金融机构应当采取多种形式，为农民专业合作社提供多渠道的资金支持。具体支持政策由国务院规定。

国家鼓励商业性金融机构采取多种形式，为农民专业合作社及其成员提供金融服务。

国家鼓励保险机构为农民专业合作社提供多种形式的农业保险服务。鼓励农民专业合作社依法开展互助保险。

第六十七条 农民专业合作社享受国家规定的对农业生产、加工、流通、服务和其他涉农经济活动相应的税收优惠。

第六十八条 农民专业合作社从事农产品初加工用电执行农业生产用电价格，农民专业合作社生产性配套辅助设施用地按农用地管理，具体办法由国务院有关部门规定。

第九章 法律责任

第六十九条 侵占、挪用、截留、私分或者以其他方式侵犯农民专业合作社及其成员的合法财产，非法干预农民专业合作社及其成员的生产经营活动，向农民专业合作社及其成员摊派，强迫农民专业合作社及其成员接受有偿服务，造成农民专业合作社经济损失的，依法追究法律责任。

第七十条 农民专业合作社向登记机关提供虚假登记材料或者采取其他欺诈手段取得登记的，由登记机关责令改正，可以处五千元以下罚款；情节严重的，撤销登记或者吊销营业执照。

第七十一条 农民专业合作社连续两年未从事经营活动的，吊销其营业执照。

第七十二条 农民专业合作社在依法向有关主管部门提供的财务报告等材料中，作虚假记载或者隐瞒重要事实的，依法追究法律责任。

第十章 附 则

第七十三条 国有农场、林场、牧场、渔场等企业中实行承包租赁经营、从事农业生产经营或者服务的职工，兴办农民专业合作社适用本法。

第七十四条 本法自 2018 年 7 月 1 日起施行。

参考文献

一、中文类

（一）著译类

[1] [冰岛] 思拉恩·埃格特森：《经济行为与制度》，吴经邦等译，商务印书馆 2004 年版。

[2] [德] 路特、克里格尔：《监事会的权利与义务》，杨大可译，法律出版社 2011 年版。

[3] [俄] 克鲁泡特金：《互助论》，李平沤译，商务印书馆 1963 年版。

[4] [法] 贝特朗·理查、多米尼克·米艾莱：《公司治理》，张汉麟、何松森、杜晋钧等译，经济管理出版社 2011 年版。

[5] [法] 季特：《英国合作运动史》，吴克刚译，商务印书馆 1931 年版。

[6] [加] 兰德尔·K. 莫克主编：《公司治理的历史——从家族企业集团到职业经理人》，许俊哲译，格致出版社、上海人民出版社 2011 年版。

[7] [美] 阿道夫·A. 伯利、加德纳·C. 米恩斯：《现代公司与私有财产》，甘华鸣、罗锐韧、蔡如海译，商务印书馆 2005 年版。

[8] [美] 奥利弗·E. 威廉姆斯等编：《企业的性质——起源、演变和发展》，姚海鑫、邢源源译，商务印书馆 2007 年版。

[9] [美] 凡勃伦：《企业论》，蔡受百译，商务印书馆 2012 年版。

[10] [美] 亨利·汉斯曼：《企业所有权论》，于静译，中国政法大学出版社 2001 年版。

[11] [美] 曼瑟尔·奥尔森：《集体行动的逻辑》，陈郁、郭宇峰、李崇新译，格致出版社、上海三联书店、上海人民出版社 1995 年版。

[12] [美] 密乐尔:《农业发展的经济因素》, 郭敏学译, 台湾商务印书馆 1976 年版。
[13] [美] 斯蒂芬·P. 罗宾斯、玛丽·库尔特:《管理学》(第 9 版), 孙健敏等译, 孙健敏校, 中国人民大学出版社 2008 年版。
[14] [苏] A. 恰亚诺夫:《农民经济组织》, 萧正洪译, 于东林校, 中央编译出版社 1996 年版。
[15] [印度] 阿马蒂亚·森:《伦理学与经济学》, 王宇、王文玉译, 商务印书馆 2006 年版。
[16] [印度] 苏布拉塔·加塔克、肯·英格森特:《农业与经济发展》, 吴伟东、韩俊、李发荣译, 王广森校, 华夏出版社 1987 年版。
[17] [英] 杰弗里·N. 戈登、马克·J. 罗编:《公司治理: 趋同与存续》, 赵玲、刘凯译, 北京大学出版社 2006 年版。
[18] [英] 马林编:《公司治理国际案例精选》, 宋增基、李春红译, 北京大学出版社 2011 年版。
[19] 《当代中国农业合作化》编辑部编:《建国以来农业合作化史料汇编》, 中共党史出版社 1992 年版。
[20] 《俄罗斯联邦民法典》, 黄道秀等译, 中国大百科全书出版社 1999 年版。
[21] 《改革开放以来历届三中全会文件汇编》, 人民出版社 2013 年版。
[22] 《民法总则立法背景与观点全集》编写组:《民法总则立法背景与观点全集》, 法律出版社 2017 年版。
[23] 《瑞士债法典》, 吴兆祥、石佳友、孙淑妍译, 法律出版社 2002 年版。
[24] 《意大利民法典》, 陈国柱译, 中国人民大学出版社 2010 年版。
[25] 《意大利民法典》, 费安玲、丁玫、张宓译, 中国政法大学出版社 2004 年版。
[26] 《中共中央国务院关于"三农"工作的一号文件汇编 (1982-2014)》, 人民出版社 2014 年版。
[27] 《中华人民共和国史》编写组:《中华人民共和国史》, 高等教育出版社、人民出版社 2013 年版。

［28］白立忱主编：《外国农业合作社》，中国社会出版社 2006 年版。
［29］毕美家：《中国特色现代农业制度研究——基于合作制的经济学与经验分析》，人民出版社 2010 年版。
［30］蔡荣：《农民专业合作社内部交易合约安排研究》，社会科学文献出版社 2015 年版。
［31］曹锦清：《如何研究中国》，上海人民出版社 2010 年版。
［32］曹仰峰：《高绩效团队领导者行为及其作用机制》，生活·读书·新知三联书店 2011 年版。
［33］曾世雄：《企业设计法》，中国政法大学出版社 2001 年版。
［34］陈大斌：《重建合作》，新华出版社 2005 年版。
［35］陈建国、陈光国、韩俊主编：《中华人民共和国农民专业合作社法解读》，中国法制出版社 2018 年版。
［36］陈丽丽、李桢：《中国农民专业合作社发展问题研究》，经济科学出版社 2012 年版。
［37］陈岷等：《合作社法律制度研究》，法律出版社 2013 年版。
［38］陈荣文：《中国农村合作社法律制度研究：渊源、变迁与创新》，法律出版社 2014 年版。
［39］陈少强：《中国农业产业化研究》，经济科学出版社 2009 年版。
［40］陈婉玲：《民国〈合作社法〉的孕育与影响》，法律出版社 2010 年版。
［41］陈文浩主编：《公司治理》，上海财经大学出版社 2006 年版。
［42］陈锡文、韩俊主编：《中国农业供给侧改革研究》，清华大学出版社 2017 年版。
［43］陈锡文等：《中国农村制度变迁 60 年》，人民出版社 2009 年版。
［44］陈小君等：《农村土地法律制度的现实考察与研究：中国十省调研报告书》，法律出版社 2010 年版。
［45］陈小君等：《农村土地法律制度研究——田野调查解读》，中国政法大学出版社 2004 年版。
［46］丁为民：《西方合作社的制度分析》，经济管理出版社 1998 年版。
［47］杜润生：《杜润生自述：中国农村体制变革重大决策纪实》（修订

版)，人民出版社 2005 年版。
[48] 杜润生:《中国农村制度变迁》，四川人民出版社 2003 年版。
[49] 杜润生主编:《当代中国的农业合作制》(上、下)，当代中国出版社 2002 年版。
[50] 杜吟棠主编:《合作社：农业中的现代企业制度》，江西人民出版社 2002 年版。
[51] 范健、王建文:《公司法》(第 3 版)，法律出版社 2011 年版。
[52] 范健、王建文:《商法基础理论专题研究》，高等教育出版社 2005 年版。
[53] 方福前:《当代西方经济学主要流派》，中国人民大学出版社 2004 年版。
[54] 费方域:《企业的产权分析》，上海三联书店、上海人民出版社 2006 年版。
[55] 费孝通:《江村经济——中国农民的生活》，商务印书馆 2001 年版。
[56] 费孝通:《乡土中国》，人民出版社 2008 年版。
[57] 冯飞:《中国西部地区农民专业合作经济组织发展研究》，中国社会科学出版社 2009 年版。
[58] 冯开文:《合作制度变迁与创新研究》，中国农业出版社 2003 年版。
[59] 傅晨:《中国农村合作经济：组织形式与制度变迁》，中国经济出版社 2006 年版。
[60] 甘培忠等主编:《公司治理专论》，北京大学出版社 2009 年版。
[61] 高程德主编:《现代公司理论》(第 2 版)，北京大学出版社 2006 年版。
[62] 高岚君等:《全球化视野下的企业社会责任法律研究》，法律出版社 2011 年版。
[63] 高明华等:《公司治理学》，中国经济出版社 2009 年版。
[64] 高新伟:《中国近代公司治理》，社会科学文献出版社 2009 年版。
[65] 高钰玲:《农民专业合作社服务功能：理论与实证研究》，浙江大学出版社 2015 年版。
[66] 高政利:《经济组织演化研究》，上海财经大学出版社 2009 年版。

［67］葛文光:《农民专业合作经济组织发展的理论与实践——以河北省为例》，中国农业出版社 2008 年版。
［68］管爱国、符纯华译著:《现代世界合作社经济》，中国农业出版社 2000 年版。
［69］郭光磊主编:《北京市农民专业合作社研究》，中国言实出版社 2016 年版。
［70］郭红东、张若健:《中国农民专业合作社调查》，浙江大学出版社 2010 年版。
［71］郭红东:《中国农民专业合作社发展——理论与实证研究》，浙江大学出版社 2011 年版。
［72］郭铁民、林善浪:《合作经济发展史》，当代中国出版社 1998 年版。
［73］韩俊、张庆忠:《中国农村股份合作经济理论·实践·政策》，经济管理出版社 1993 年版。
［74］韩俊:《中国农民专业合作社调查》，上海远东出版社 2007 年版。
［75］何国平:《中国农民专业合作社制度变迁、影响因素研究》，中国经济出版社 2017 年版。
［76］贺雪峰:《什么农村，什么问题》，法律出版社 2008 年版。
［77］侯光明、李存金:《现代管理激励与约束机制》，高等教育出版社 2002 年版。
［78］侯淑霞等:《农民专业合作经济组织营销渠道力——基于纵向组织关系的西部地区研究》，经济管理出版社 2017 年版。
［79］胡剑锋:《中国农业产业组织发展演变的制度分析》，人民出版社 2010 年版。
［80］胡君辰主编:《组织行为学》，中国人民大学出版社 2010 年版。
［81］胡卓红:《农民专业合作社发展实证研究》，浙江大学出版社 2009 年版。
［82］黄胜忠:《转型时期农民专业合作社的组织行为研究——基于成员异质性的视角》，浙江大学出版社 2008 年版。
［83］黄宗智:《华北的小农经济与社会变迁》，中华书局 2000 年版。
［84］黄宗智:《中国的隐性农业革命》，法律出版社 2010 年版。

[85] 黄祖辉:《转型、发展与制度变革——中国“三农”问题研究》，格致出版社、上海人民出版社 2008 年版。

[86] 纪良纲等:《中国农村市场中介组织研究》，人民出版社 2009 年版。

[87] 江若玫、靳云汇:《企业利益相关者理论与应用研究》，北京大学出版社 2009 年版。

[88] 蒋玉珉:《合作经济思想史论》，安徽人民出版社 2008 年版。

[89] 井世洁、赵泉民:《组织发展与社会治理：以乡村合作社为中心》，中国经济出版社 2017 年版。

[90] 孔祥智等:《国外农业合作社研究——产生条件、运行规则及经验借鉴》，中国农业出版社 2012 年版。

[91] 孔祥智等:《中国农民专业合作社运行机制与社会效应研究——百社千户调查》，中国农业出版社 2012 年版。

[92] 赖建诚:《近代中国的合作经济运动——社会经济史的分析》，正中书局 1990 年版。

[93] 朗咸平:《公司治理》，易宪容等译校，社会科学文献出版社 2004 年版。

[94] 雷兴虎:《商事主体法基本问题研究》，中国检察出版社 2007 年版。

[95] 雷兴虎主编:《公司法学》（第 2 版），北京大学出版社 2012 年版。

[96] 李秉龙、薛兴利主编:《农业经济学》（第 2 版），中国农业大学出版社 2009 年版。

[97] 李昌麒、吴越主编:《农业法学》，法律出版社 2015 年版。

[98] 李达昌等主编:《战后西方国家股份制的新变化》，商务印书馆 2000 年版。

[99] 李道和:《农户加入专业合作社及政府扶持机制研究——以江西省为例》，中国农业出版社 2017 年版。

[100] 李继志:《新型农民专业合作社：参与主体行为、组织制度与组织绩效》，湖南大学出版社 2017 年版。

[101] 李清池:《商事组织的法律结构》，法律出版社 2008 年版。

[102] 李瑞芬等:《新时期农民合作社财务与管理问题研究》，中国农业出版社 2016 年版。

[103] 李维安主编:《公司治理前沿——第四届公司治理国际研讨会论文集》,经济科学出版社 2009 年版。

[104] 李维安主编:《公司治理学》(第 3 版),高等教育出版社 2016 年版。

[105] 李伟阳、肖红军、郑若娟编译:《企业社会责任经典文献导读》,经济管理出版社 2011 年版。

[106] 李锡勋:《合作社法论》,三民书局股份有限公司 1982 年版。

[107] 李寅北:《农村社会合作经济概论》,正中书局 1947 年版。

[108] 李瑜:《中国农户经营组织化研究》,中国社会科学出版社 2008 年版。

[109] 李周、杜志雄、朱钢主编:《农业经济学》,中国社会科学出版社 2017 年版。

[110] 厉以宁等编著:《现代西方经济学概论》(第 3 版),北京大学出版社 2010 年版。

[111] 梁漱溟:《乡村建设理论》,上海人民出版社 2006 年版。

[112] 梁小民编著:《西方经济学导论》(第 3 版),北京大学出版社 2003 年版。

[113] 林金忠:《企业组织的经济学分析》,商务印书馆 2004 年版。

[114] 刘殿葵:《公司经理人法律问题研究》,法律出版社 2008 年版。

[115] 刘豪兴主编:《农村社会学》(第 2 版),中国人民大学出版社 2008 年版。

[116] 刘鸿渊、陈怡男:《新农村建设中农民主体作用研究——以西南少数民族地区为例》,中国社会科学出版社 2016 年版。

[117] 刘洁:《农民专业合作社的制度优化与绩效提升》,社会科学文献出版社 2017 年版。

[118] 刘俊海:《现代公司法》,法律出版社 2008 年版。

[119] 刘俊海:《新公司法的制度创新:立法争点与解释难点》,法律出版社 2006 年版。

[120] 刘俊勇:《公司业绩评价与激励机制》,中国人民大学出版社 2009 年版。

[121] 刘连煜:《公司治理与公司社会责任》,中国政法大学出版社 2001

年版。
[122] 刘美玉:《企业利益相关者共同治理与相互制衡研究》，北京师范大学出版社 2010 年版。
[123] 刘雪梅:《中国农民专业合作经济组织的比较研究——以宁夏回族自治区银川市为实证》，国家行政学院出版社 2017 年版。
[124] 刘彦文、张晓红主编:《公司治理》，清华大学出版社 2010 年版。
[125] 柳岩:《农民合作社扶持政策与制度研究：基于 120 家合作社调查》，中国发展出版社 2016 年版。
[126] 楼建波、甘培忠主编:《企业社会责任专论》，北京大学出版社 2009 年版。
[127] 卢现祥、朱巧玲主编:《新制度经济学》（第 2 版），北京大学出版社 2012 年版。
[128] 罗必良:《经济组织的制度逻辑——一个理论框架及其对中国农民经济组织的应用研究》，山西经济出版社 2000 年版。
[129] 罗平汉:《农村人民公社史》，人民出版社 2016 年版。
[130] 罗平汉:《农业合作化运动史》，福建人民出版社 2004 年版。
[131] 罗兴佐:《农村公共物品供给：模式与效率》，学林出版社 2013 年版。
[132] 吕新亚等:《新形势下农民专业合作组织研究》，中国农业出版社 2008 年版。
[133] 马桂萍:《农民专业合作社与社会主义新农村建设载体研究》，人民出版社 2016 年版。
[134] 马社香:《农业合作化运动始末：百名亲历者口述实录》，当代中国出版社 2012 年版。
[135] 马太广:《董事责任制度研究》，法律出版社 2009 年版。
[136] 马跃进:《合作社的法律属性研究》，中国财政经济出版社 2008 年版。
[137] 米鸿才、邸文祥、陈乾梓:《合作社发展简史》，中共中央党校出版社 1988 年版。
[138] 米新丽等:《我国农业合作社法律问题研究》，对外经济贸易大学出

版社 2013 年版。

[139] 农业部产业政策与法规司、农业部管理干部学院、中国农业经济法研究会编:《农业法律研究论丛》(2012),法律出版社 2012 年版。

[140] 农业部农村经济体制与经营管理司、农业部农村合作经济经营管理总站、农业部管理干部学院编著:《中国农民专业合作社发展报告(2006-2010)》,中国农业出版社 2011 年版。

[141] 农业部农村经济体制与经营管理司、农业部农村合作经济经营管理总站编著:《农民专业合作组织案例评析》,中国农业出版社 2009 年版。

[142] 欧阳仁根、陈岷等:《合作社主体法律制度研究》,人民出版社 2008 年版。

[143] 欧志文:《农业流通领域合作经济组织研究》,湖南大学出版社 2008 年版。

[144] 潘婷:《基于社员正规融资的农民合作社增信研究》,经济科学出版社 2017 年版。

[145] 彭华岗主编:《企业社会责任基础教材》,经济管理出版社 2013 年版。

[146] 平新乔:《微观经济学十八讲》,清华大学出版社 2001 年版。

[147] 齐立:《农村新型合作经济组织的理论与实践》,暨南大学出版社 2010 年版。

[148] 屈茂辉等:《合作社法律制度研究》,中国工商出版社 2007 年版。

[149] 任梅:《中国农民专业合作社的政府规制研究》,中国经济出版社 2012 年版。

[150] 任荣明、朱晓明:《企业社会责任多视角透视》,北京大学出版社 2009 年版。

[151] 邵科:《农民专业合作社成员参与:内涵、特征与作用机理》,浙江大学出版社 2014 年版。

[152] 申龙均、李中华:《农民合作社论》,社会科学文献出版社 2009 年版。

[153] 沈洪涛、沈艺峰:《公司社会责任思想——起源与演变》,上海人民出版社 2007 年版。

[154] 盛洪主编:《现代制度经济学》（上、下），北京大学出版社 2003 年版。
[155] 施启扬:《民法总则》（修订 8 版），中国法制出版社 2010 年版。
[156] 史纪良、张功平主编:《美国信用合作社管理》，中国金融出版社 2000 年版。
[157] 史尚宽:《民法总论》，中国政法大学出版社 2000 年版。
[158] [美] 舒尔茨:《改造传统农业》，梁小民译，商务印书馆 2006 年版。
[159] 宋洪远等编著:《“十二五”时期农业和农村政策回顾与评价》，中国农业出版社 2016 年版。
[160] 孙同全等:《中国农民合作社的发展与作用研究——基于对 3 省 121 家农民合作社的调研》，中国社会科学出版社 2016 年版。
[161] 孙亚范:《农民专业合作经济组织利益机制分析》，社会科学文献出版社 2009 年版。
[162] 孙亚范:《新型农民专业合作经济组织发展研究》，社会科学文献出版社 2006 年版。
[163] 汤敏、茅于轼主编:《现代经济学前沿专题》（第 1 集），商务印书馆 1989 年版。
[164] 汤敏、茅于轼主编:《现代经济学前沿专题》（第 2 集），商务印书馆 1993 年版。
[165] 唐宗焜:《合作社真谛》，知识产权出版社 2012 年版。
[166] 仝志辉主编:《农民合作社本质论争》，社会科学文献出版社 2016 年版。
[167] 仝志辉主编:《农民合作社发展中的问题与法律规制》，社会科学文献出版社 2016 年版。
[168] 涂琼理:《农民合作社政策分析》，中国法制出版社 2013 年版。
[169] 王保树、崔勤之:《中国公司法原理》（修订 3 版），社会科学文献出版社 2006 年版。
[170] 王保树:《商法总论》，清华大学出版社 2007 年版。
[171] 王保树主编:《中国商法年刊（2006）——合伙与合作社法律制度研究》，北京大学出版社 2007 年版。

[172] 王贵宸:《中国农村合作经济史》，山西经济出版社 2006 年版。
[173] 王立诚:《中国农业合作简史》，中国农业出版社 2009 年版。
[174] 王伦刚:《中国农民专业合作社运行的民间规则研究——基于四川省的法律社会学调查》，法律出版社 2015 年版。
[175] 王名编著:《非营利组织管理概论》，中国人民大学出版社 2002 年版。
[176] 王瑞贺主编:《中华人民共和国农民专业合作社法释义》，法律出版社 2018 年版。
[177] 王世权:《监事会治理的有效性研究》，中国人民大学出版社 2011 年版。
[178] 王文钦:《公司治理结构之研究》，中国人民大学出版社 2005 年版。
[179] 王文宇:《公司法论》，中国政法大学出版社 2004 年版。
[180] 王小锡:《经济伦理的当代理念与实践》，上海人民出版社 2010 年版。
[181] 王玉梅:《农民专业合作社之法理探究与实践》，科学出版社 2012 版。
[182] 王泽鉴:《民法总则》(增订版)，中国政法大学出版社 2001 年版。
[183] 王志伟编著:《现代西方经济学流派》，北京大学出版社 2002 年版。
[184] 温铁军:《三农问题与世纪反思》，生活 · 读书 · 新知三联书店 2005 年版。
[185] 乌家培等编著:《信息经济学》(第 2 版)，高等教育出版社 2007 年版。
[186] 吴惠林:《何谓大师？——历届诺贝尔经济学奖得主的成就》，商务印书馆 2010 年版。
[187] 吴谦立:《公司治理》，中国政法大学出版社 2006 年版。
[188] 席酉民、赵增耀主编:《公司治理》，高等教育出版社 2004 年版。
[189] 熊万胜:《农民合作的新前景》，中国政法大学出版社 2013 年版。
[190] 徐旭初、黄胜忠:《走向新合作——浙江省农民专业合作社发展研究》，科学出版社 2009 年版。
[191] 徐旭初:《中国农民专业合作经济组织的制度分析》，经济科学出版

社 2005 年版。
[192] 许欣欣:《中国农民组织化与韩国经验》，社会科学文献出版社 2010 年版。
[193] 杨海坤:《农民权利的公法保护》，北京大学出版社 2015 年版。
[194] 杨坚白主编:《合作经济概论》，中国社会科学出版社 1989 年版。
[195] 杨娜曼:《农民合作经济组织的制度经济学研究——基于湖南农民合作经济组织发展分析》，经济管理出版社 2012 年版。
[196] 杨绍平:《新概念合作社》（上、下），中共中央党校出版社 2009 年版。
[197] 尹伯成主编:《西方经济学简明教程》（第 6 版），上海人民出版社 2008 年版。
[198] 尹树生:《合作经济概论》，三民书局股份有限公司 1986 年版。
[199] 尤小文:《农户经济组织研究》，湖南人民出版社 2005 年版。
[200] 于宗先总主编、余玉贤主编:《台湾农业发展论文集》，联经出版事业公司 1975 年版。
[201] 俞家宝主编:《农村合作经济学》，中国农业大学出版社 1994 年版。
[202] 袁春生:《公司治理中经理管理防御及壁垒效应研究》，中国财政经济出版社 2008 年版。
[203] 张超:《农民专业合作社的公共服务效率研究：基于浙江省的调查》，中国社会科学出版社 2017 年版。
[204] 张德峰:《合作社社员权论》，法律出版社 2016 年版。
[205] 张锦华主编:《农业经济学》，上海财经大学出版社 2017 年版。
[206] 张靖会:《农民专业合作社效率研究——基于俱乐部理论视角的分析》，经济科学出版社 2013 年版。
[207] 张珺:《中国农村公共产品供给》，社会科学文献出版社 2008 年版。
[208] 张乐天:《告别理想——人民公社制度研究》（第 2 版），上海人民出版社 2012 年版。
[209] 张满林:《我国农民专业合作社治理问题研究》，辽宁大学出版社 2010 年版。
[210] 张曼茵:《中国近代合作化思想研究（1912-1949）》，上海书店出

版社 2010 年版。

[211] 张民安:《现代英美董事法律地位研究》（第 2 版），法律出版社 2007 年版。

[212] 张培刚:《农业与工业化》（上卷），华中科技大学出版社 2009 年版。

[213] 张培刚:《农业与工业化》（英语原著、中文引言），中信出版社 2012 年版。

[214] 张绍俊编著:《马克思主义合作制思想发展史》，中国商业出版社 1989 年版。

[215] 张社梅等:《基于合作社平台的农业技术供需对接机制研究——以四川省为例》，中国农业出版社 2017 年版。

[216] 张为付等:《新形势下我国供销合作社模式创新研究》，南京大学出版社 2011 年版。

[217] 张维迎、盛斌:《论企业家：经济增长的国王》，生活 · 读书 · 新知三联书店 2004 年版。

[218] 张维迎:《产权、激励与公司治理》，经济科学出版社 2005 年版。

[219] 张维迎:《信息、信任与法律》，生活 · 读书 · 新知三联书店 2003 年版。

[220] 张晓山、苑鹏:《合作经济理论与实践》，中国城市出版社 1991 年版。

[221] 张晓山、苑鹏:《合作经济理论与中国农民合作社的实践》，首都经济贸易大学出版社 2009 年版。

[222] 张晓山主编:《中国农村改革 30 年研究》，经济管理出版社 2008 年版。

[223] 张笑寒:《农村土地股份合作制的制度解析与实证研究》，上海人民出版社 2010 年版。

[224] 张学鹏、卢平:《中国农业产业化组织模式研究》，中国社会科学出版社 2011 年版。

[225] 张益丰:《“三农”问题视阈中企业领办农民专业合作社研究》，中国言实出版社 2016 年版。

[226] 张永兵:《农民专业合作社财产权研究》，武汉大学出版社 2017 年版。
[227] 张永丽:《合作与不合作的政治经济学分析》，中国社会科学出版社 2005 年版。
[228] 张则尧:《合作社十论》，江西农村合作委员会 1936 年版。
[229] 张照新等:《农业产业化龙头企业发展与社会责任》，经济管理出版社 2010 年版。
[230] 赵泉民:《移植与嬗变：西方合作经济思想在近代中国的境遇》，中国法制出版社 2013 年版。
[231] 赵树凯:《农民的政治》，商务印书馆 2011 年版。
[232] 浙江大学中国农民合作组织研究中心编著:《中国农民合作社发展报告 2016》，浙江大学出版社 2017 年版。
[233] 郑少红:《福建农民合作经济组织制度创新研究》，中国农业出版社 2009 年版。
[234] 郑文堂等:《农民专业合作社理论创新与实践探索》，中国农业出版社 2015 年版。
[235] 郑有贵、李成贵主编:《一号文件与中国农村改革》，安徽人民出版社 2008 年版。
[236] 郑玉波:《民法总则》，中国政法大学出版社 2003 年版。
[237] 中共中央党史研究室编:《中国共产党历史》(1949-1978)(第 2 卷)，中共党史出版社 2011 年版。
[238] 中共中央文献研究室、中华全国供销合作总社编:《刘少奇论合作社经济》，中国财政经济出版社 1987 年版。
[239] 中国法制出版社编:《商法论文选粹》，中国法制出版社 2004 年版。
[240] 中国农村合作经济管理学会编:《农民合作社重点问题研究汇编》，中国农业出版社 2016 年版。
[241] 中国社会科学院农村发展研究所编:《中国农村发展研究报告 No. 7》，社会科学文献出版社 2010 年版。
[242] 中国社会科学院贫困问题研究中心课题组:《扶贫经济合作社——小额信贷扶贫模式在中国的实践》，社会科学文献出版社 2010

年版。

[243] 中华全国供销合作总社国际合作部编:《国际合作社联盟》，中国社会出版社 2009 年版。

[244] 中华人民共和国国家农业委员会办公厅编:《农业集体化重要文件汇编》（上、下），中共中央党校出版社 1981 年版。

[245] 周三多主编:《管理学》（第 2 版），高等教育出版社 2005 年版。

[246] 周雪光:《组织社会性十讲》，社会科学文献出版社 2003 年版。

[247] 朱道华主编:《农业经济学》（第 4 版），中国农业出版社 2000 年版。

[248] 朱琪编著:《公司治理：机制与效应》，中国经济出版社 2009 年版。

[249] 朱晓娟:《论合作社的法律主体性》，中国民主法制出版社 2009 年版。

[250] 朱圆:《美国公司治理机制晚近发展》，北京大学出版社 2010 年版。

（二）论文类

[1] “德国工商业与经济合作社法”，王东光译，载王保树主编:《商事法论集》（第 12 卷），法律出版社 2007 年版。

[2] “社会主义市场经济条件下农民中介组织的发育和完善”课题组:“论社会主义市场经济条件下农民中介组织的发育和完善”，载《中国农村经济》2002 年第 3 期。

[3] 本刊编辑部:“论合作社的发展与规范”，载《中国农民合作社》2014 年第 9 期。

[4] 蔡昉:“论农业经营形式的选择”，载《经济研究》1993 年第 1 期。

[5] 蔡昉:“中国农村改革三十年——制度经济学的分析”，载《中国社会科学》2008 年第 6 期。

[6] 蔡荣、马旺林、王舒娟:“小农户参与大市场的集体行动：合作社社员承诺及其影响因素”，载《中国农村经济》2015 年第 4 期。

[7] 蔡荣、易小兰:“合作社治理的成员态度与参与行为——以鲁陕 2 省 672 位果农调查为例”，载《农业技术经济》2017 年第 1 期。

[8] 曾文革、王热:“《农民专业合作社法》关于社员权相关规定的缺失及其完善”，载《法治研究》2010 年第 6 期。

[9] 曾宪影、李钦:“农村合作经济组织是农业领域产业组织的新发展”,载《农业经济问题》2000 年第 8 期。
[10] 常青、张建华:“丹麦与中国农业合作社之比较研究”,载《农业经济问题》2011 年第 2 期。
[11] 陈光国:“关于《中华人民共和国农民专业合作社法(修订草案)》的说明”,载中国人大网:http://www.npc.gov.cn。
[12] 陈辉:“如何更好发挥农民专业合作社的作用”,载《人民日报》2010 年 10 月 29 日。
[13] 陈江华等:“农民专业合作社经营效率及其影响因素”,载《华南农业大学学报(社会科学版)》2015 年第 4 期。
[14] 陈江华、陶志、彭安明:“农民合作社理事长企业家才能对农民合作社绩效的影响”,载《福建农林大学学报(哲学社会科学版)》2016 年第 3 期。
[15] 陈俊梁、陈建荣:“合作社治理结构新模式”,载《中国农民合作社》2010 年第 8 期。
[16] 陈莉、钟玲:“农民合作社参与扶贫的可行路径——以小农为基础的农业产业发展为例”,载《农村经济》2017 年第 5 期。
[17] 陈柳钦、胡振华:“中国农村合作组织的历史变迁”,载《农业经济问题》2010 年第 6 期。
[18] 陈杉、王平达:“美国新一代合作社对我国农民合作社发展的启示”,载《学术交流》2016 年第 3 期。
[19] 陈司谨、冉光和:“农民专业合作经济组织内部治理与规制路径——以重庆市潼南县为例”,载《农村经济》2011 年第 10 期。
[20] 陈司谨:“农业合作经济组织内部治理法律制度完善”,载《海南大学学报人文社会科学版》2010 年第 5 期。
[21] 陈婉玲:“多元因素诱致下合作社的异化——民国《合作社法》绩效偏离的根源剖析”,载《贵州社会科学》2013 年第 10 期。
[22] 陈婉玲:“合作社思想的源流与嬗变——基于合作社法思想基础的历史考察”,载《华东政法大学学报》2008 年第 4 期。
[23] 陈婉玲:“主体认知与合作社法律文化的构建——从民国时期《合作

社法》的绩效看《农民专业合作社法》之施行”，载《江西社会科学》2010 年第 7 期。

[24] 陈锡文："构建新型农业经营体系 加快发展现代农业步伐"，载《经济研究》2013 年第 2 期。

[25] 陈锡文："农村改革三大问题"，载《农业经济研究》2011 年第 1 期。

[26] 陈晓华："现代农业发展与农业经营体制机制创新"，载《农业经济问题》2012 年第 11 期。

[27] 陈晓华："在全国农民合作社创新发展座谈会上的讲话"，载《中国农民合作社》2015 年第 11 期。

[28] 陈义媛："大户主导型合作社是合作社发展的初级形态吗？"，载《南京农业大学学报（社会科学版）》2017 年第 2 期。

[29] 陈于："动机理论视角下农民合作社产生机制探析——以广西上寨屯为例"，载《农业经济问题》2015 年第 7 期。

[30] 崔宝玉、陈强："资本控制必然导致农民专业合作社功能弱化吗？"载《农业经济问题》2011 年第 2 期。

[31] 崔宝玉、程春燕："农民专业合作社的关系治理与契约治理"，载《西北农林科技大学学报（社会科学版）》2017 年第 6 期。

[32] 崔宝玉、高钰玲、简鹏："'四重'嵌入与农民专业合作社'去内卷化'"，载《农业经济问题》2017 年第 8 期。

[33] 崔宝玉、简鹏、王纯慧："农民专业合作社：绩效测度与影响因素——兼析我国农民专业合作社的发展路径"，载《中国农业大学学报（社会科学版）》2016 年第 4 期。

[34] 崔宝玉、李晓明："资本控制下的合作社功能与运行的实证分析"，载《农业经济问题》2008 年第 1 期。

[35] 崔宝玉、刘峰、杨模荣："内部人控制下的农民专业合作社治理"，载《经济学家》2012 年第 6 期。

[36] 崔宝玉、刘丽珍："交易类型与农民专业合作社治理机制"，载《中国农村观察》2017 年第 4 期。

[37] 崔宝玉、徐英婷、简鹏："农民专业合作社效率测度与改进'悖论'"，

载《中国农村经济》2016 年第 1 期。

[38] 崔宝玉："农民专业合作社的治理逻辑"，载《华南农业大学学报（社会科学版）》2015 年第 2 期。

[39] 崔宝玉："农民专业合作社治理结构与资本控制"，载《改革》2010 年第 10 期。

[40] 崔馥娟、田书芹："日本农业协同组织与中国农民专业合作社比较研究"，载《农业经济研究》2009 年第 9 期。

[41] 邓峰："领导责任的法律分析——基于董事注意义务的视角"，载《中国社会科学》2006 年第 3 期。

[42] 邓衡山、王文烂："合作社的本质规定与现实检视——中国到底有没有真正的农民合作社？"载《中国农村经济》2014 年第 7 期。

[43] 邓衡山等："真正的农民专业合作社为何在中国难寻？——一个框架性解释与经验事实"，载《中国农村观察》2016 年第 4 期。

[44] 邓衡山、徐志刚："《农民专业合作社法》需要大改吗？——兼论名实之辨的意义与是否需要发展中国特色合作社理论"，载《农业经济问题》2016 年第 11 期。

[45] 邓宏图、马太超、徐宝亮："理性的合作与理性的不合作——山西省榆社县两个合作社不同命运的政治经济学透视"，载《中国农村观察》2017 年第 4 期。

[46] 邓军蓉、祁春节、汪发元："农民专业合作社利益分配问题调查研究"，载《经济纵横》2014 年第 3 期。

[47] 邓晓辉、李好好："董事与高级职员的责任保险制度述评"，载《外国经济与管理》2002 年第 8 期。

[48] 丁声俊："论发展中国新型农村合作制"（上、下），载《中国合作经济》2005 年第 3、4 期。

[49] 丁长发："百年小农经济理论逻辑与现实发展"，载《农业经济问题》2010 年第 1 期。

[50] 丁忠兵："相关利益群体视角下的牧业合作社治理研究"，中国社会科学院 2014 年博士学位论文。

[51] 杜奋根："农民专业合作社的发展及其政府角色担当"，载《改革》

2012 年第 9 期。

[52] 段利民、霍学喜:“我国农民专业合作社国内研究文献综述”,载《技术经济与管理研究》2012 年第 3 期。

[53] 冯娟娟、霍学喜:“成员参与合作社治理行为及其影响因素——基于 273 个苹果种植户数据的实证分析”,载《农业技术经济》2017 年第 2 期。

[54] 冯娟娟、霍学喜:“合作社利益分配、治理行为与产权结构安排——基于苹果种植户合作社的经验证据”,载《农村经济》2017 年第 12 期。

[55] 冯娟娟、霍学喜:“何种合作社治理模式更加有效?——以苹果种植户合作社为例”,载《华中农业大学学报(社会科学版)》2017 年第 6 期。

[56] 冯娟娟:“苹果合作社治理结构、行为与绩效研究”,西北农林科技大学 2017 年博士学位论文。

[57] 冯开文:“国外合作社经验纵横谈”,载《中国合作经济》2005 年第 6 期。

[58] 付建龙:“我国农民合作社制度研究”,南京师范大学 2013 年博士学位论文。

[59] 高海:“《农民专业合作社法》修改的思路与制度设计”,载《农业经济问题》2017 年第 3 期。

[60] 高海:“合作社核心成员兼任管理者的‘责’与‘利’”,载《华中科技大学学报(社会科学版)》2009 年第 4 期。

[61] 高海:“农民合作社促进集体经济实现的制度解构——黑龙江省新兴村的例证”,载《农业经济问题》2014 年第 2 期。

[62] 高建中、李延荣、袁航:“农民专业合作社功能评价实证研究”,载《农业经济与管理》2014 年第 5 期。

[63] 高建中、袁航、李延荣:“农民专业合作社功能发展程度及影响因素”,载《西北农林科技大学学报(社会科学版)》2014 年第 6 期。

[64] 戈锦文、范明、肖璐:“社会资本对农民合作社创新绩效的作用机理研究——吸收能力作为中介变量”,载《农业技术经济》2016 年第

1 期。
[65] 戈锦文、肖璐、范明:“魅力型领导特质及其对农民合作社发展的作用研究”,载《农业经济问题》2015 年第 6 期。
[66] 戈锦文:“知识吸收能力及其影响因素对农民合作社绩效的作用研究”,江苏大学 2016 年博士学位论文。
[67] 耿青国:“中外农民合作经济组织相关法律的比较研究”,载《税务与经济》2010 年第 6 期。
[68] 龚莹、杨覃、王燕:“社长声誉对社员忠诚度的影响机理及启示——基于心理契约视角和 39 家合作社的调查”,载《湖南农业大学学报(社会科学版)》2017 年第 6 期。
[69] 管洪彦、孔祥智:“农民专业合作社法人财产权:规范解释与修法思路”,载《农业经济问题》2017 年第 5 期。
[70] 管珊、万江红、钟涨宝:“农民专业合作社的网络化治理——基于鄂东 H 合作社的案例研究”,载《中国农村观察》2015 年第 5 期。
[71] 郭富青:“我国《农民专业合作社法》评析”,载《法治论丛》2007 年第 2 期。
[72] 郭富青:“西方国家合作社公司化趋向与我国农民专业合作社法的回应”,载《农业经济问题》2007 年第 6 期。
[73] 郭红东、钱崔红:“关于合作社理论的文献综述”,载《中国农村观察》2005 年第 1 期。
[74] 郭晓鸣、宋相涛:“以制度创新促进农民合作组织可持续发展——‘《农民专业合作社法》颁布后中国农民合作组织发展新动向’国际研讨会综述”,载《中国农村经济》2008 年第 11 期。
[75] 国鲁来:“德国合作社制度的主要特点”,载《中国农村经济》1995 年第 6 期。
[76] 国鲁来:“合作社制度及专业协会实践的制度经济学分析”,载《中国农村观察》2001 年第 4 期。
[77] 韩国明、郭鹏鹏:“农民自主成立的合作社与‘支部+合作社’治理绩效的比较分析——基于甘肃省民勤县的调查”,载《中国农村观察》2011 年第 6 期。

[78] 韩国明、王凯曦："从权威政治到农民合作社参与的民主政治"，载《华南农业大学学报（社会科学版）》2015 年第 3 期。

[79] 韩国明、朱侃、赵军义："国内农民合作社研究的热点主题与演化路径——基于 2000-2015 年 CSSCI 来源期刊相关论文的文献计量分析"，载《中国农村观察》2016 年第 5 期。

[80] 韩俊："关于农村集体经济与合作经济若干理论与政策问题"，载《中国农村经济》1998 年第 12 期。

[81] 何国平、刘殿国："影响农民加入合作社的决策的因素：一个新制度经济学视角及其来自海南的经验证据"，载《江西财经大学学报》2016 年第 2 期。

[82] 洪闫华："国外农业合作社治理的经验及启示"，载《经济纵横》2012 年第 6 期。

[83] 胡明霞："农民专业合作社规范运行的监管机制探析"，载《农村经济》2015 年第 6 期。

[84] 胡平波："农民专业合作社中农民合作行为激励分析——基于正式制度与声誉制度的协同治理关系"，载《农业经济问题》2013 年第 10 期。

[85] 胡伟斌、黄祖辉、梁巧："合作社生命周期：荷兰案例及其对中国的启示"，载《农村经济》2015 年第 10 期。

[86] 胡燕："试论农民专业合作社成员权救济制度之构建——基于四川省成都市 S 县农民专业合作社的实证调查研究"，载《农村经济》2011 年第 12 期。

[87] 黄凤、杨丹："农民合作社内部治理对其农业服务能力的影响——来自中国 15 省市的调查数据"，载《湖南农业大学学报（社会科学版）》2014 年第 6 期。

[88] 黄季焜、邓衡山、徐志刚："中国农民专业合作经济组织的服务功能及其影响因素"，载《农业经济研究》2010 年第 9 期。

[89] 黄洁："农民合作社企业家如何形成社会创业意向：理论模型及实证"，载《农业技术经济》2015 年第 12 期。

[90] 黄少安、韦倩："合作与经济增长"，载《经济研究》2011 年第

8 期。
[91] 黄少安、张苏："人类的合作及其演进研究"，载《中国社会科学》2013 年第 7 期。
[92] 黄胜忠、林坚、徐旭初："农民专业合作社治理机制及其绩效实证分析"，载《中国农村经济》2008 年第 3 期。
[93] 黄胜忠、张海洋："农民专业合作社理事长胜任特征及其绩效的实证分析"，载《经济与管理》2014 年第 5 期。
[94] 黄祖辉、高钰玲、邓启明："农民专业合作社民主管理与外部介入的均衡——成员利益至上"，载《福建论坛》2012 年第 2 期。
[95] 黄祖辉、高钰玲："农民专业合作社服务功能的实现程度及其影响因素"，载《中国农村经济》2012 年第 7 期。
[96] 黄祖辉、徐旭初："基于能力和关系的合作治理——对浙江省农民专业合作社治理结构的解释"，载《浙江社会科学》2006 年第 1 期。
[97] 黄祖辉、俞宁："新型农业经营主体：现状、约束与发展思路"，载《农业经济研究》2011 第 3 期。
[98] 黄祖辉："中国农民合作组织发展的若干理论与实践问题"，载《中国农村经济》2008 年第 11 期。
[99] 季晨、贾甫、徐旭初："基于复衡性和绩效视角的农民合作社成长性探析——对生猪养殖合作社的多案例分析"，载《中国农村观察》2017 年第 3 期。
[100] 蒋辉："农民专业合作社内部治理机制与运营风险防范"，载《江西社会科学》2016 年第 6 期。
[101] 蒋辉宇、许淑芬："论合作社的法人地位与社员的责任形式——对当前学界有关合作社法人地位研究的反思"，载《财贸研究》2008 年第 2 期。
[102] 蒋玉珉："当代合作社原则是中国合作社的立法基础"，载《学术界》2006 年第 3 期。
[103] 金海平："合作社性质的法律分析"，载《河北法学》2007 年第 9 期。
[104] 康建英："农民专业合作社发展中社会资本流失的成因及对策研

究”，载《中州学刊》2015 年第 2 期。

[105] 孔凡宏、张继平：“我国农民专业合作社未来发展模式的应然路向：基于目标与环境的考量”，载《华东理工大学学报（社会科学版）》2015 年第 2 期。

[106] 孔祥智、陈丹梅：“政府支持与农民专业合作社的发展”，载《教学与研究》2007 年第 1 期。

[107] 孔祥智、蒋忱忱：“成员异质性对合作社治理机制的影响分析——以四川省井研县联合水果合作社为例”，载《农村经济》2010 年第 9 期。

[108] 孔祥智、楼栋、方婵娟：“成员异质性背景下农民合作社的收益分配机制研究”，载《农林经济管理学报》2015 年第 2 期。

[109] 孔祥智、史冰清：“当前农民专业合作组织的运行机制、基本作用及影响因素分析”，载《农业经济研究》2009 年第 5 期。

[110] 孔祥智、涂圣伟、史冰清：“中国农村改革 30 年：历程、经验和前景展望”，载《农业经济研究》2009 年第 3 期。

[111] 孔祥智、周振：“分配理论与农民专业合作社盈余分配原则——兼谈《中华人民共和国农民专业合作社法》的修改”，载《东岳论丛》2014 年第 4 期。

[112] 孔祥智、周振：“规模扩张、要素匹配与合作社演进”，载《东岳论丛》2017 年第 1 期。

[113] 雷兴虎、刘观来：“激励机制视野下我国农业合作社治理结构之立法完善”，载《法学评论》2011 年第 6 期。

[114] 雷兴虎、刘观来：“论我国农民专业合作社监事会制度的立法完善”，载《湖北警官学院学报》2012 年第 5 期。

[115] 雷兴虎、刘观来：“制度缺失背景下的农业合作社社会责任”，载《西南民族大学学报（人文社会科学版）》2012 年第 6 期。

[116] 雷兴虎、刘水林：“农业合作社的法律问题探讨”，载《中国法学》2004 年第 5 期。

[117] 雷原：“进一步完善和创新农业家庭经营组织形式”，载《求是》2000 年第 12 期。

[118] 李春景:“论西方国家股份合作社的本质及对我国的启示”,载《法学评论》2009 年第 5 期。

[119] 李继刚:“我国农民专业合作社演进趋势:发展抑或停滞”,载《当代经济管理》2016 年第 10 期。

[120] 李继志:“新型农民专业合作社:参与主体行为、组织制度与组织绩效”,湖南农业大学 2014 年博士学位论文。

[121] 李建国:“关于《中华人民共和国民法总则(草案)》的说明”,载《民法总则立法背景与观点全集》编写组:《民法总则立法背景与观点全集》,法律出版社 2017 年版。

[122] 李金珊、袁波、沈楠:“农民专业合作社本质属性及实地考量——基于浙江省 15 家农民专业合作社的调研”,载《浙江大学学报(人文社会科学版)》2016 年第 5 期。

[123] 李金珊、袁波、沈楠:“农民专业合作社的内外协同创新——来自浙江省 23 家农民专业合作社的证据”,载《浙江大学学报(人文社会科学版)》2016 年第 2 期。

[124] 李静:“农民专业合作社法人治理结构及其规范运行分析”,载《经济问题》2013 年第 3 期。

[125] 李亮、柏振忠:“国外农业合作社典型模式比较及中国借鉴”,载《理论月刊》2017 年第 4 期。

[126] 李琳琳:“模糊的边界——农民专业合作社成员边界的研究”,中国农业大学 2014 年博士学位论文。

[127] 李琳琳:“我国本土合作社的现实图景——对合作社‘制度变异说’的反思与讨论”,载《农业经济问题》2017 年第 7 期。

[128] 李敏、王礼力、郭海丽:“农户参与合作社意愿的影响因素分析——基于陕西省杨凌示范区的数据”,载《云南社会科学》2015 年第 3 期。

[129] 李敏:“基于农民组织化视角的农民专业合作社绩效研究”,西北农林科技大学 2015 年博士学位论文。

[130] 李培林等:“新起点的农村改革与发展(笔谈)”,载《农业经济研究》2010 年第 5 期。

[131] 李如春、陈绍军："农民合作社在精准扶贫中的作用机制研究"，载《河海大学学报（哲学社会科学版）》2017 年第 2 期。

[132] 李桃："经济理性、生存智慧与行为逻辑——农民专业合作社内部中小社员'搭便车'行为探究"，载《宏观经济研究》2014 年第 2 期。

[133] 李想："农民合作社扶贫参与行为研究"，载《华南农业大学学报（社会科学版）》2017 年第 6 期。

[134] 李晓红、洪名勇、宋山梅："'组织、制度与农村发展'学术研讨会综述"，载《农业经济问题》2007 年第 9 期。

[135] 李旭："农民专业合作社成长性的评价与决定机制——基于利益相关者理论"，载《农业技术经济》2015 年第 5 期。

[136] 李勇军、欧阳仁根："合作社立法模式比较分析及我国的合理选择——基于我国目前民商事立法的背景"，载《安徽大学学报（哲学社会科学版）》2009 年第 5 期。

[137] 李勇军："农业合作社在各国的发展、功效及立法分析"，载《农业考古》2008 年第 6 期。

[138] 李雨、李录堂："农民专业合作社的发展困境与法律思考"，载《西北农林科技大学学报（社会科学版）》2013 年第 4 期。

[139] 李雨："农民专业合作经济组织若干问题的法律思考"，载《农村经济》2012 年第 10 期。

[140] 李玉勤："'农民专业合作组织发展与制度建设研讨会'综述"，载《农业经济问题》2008 年第 2 期。

[141] 李云新、王晓璇："农民专业合作社行为扭曲现象及其解释"，载《农业经济问题》2017 年第 4 期。

[142] 李长健、冯果："我国农民合作经济组织立法若干问题研究"（上、下），载《法学评论》2005 年第 4、5 期。

[143] 李长健、李胜蓝："我国农民合作经济组织社会责任问题研究综述"，载《行政与法》2006 年第 12 期。

[144] 李长健："农民合作经济组织社会责任研究"，载《法商研究》2005 年第 4 期。

[145] 梁晖、任大鹏:“农民专业合作社利益连结机制分析”，载《农村经济》2011年第10期。
[146] 梁慧星:“合作社的法人地位”，载梁慧星主编:《民商法论丛》（第26卷），香港金桥文化出版公司2003年版。
[147] 梁剑峰、李静:“‘精英俘获’: 农民专业合作社成长之困”，载《宏观经济研究》2015年第3期。
[148] 梁剑峰、李静:“农民专业合作社法人治理结构的冲突与优化”，载《经济问题》2015年第1期。
[149] 梁巧、吴闻、刘敏、卢海阳:“社会资本对农民合作社社员参与行为及绩效的影响”，载《农业经济问题》2014年第11期。
[150] 梁巧:“基于2012-2014年国内外合作社文献的梳理与思考”，载《农业经济问题》2015年第11期。
[151] 廖媛红:“农民专业合作社的社会资本与绩效之间的关系研究”，载《东岳论丛》2015年第8期。
[152] 廖运凤:“对合作制若干理论问题的思考”，载《中国农村经济》2004年第5期。
[153] 林坚、黄胜忠:“成员异质性与农民专业合作社的所有权分析”，载《农业经济问题》2007年第10期。
[154] 刘滨、池泽新、李道和:“农民专业合作社社员资格开放度研究”，载《农业经济研究》2010年第6期。
[155] 刘纯阳、袁伟娟:“农民专业合作社的社员认同与内部人控制研究——基于博弈论视角的分析”，载《吉首大学学报（社会科学版）》2015年第6期。
[156] 刘观来、吴桂红:“农民专业合作社承担社会责任的正当性分析”，载《安徽科技学院学报》2014年第2期。
[157] 刘观来:“合作社与集体经济组织两者关系亟须厘清——以我国《宪法》的完善为中心”，载《农业经济问题》2017年第11期。
[158] 刘观来:“农民专业合作社治理结构的目标选择及其对未来‘修法’的影响”，载《湖北警官学院学报》2015年第3期。
[159] 刘观来:“我国农民专业合作社法亟待解决的几个突出问题”，载周

永坤主编：《东吴法学》，中国法制出版社 2014 年版。
[160] 刘观来："我国农民专业合作社社员权的诉权保护——以社员代表诉讼的制度构建为中心"，载《农业经济问题》2016 年第 12 期。
[161] 刘观来："应进一步完善我国农民专业合作社治理结构法律制度设计"，载《中国农民合作社》2015 年第 7 期。
[162] 刘洁、陈新华："制度结构、交易环境与农民专业合作社的绩效——基于江西省 102 家农民专业合作社的实证分析"，载《农村经济》2015 年第 10 期。
[163] 刘洁、祁春节、陈新华："制度结构对农民专业合作社绩效的影响——基于江西省 72 家农民专业合作社的实证分析"，载《经济经纬》2016 年第 2 期。
[164] 刘骏、张颖聪、艾靓："农民专业合作社的真伪之争：分歧的焦点与原因"，载《农业经济问题》2017 年第 7 期。
[165] 刘老石："合作社实践与本土评价标准"，载《开放时代》2010 年第 12 期。
[166] 刘明祖："对农民专业合作社的几点认识"，载《农村经营管理》2007 年第 8 期。
[167] 刘水林："农民组织法律问题研究"，载《法商研究》2010 年第 3 期。
[168] 刘同山、孔祥智："发展视角下的合作社治理"，载《经济问题探索》2013 年第 6 期。
[169] 刘同山、孔祥智："治理结构如何影响农民合作社绩效？——对 195 个样本的 SEM 分析"，载《东岳论丛》2015 年第 12 期。
[170] 刘西川、徐建奎："再论'中国到底有没有真正的农民合作社'——对《合作社的本质规定与现实检视》一文的评论"，载《中国农村经济》2017 年第 7 期。
[171] 刘向华："对我国农业现代化发展道路的探析——基于新型农业合作社的现实困境"，载《毛泽东邓小平理论研究》2016 年第 9 期。
[172] 刘小红："论《农民专业合作社法》的立法完善——以经济法的干预方式为进路"，载《农业经济问题》2009 年第 7 期。

[173] 刘驯刚:“西班牙巴斯克地区合作社法评介”(三),载《中国集体工业》1995年第1期。

[174] 刘颖娴、徐旭初、郭红东:“不确定性与农民专业合作社纵向一体化经营”,载《华南农业大学学报(社会科学版)》2015年第3期。

[175] 刘颖娴:“当前中国农民专业合作社的困境与发展方向——‘2012国际合作社年:农业合作社的国际趋势与中国实践’国际研讨会综述”,载《中国农村经济》2013年第3期。

[176] 刘勇:“农民专业合作社法律属性的经济学分析”,载《华南农业大学学报(社会科学版)》2011年第1期。

[177] 刘勇:“西方农业合作社理论文献综述”,载《华南农业大学学报(社会科学版)》2009年第4期。

[178] 刘宇翔:“农民合作社功能结构与农民收入灰色关联分析”,载《西北农林科技大学学报(社会科学版)》2016年第6期。

[179] 刘雨欣、李红、郭翔宇:“异质性视角下农机合作社内部监督缺失问题的博弈分析——以黑龙江省为例”,载《农业经济问题》2016年第12期。

[180] 娄锋、程士国、樊启:“农民专业合作社绩效评价及绩效影响因素”,载《北京理工大学学报(社会科学版)》2016年第2期。

[181] 楼栋、黄博、孔祥智:“企业家精神与农民专业合作社发展——以北京乐平西甜瓜专业合作社为例”,载《农业部管理干部学院学报》2012年第8期。

[182] 卢晓娟、康德琯:“股份合作企业及其立法问题初探”,载《政法论坛》1994年第3期。

[183] 陆倩、孙剑、向云:“合作社产权:内涵组成及其相互作用机制”,载《农村经济》2016年第11期。

[184] 陆倩、孙剑、向云:“农民合作社产权治理现状、类型划分及社员利益比较——中国为何缺乏有效的农民合作社”,载《经济学家》2016年第9期。

[185] 罗明忠、陈江华:“农民合作社的生成逻辑——基于风险规避与技术扩散视角”,载《西北农林科技大学学报(社会科学版)》2015

年第 6 期。
[186] 吕丝:“我国农民专业合作社法律问题研究”,武汉大学 2013 年博士学位论文。
[187] 马桂萍:“农民专业合作社方向论析”,载《科学社会主义》2016 年第 1 期。
[188] 马惊鸿:“农民专业合作社组织属性反思及法律制度创新”,载《政法论丛》2016 年第 2 期。
[189] 马俊驹、宋刚:“合作制与集体所有权”,载《法学研究》2001 年第 6 期。
[190] 马俊驹、吴尚芝:“农村社会进步与合作社立法”,载《改革》2001 年第 3 期。
[191] 马文成:“农民专业合作社治理研究:基于管理移植和文化嵌入”,东北财经大学 2015 年博士学位论文。
[192] 马彦丽、孟彩英:“我国农民专业合作社的双重委托-代理关系”,载《农业经济问题》2008 年第 5 期。
[193] 马彦丽:“论中国农民专业合作社的识别和判定”,载《中国农村观察》2013 年第 3 期。
[194] 马彦丽:“我国农民专业合作社的制度解析——以浙江省为例”,浙江大学 2006 年博士学位论文。
[195] 马跃进、孙晓红:“中国合作社立法——向着本来意义的合作社回归”,载《法学家》2008 年第 6 期。
[196] 马跃进:“合作社的法律属性”,载《法学研究》2007 年第 6 期。
[197] 马跃进:“论股份合作企业的法律属性”,载《山西财经大学学报》1998 年第 1 期。
[198] 孟飞:“龙头企业领办合作社的异化行为及其规制”,载《安徽大学学报(哲学社会科学版)》2014 年第 5 期。
[199] 孟飞:“农村大户领办合作社:生成、影响及其规制”,载《农业经济问题》2016 年第 9 期。
[200] 孟俊红:“农民专业合作社法人非货币出资问题研究——以农村土地承包经营权出资为视角”,载《广西社会科学》2011 年第 7 期。

[201] 孟英玉："农民专业合作社治理效率的经济学分析"，载《商业时代》2012 年第 6 期。
[202] 米新丽："论农民专业合作社的盈余分配制度——兼评我国《农民专业合作社法》相关规定"，载《法律科学（西北政法大学学报）》2008 年第 6 期。
[203] 莫华："农民专业合作社发展及分层的影响因素分析——基于资源基础理论和湖南省的 187 份调研数据"，载《湖南农业大学学报（社会科学版）》2017 年第 1 期。
[204] 穆励："兴办合作社事业是世界潮流"，载《求是》2003 年第 20 期。
[205] 牛若峰："论合作制的演进与发展——纪念罗奇代尔先锋公平社 160 周年"，载《牛若峰工作室通讯》2004 年第 12 号。
[206] 欧阳煌、李思："创新扩散、制度网络与专业合作社发展——基于小世界网络视角"，载《中国农村经济》2016 年第 8 期。
[207] 欧阳仁根："试论我国合作经济法律体系的构建"，载《中国农村观察》2003 年第 2 期。
[208] 潘劲："妇女参与合作社治理：现状、问题与对策——'妇女在合作社治理中的作用'国际研讨会综述"，载《中国农村经济》2008 年第 2 期。
[209] 潘劲："民国时期农村合作社的发展与评价"，载《中国农村观察》2002 年第 2 期。
[210] 潘劲："中国农民专业合作社：数据背后的解读"，载《中国农村观察》2011 年第 6 期。
[211] 朋文欢、黄祖辉："农民专业合作社有助于提高农户收入吗？——基于内生转换模型和合作社服务功能的考察"，载《西北农林科技大学学报（社会科学版）》2017 年第 4 期。
[212] 彭春凝："论西部地区农牧民专业合作社发展的法律支持"，载《西南民族大学学报（人文社会科学版）》2012 年第 6 期。
[213] 彭莹莹、苑鹏："合作社企业家能力与合作社绩效关系的实证研究"，载《农村经济》2014 年第 12 期。
[214] 钱森、李中华："农民合作社制度的规范分析与实证考量"，载《农

村经济》2016 年第 9 期。

［215］秦德智、姚岚、邵慧敏："基于现代企业制度的农民专业合作社治理研究"，载《经济问题探索》2016 年第 4 期。

［216］秦愚、苗彤彤："合作社的本质规定性"，载《农业经济问题》2017 年第 4 期。

［217］秦愚："农业合作社的资本问题——基于相关理论与实践的思考"，载《农业经济问题》2015 年第 7 期。

［218］秦愚："中国实用主义合作社理论是创新还是臆想"，载《农业经济问题》2017 年第 7 期。

［219］全国人大农委法案室："权威解读：农民专业合作社法修订草案解读"，载中国人大网：http://www.npc.gov.cn。

［220］全国人大农业与农村委员会课题组："农民合作经济组织法立法专题研究报告"（一、二、三、四、五），载《农村经营管理》2004 年第 9、10、11、12 期和 2005 年第 1 期。

［221］任大鹏、陈彦翀："农民专业合作社的基本法理与核心制度"，载《教学与研究》2007 年第 1 期。

［222］任大鹏、郭海霞："合作社制度的理想主义与现实主义——基于集体行动理论视角的思考"，载《农业经济问题》2008 年第 3 期。

［223］任大鹏、李蔚："农民合作社梯次民主现象研究"，载《西北农林科技大学学报（社会科学版）》2017 年第 6 期。

［224］任大鹏、王敬培："法律与政策对合作社益贫性的引导价值"，载《中国行政管理》2015 年第 5 期。

［225］任大鹏："《农民专业合作社法》的基本理论问题反思——《农民专业合作社法》的修改"，载《东岳论丛》2017 年第 1 期。

［226］任红霞："中国农民专业合作社治理改进研究"，河北师范大学 2017 年博士学位论文。

［227］任强："论合作社研究的脉络与方法：基于文献的讨论"，载《浙江学刊》2015 年第 4 期。

［228］任强："政府角色与合作社发展：历史与比较的视野"，载《浙江学刊》2014 年第 3 期。

[229] 邵科、徐旭初:“成员异质性对农民专业合作社治理结构的影响——基于浙江省 88 家合作社的分析”，载《西北农林科技大学学报（社会科学版）》2008 年第 2 期。

[230] 邵科:“中国台湾地区合作社有关规定的十大特征”，载《中国农民合作社》2016 年第 10 期。

[231] 邵兴全:“新型农民专业合作社治理结构研究”，西南财经大学 2011 年博士学位论文。

[232] 申志平、刘婷婷、张淑秀:“农民专业合作社中社员民主性影响因素分析——以陕西省白水县为例”，载《西北农林科技大学学报（社会科学版）》2012 年第 2 期。

[233] 税兵:“非营利法人解释”，载《法学研究》2007 年第 5 期。

[234] 宋保胜:“农民专业合作社剩余被侵蚀与防范机制研究”，载《中州学刊》2015 年第 4 期。

[235] 宋刚、马俊驹:“农业专业合作社若干问题研究——兼评我国《农民专业合作社法》”，载《浙江社会科学》2007 年第 5 期。

[236] 宋扬:“农民专业合作经济组织制度创新研究”，中国海洋大学 2010 年博士学位论文。

[237] 孙迪亮:“近十年来我国农民合作社发展政策的实践创新与理论思考——以‘中央一号文件’为中心的考察”，载《中国特色社会主义研究》2017 年第 4 期。

[238] 孙迪亮:“马克思恩格斯的农民合作理论初探”，载《当代世界与社会主义》2015 年第 4 期。

[239] 孙晓红:“‘有限的’有限责任——合作社的债务责任形式”，载《兰州学刊》2012 年第 3 期。

[240] 孙晓红:“我国合作社的立法模式”，载《兰州学刊》2011 年第 3 期。

[241] 孙亚范:“农民专业合作经济组织利益机制及影响因素分析”，载《农业经济问题》2008 年第 9 期。

[242] 孙亚范:“农民专业合作社制度安排对成员行为及组织绩效影响研究”，载《南京农业大学学报（社会科学版）》2012 年第 4 期。

[243] 孙亚范:“农民专业合作社治理中的社员参与意愿影响因素研究——基于江苏省的调查数据”,载《经济问题》2014 年第 3 期。
[244] 谭启平:“论合作社的法律地位”,载《现代法学》2005 年第 4 期。
[245] 谭银清、王钊、陈益芳:“西方农业合作社演化对我国农民专业合作社异化的启示”,载《现代经济探讨》2015 年第 5 期。
[246] 唐华仓:“农民专业合作社运作中的经验与问题——第四届农业政策理论与实践研讨会(河南会议)综述”,载《农业经济问题》2008 年第 1 期。
[247] 唐宗焜:“《合作社促进建议书》草案审议中提出的问题和观点”,载《经济研究参考》2003 年第 43 期。
[248] 唐宗焜:“国际劳工组织《合作社促进建议书(2002)》”,载《经济研究参考》2003 年第 43 期。
[249] 唐宗焜:“合作社功能和社会主义市场经济”,载《经济研究》2007 年第 12 期。
[250] 藤荣刚等:“日本农业协同组织的发展新动向与面临的挑战——日本案例和对中国农民专业合作社的启示”,载《农业经济问题》2009 年第 2 期。
[251] 田国强:“激励、信息及经济机制设计理论”,载汤敏、茅于轼主编:《现代经济学前沿专题》(第 1 集),商务印书馆 1989 年版。
[252] 田野:“农民专业合作社流通服务功能发挥的影响分析”,载《农业技术经济》2016 年第 2 期。
[253] 万江红、耿玉芳:“合作社的人际信任和系统信任研究”,载《农业经济问题》2015 年第 7 期。
[254] 万江红、祁秋燕:“合作社服务功能需求优先序研究”,载《学习与实践》2016 年第 8 期。
[255] 汪安亚:“略论股份合作制企业的法律属性”,载《法商研究》1998 年第 2 期。
[256] 王保树、钱玉林:“经理法律地位之比较研究”,载《法学评论》2002 年第 2 期。
[257] 王凤林:“关于农民合作经济组织立法的几个问题”,载《中国合作

经济》2005 年第 2 期。

[258] 王杰、吴春梅、张贻龙:“合作社的基本理念与本质规定”,载《农村经济》2016 年第 12 期。

[259] 王敬培、任大鹏:“‘典范’标准:农民专业合作社示范社评选标准的研究”,载《中国农业大学学报(社会科学版)》2016 年第 3 期。

[260] 王军、邵科:“理监事会特征对农民合作社绩效的影响——基于我国果蔬合作社的实证分析”,载《西部论坛》2015 年第 6 期。

[261] 王军:“北美农业合作社发展新动向及其启示”,载《中国农业大学学报》2014 年第 3 期。

[262] 王军:“合作社治理:文献综述”,载《中国农村观察》2010 年第 2 期。

[263] 王军:“中国农民合作社变异的经济逻辑”,载《经济与管理研究》2015 年第 1 期。

[264] 王军:“中国农民专业合作社社员机会主义行为的约束机制分析”,载《中国农村观察》2011 年第 5 期。

[265] 王乐君等:“农业法制的发展与完善——农业法制建设 60 年回顾与展望”,载《农业经济问题》2010 年第 2 期。

[266] 王鹏、于宏、霍学喜:“退社行为对合作社可持续发展的影响分析——来自腾湾优势区 211 户退社果农的实证”,载《中国农村观察》2015 年第 2 期。

[267] 王曙光:“中国农民合作组织历史演进:一个基于契约-产权视角的分析”,载《农业经济研究》2011 年第 4 期。

[268] 王图展:“农民合作社议价权、自生能力与成员经济绩效——基于 381 份农民专业合作社调查问卷的实证分析”,载《中国农村经济》2016 年第 1 期。

[269] 王图展:“农民合作社异化对自生能力的影响研究”,载《财贸研究》2017 年第 4 期。

[270] 王图展:“农民合作社与关联组织纵向协作的影响因素”,载《华南农业大学学报》(社会科学版)2017 年第 1 期。

[271] 王图展:“自生能力、外部支持与农民合作社服务功能”,载《农业经济问题》2017 年第 5 期。

[272] 王文莉、王秀萍、张艳:“董事会、监事会特征对农村信用社绩效影响的研究———以陕西省的调研数据为例”,载《生产力研究》2017 年第 1 期。

[273] 王妍:“农民专业合作社制度的制度经济学审视”,载《北方法学》2013 年第 2 期。

[274] 王勇:“产业扩张、组织创新与农民专业合作社成长——基于山东省 5 个典型个案的研究”,载《中国农村观察》2010 年第 2 期。

[275] 王云、张光强、霍学喜:“合作社提高了种植户的增收能力吗?——来自陕西省 600 户苹果种植户的经验证据”,载《西北农林科技大学学报(社会科学版)》2017 年第 3 期。

[276] 王真:“合作社治理机制对社员增收效果的影响分析”,载《中国农村经济》2016 年第 6 期。

[277] 文雷:“农民专业合作社治理机制会影响其绩效吗?——基于山东、河南、陕西三省 153 份问卷的实证研究”,载《经济社会体制比较》2016 年第 6 期。

[278] 文雷:“中国农民专业合作社治理机制与绩效”,西北农林科技大学 2013 年博士学位论文。

[279] 吴彬、徐旭初:“合作社的状态特性对治理结构类型的影响研究——基于中国 3 省 80 县 266 家农民专业合作社的调查”,载《农业技术经济》2013 年第 1 期。

[280] 吴彬、徐旭初:“合作社治理结构:一个新的分析框架”,载《经济学家》2013 年第 10 期。

[281] 吴彬:“农民专业合作社治理结构:理论与实证研究”,浙江大学 2014 年博士学位论文。

[282] 吴彤:“我国农民经济合作组织中文化资源的短缺及对策”,载《河南社会科学》2012 年第 7 期。

[283] 吴英姿:“论诉权的人权属性——以历史演进为视角”,载《中国社会科学》2015 年第 6 期。

[284] 仵希亮:“农民专业合作社的利益相关者探析与共同治理结构构建”,载《农村经济》2013 年第 10 期。
[285] 仵希亮:“农民专业合作社的异化原因及走向分析”,载《农村经济》2013 年第 4 期。
[286] 武光太:“我国《农民专业合作社法》的立法完善——以治理结构为中心”,载《农业经济》2013 年第 1 期。
[287] 席莹、吴春梅:“农民专业合作社的双元能力建设及其治理效应”,载《农业经济问题》2017 年第 8 期。
[288] 夏春萍、何嘉欣:“我国农民专业合作社治理结构优化分析”,载《东南学术》2012 年第 4 期。
[289] 夏冬泓、杨杰:“合作社收益及其归属新探”,载《农业经济问题》2010 年第 4 期。
[290] 夏英、牛若峰:“我国农村合作经济组织改革和发展的思路”,载《中国农村经济》1999 年第 12 期。
[291] 向德平、刘风:“农民合作社在反脆弱性发展中的作用和路径分析”,载《河南社会科学》2017 年第 5 期。
[292] 向勇:“驳合作社法人所有权”,载《政治与法律》2008 年第 9 期。
[293] 肖端:“不完全契约视野的农民合作社组织绩效比较及其提升策略”,载《宏观经济研究》2016 年第 5 期。
[294] 晓亮:“集体制萎缩了,合作制发展了”,载《现代经济探讨》2002 年第 4 期。
[295] 谢怀栻:“论民事权利体系”,载《民法总则论文选萃》,中国法制出版社 2004 年版。
[296] 谢彦明、汪戎、张连刚、张静:“林业合作社运行机制及转化案例分析”,载《西北农林科技大学学报(社会科学版)》2015 年第 5 期。
[297] 熊斌:“抗战前后消费合作社法规研究”,载《求索》2015 年第 10 期。
[298] 徐小平:“中国现代农业合作社法律制度研究”,西南政法大学 2007 年博士学位论文。

[299] 徐晓鹏："农民专业合作社对农村公共空间拓展的影响因素——以四川省X村Y水稻种植专业合作社为例"，载《华中农业大学学报（社会科学版）》2015年第1期。

[300] 徐旭初、邵科："新形势下中国农民合作经济组织的发展与变革——'中国农村改革30年：中国农民合作经济组织发展'国际研讨会综述"，载《中国农村经济》2009年第1期。

[301] 徐旭初、吴彬："《农民专业合作社法》的规范化效应检视"，载《东岳论丛》2017年第1期。

[302] 徐旭初、吴彬："异化抑或创新？——对中国农民合作社特殊性的理论思考"，载《中国农村经济》2017年第12期。

[303] 徐旭初、吴彬："治理机制对农民专业合作社绩效的影响——基于浙江省526家农民专业合作社的实证分析"，载《中国农村经济》2010年第5期。

[304] 徐旭初："合作社文化：概念、图景与思考"，载《农业经济问题》2009年第11期。

[305] 徐旭初："略论农民专业合作社理论研究进展及趋势"，载《中国农民合作社》2013年第1期。

[306] 徐旭初："农民专业合作社发展辨析：一个基于国内文献的讨论"，载《中国农村观察》2012年第5期。

[307] 徐旭初："谈农民专业合作社法实施中的问题及相应的修法思考"，载《中国合作经济》2012年第6期。

[308] 徐志刚、谭鑫、廖小静："农民合作社核心成员社会资本与政策资源获取及成员受益差异"，载《南京农业大学学报（社会科学版）》2017年第6期。

[309] 徐忠爱："基于契约规制的农村经济组织模式研究"，载《农业经济研究》2010年第6期。

[310] 许驰、张春霞："福建省农民林业专业合作社发展中的理事长能力影响研究"，载《学术论坛》2014年第5期。

[311] 许英、吴越："农民专业合作社成员出资制度反思与重构——以土地承包经营权作价出资为研究重心"，载《农村经济》2013年第

10 期。

[312] 严海蓉、陈航英："农村合作社运动与第三条道路：争论与反思"，载《开放时代》2015 年第 2 期。

[313] 颜华、冯婷："农民专业合作社普通成员的利益实现及其保障机制研究——基于黑龙江省 25 家种植业合作社的调查"，载《农业经济问题》2015 年第 2 期。

[314] 杨灿君："'能人治社'中的关系治理研究——基于 35 家能人领办型合作社的实证研究"，载《南京农业大学学报（社会科学版）》2016 年第 2 期。

[315] 杨丹、刘自敏、徐旭初："治理结构、要素投入与合作社服务绩效"，载《财贸研究》2016 年第 2 期。

[316] 杨丹、刘自敏："农户专用性投资、农社关系与合作社增收效应"，载《中国农村经济》2017 年第 5 期。

[317] 杨光华、钱有飞："论合作社民主管理的经济基础——基于两个农民合作社的调查思考"，载《社会主义研究》2017 年第 3 期。

[318] 杨龙、仝志辉、李萌："农村精英对合作社非线性发展的影响机制研究——基于北京郊区四个农民专业合作社的案例分析"，载《探索》2013 年第 6 期。

[319] 杨仕兵："论合作社法的法律属性"，载《财贸研究》2008 年第 6 期。

[320] 杨仕兵："论农村合作经济组织的社会责任"，载《经济问题》2005 年第 4 期。

[321] 杨唯希："农民专业合作社盈余分配规则及实践探究"，载《当代经济研究》2016 年第 2 期。

[322] 杨雪梅、梁惠清、王征兵："农民专业合作社风险评价及差异性分析"，载《西北农林科技大学学报（社会科学版）》2017 年第 5 期。

[323] 杨雅如："当前我国农民专业合作社发展的外部条件调整研究"，载《农业经济研究》2011 年第 2 期。

[324] 杨勇、包菊芬："农民专业合作社的代际问题与效率提升"，载《农业经济问题》2015 年第 8 期。

[325] 易棉阳："改革开放以来新型农民合作经济发展的理论辨析——基于研究文献与政府政策的讨论"，载《财贸研究》2014 年第 2 期。

[326] 殷民娥："国内外农民专业合作社发展考察及启示"，载《华东经济管理》2017 年第 7 期。

[327] 殷瑞锋："国外农业合作组织的主要功能及发展趋势分析"，载《中国农民合作社》2009 年第 5 期。

[328] 尹广文、崔月琴："能人效应与关系动员：农民专业合作组织的生成机制和运作逻辑——一组基于西北地区村域合作社的实地研究"，载《南京农业大学学报（社会科学版）》2016 年第 2 期。

[329] 应瑞瑶、何军牛："中国农业合作社立法若干理论问题研究"，载《农业经济问题》2002 年第 7 期。

[330] 应瑞瑶等："成员异质性、合作博弈与利益分配——一个对农民专业合作社盈余分配机制安排的经济解释"，载《财贸研究》2016 年第 3 期。

[331] 应瑞瑶、朱哲毅、徐志刚："中国农民专业合作社为什么选择'不规范'"，载《农业经济问题》2017 年第 11 期。

[332] 应瑞瑶："论农业合作社的演进趋势与现代合作社的制度内核"，载《南京社会科学》2004 年第 1 期。

[333] 于海琳："基于双重治理结构的农业合作社发展研究"，载《理论探讨》2015 年第 4 期。

[334] 于会娟、韩立民："要素禀赋差异、成员异质性与农民专业合作社治理"，载《山东大学学报（哲学社会科学版）》2013 年第 2 期。

[335] 于会娟："成员异质性视角下中国渔民专业合作社治理研究"，中国海洋大学 2013 年博士学位论文。

[336] 于欣慧、任大鹏："农民专业合作社成员间风险责任关系研究"，载《农村经济》2015 年第 12 期。

[337] 于欣慧、任大鹏："农民专业合作社的'圈层结构'——从单点合作到多点合作"，载《农村经济》2017 年第 5 期。

[338] 余丽燕、Jerker Nilsson："农民合作社资本约束：基于社会资本理论视角"，载《中国农村观察》2017 年第 5 期。

[339] 袁久和:“农民专业合作社中的委托代理关系与治理机制研究”，华中农业大学 2013 年博士学位论文。

[340] 苑鹏、刘凤芹:“美国政府在发展农民合作社中的作用及其启示”，载《农业经济问题》2007 年第 9 期。

[341] 苑鹏:“德国最新《合作社法》的修订变化及其对我国的启示”，载《学习与实践》2016 年第 7 期。

[342] 苑鹏:“关于修订《农民专业合作社法》若干问题的再思考”，载《东岳论丛》2017 年第 1 期。

[343] 苑鹏:“合作社与股份公司的区别与联系”，载《教学与研究》2007 年第 1 期。

[344] 苑鹏:“欧美农业合作社的实践创新及其对我国的启示”，载《学习与实践》2015 年第 7 期。

[345] 苑鹏:“日本综合农协的发展经验及其对中国农村合作社道路的借鉴”，载《农村经济》2015 年第 5 期。

[346] 苑鹏:“试论合作社的本质属性及中国农民专业合作经济组织发展的基本条件”，载《农村经营管理》2006 年第 8 期。

[347] 苑鹏:“现代合作社理论研究发展评述”，载《农村经营管理》2005 年第 4 期。

[348] 苑鹏:“中国农村市场化进程中的农民合作组织研究”，载《中国社会科学》2001 年第 6 期。

[349] 苑鹏:“中国特色的农民合作社制度的变异现象研究”，载《中国农村观察》2013 年第 3 期。

[350] 张超、吴春梅:“合作社公共服务满意度实证研究——基于 290 户中小社员的调查证据”，载《经济学家》2015 年第 3 期。

[351] 张超:“合作社公共服务效率及其影响因素分析——基于浙江省的调查”，载《财贸研究》2016 年第 3 期。

[352] 张德峰:“合作社集体社员权论”，载《政法论坛》2014 年第 5 期。

[353] 张德峰:“合作社资本报酬有限原则之立法探讨”，载《政法论坛》2017 年第 3 期。

[354] 张德峰:“合作制保障与效率提升：我国合作社‘资本控制’法律

规制研究”，载《法律科学（西北政法大学学报）》2016 年第 2 期。

[355] 张德峰：“论合作社社员退社的法律限制与保护”，载《法商研究》2016 年第 3 期。

[356] 张德峰：“论我国合作社社员附加表决权的法律规制”，载《现代法学》2016 年第 2 期。

[357] 张继：“农民专业合作社社员权益之法律保护探析”，载《吉首大学学报（社会科学版）》2011 年第 2 期。

[358] 张靖会、石绍宾：“农民专业合作社自愿供给机制分析”，载《财贸研究》2011 年第 6 期。

[359] 张俊、章胜勇：“合作社营运绩效评价及验证——基于专家、管理者和社员三方视角的对比分析”，载《经济学家》2015 年第 9 期。

[360] 张开华、张清林：“农民专业合作社成长的困惑与思考”，载《农业经济问题》2007 年第 5 期。

[361] 张康之：“论合作”，载《南京大学学报（哲学·人文科学·社会科学）》2007 年第 5 期。

[362] 张丽丽：“农业合作社的经济均衡——基于新古典框架的分析”，载《西北农林科技大学学报（社会科学版）》2015 年第 6 期。

[363] 张连刚、柳娥：“组织认同、内部社会资本与合作社成员满意度——基于云南省 263 个合作社成员的实证分析”，载《中国农村观察》2015 年第 5 期。

[364] 张连刚、支玲、谢彦明、张静：“农民合作社发展顶层设计：政策演变与前瞻——基于中央‘一号文件’的政策回顾”，载《中国农村观察》2016 年第 5 期。

[365] 张社梅：“制度创新、人文关怀与农民专业合作社的治理探讨——以鑫养蜂专业合作社为例”，载《农村经济》2017 年第 5 期。

[366] 张世文：“上海消费合作社调查”，载李文海主编：《民国时期社会调查丛编——社会组织卷》，福建教育出版社 2005 年版。

[367] 张晓山：“创新农业基本经营制度 发展现代农业”，载《经济纵横》2007 年第 1 期。

[368] 张晓山：“理想与现实的碰撞：《农民专业合作社法》修订引发的思

考”，载《求索》2017 年第 8 期。

[369] 张晓山：“农民专业合作社发展需要关注的一些问题”，载《农村经营管理》2011 年第 1 期。

[370] 张晓山：“深化农村改革 促进农村发展——三大制约因素、一个基本认识、两类政策措施”，载《中国农村经济》2003 年第 1 期。

[371] 张晓山：“提高农民的组织化程度 积极推进农业产业化经营”，载《农村经营管理》2003 年第 2 期。

[372] 张晓山：“中国农村改革 30 年：回顾与思考”，载《农业经济研究》2009 年第 3 期。

[373] 张学军：“论美国农业经销合作社规范的演变及其启示”，载《浙江大学学报（人文社会科学版）》2011 年第 4 期。

[374] 张燕、吴正刚、李晶晶：“论独立董事制度与我国农民合作经济组织的治理”，载《广西社会科学》2008 年第 5 期。

[375] 张滢：“以合作社为核心的丹麦猪肉产业组织体系：组织架构、制度特性与经验借鉴”，载《中国农村经济》2016 年第 1 期。

[376] 张颖、任大鹏：“论农民专业合作社的规范化——从合作社的真伪之辨谈起”，载《农业经济问题》2010 年第 4 期。

[377] 张颖、王礼力、曹燕子：“农民专业合作社生命周期演化机理及实证研究”，载《农村经济》2015 年第 3 期。

[378] 张颖等：“农民专业合作社社会责任范畴及其评价”，载《西北农林科技大学学报（社会科学版）》2017 年第 2 期。

[379] 张颖、王礼力：“农民专业合作社社会责任影响因素研究”，载《经济经纬》2017 年第 4 期。

[380] 张永兵、温世扬：“农民专业合作社财产权法律属性研究”，载《当代法学》2014 年第 3 期。

[381] 张永兵：“合作社基本原则嬗变与评价标准重构”，载《湖南社会科学》2014 年第 2 期。

[382] 张忠根、李华敏：“农村村级集体经济发展：作用、问题与思考——基于浙江省 138 个村的调查”，载《农业经济问题》2007 年第 11 期。

[383] 章光园："论社员权的演变与意义"，载《社会科学论坛（学术研究卷）》2007 年第 10 期。

[384] 章群、牛忠江："市场与法治：农民专业合作社法人治理中的动态利益平衡"，载《河北法学》2011 年第 1 期。

[385] 赵玻、陈阿兴："美国新一代合作社：组织特征、优势及绩效"，载《农业经济问题》2007 年第 11 期。

[386] 赵国杰、郭春丽："农民专业合作社生命周期分析与政府角色转换初探"，载《农业经济研究》2009 年第 5 期。

[387] 赵佳荣："农民专业合作社'三重绩效'评价模式研究"，载《农业经济研究》2010 年第 6 期。

[388] 赵黎："欧洲农业合作社的制度创新及其对中国的启示"，载《农村经济》2017 年第 11 期。

[389] 赵谦："专业合作社法实施中的农民参与困境及校正——以重庆为例"，载《法学》2012 年第 3 期。

[390] 赵泉民："'后乡土时代'中国乡村合作经济组织发展的困境及应对"，载《农业经济研究》2011 年第 4 期。

[391] 赵泉民："政府意志：20 世纪三四十年代中国乡村合作运动价值取向论"，载《中国社会经济史研究》2006 年第 1 期。

[392] 赵铁桥、贺潇、张海娇："砥砺十年展新貌 合作事业谱华章——纪念《农民专业合作社法》颁布十周年"，载《中国农民合作社》2016 年第 10 期。

[393] 赵晓峰、付少平："多元主体、庇护关系与合作社制度变迁——以府城县农民专业合作社的实践为例"，载《中国农村观察》2015 年第 2 期。

[394] 赵晓峰、邢成举："农民合作社与精准扶贫协同发展机制构建：理论逻辑与实践路径"，载《农业经济问题》2016 年第 4 期。

[395] 赵晓峰、赵祥云："规则意识、合作权能与农民合作社法治建设——社员的视角"，载《人文杂志》2016 年第 8 期。

[396] 赵晓峰："农民专业合作社制度演变中的'会员制'困境及其超越"，载《农业经济问题》2015 年第 2 期。

[397] 郑丹:“农民专业合作社盈余分配状况探究”，载《中国农村经济》2011年第4期。

[398] 郑景元:“合作社商人化的共生结构”，载《政法论坛》2016年第2期。

[399] 郑景元:“农村信用社社员权的整合构造及其分离行使——兼论权利的二元救济”，载《中国政法大学学报》2011年第3期。

[400] 郑军南:“社会嵌入视角下的合作社发展——基于一个典型案例的分析”，载《农业经济问题》2017年第10期。

[401] 郑文凯:“充分认识《农民专业合作社法》的立法背景和重大意义”，载《农村经营管理》2007年第4期。

[402] 中华全国供销合作总社赴加拿大、挪威考察团:“加拿大、挪威合作社考察报告”，载《中国合作经济》2005年第1期。

[403] 中华全国供销合作总社赴意英合作社考察团:“取他山之石，开创合作社事业新局面”，载《中国供销合作经济》2003年第11期。

[404] 钟颖琦、黄祖辉、吴林海:“农户加入合作社意愿与行为的差异分析”，载《西北农林科技大学学报（社会科学版）》2016年第6期。

[405] 钟真、王舒婷、孔祥智:“成员异质性合作社的制度安排与合作稳定性：以三家奶农合作社为例”，载《华中农业大学学报（社会科学版）》2017年第6期。

[406] 钟真、张琛、张阳悦:“纵向协作程度对合作社收益及分配机制影响——基于4个案例的实证分析”，载《中国农村经济》2017年第6期。

[407] 周惠中:“经济激励和经济改革”，载汤敏、茅于轼主编:《现代经济学前沿专题》（第2集），商务印书馆1993年版。

[408] 周连云:“当代国际合作社运动的新背景、新优势、新特点”，载《中国合作经济》2005年第2期。

[409] 周文根:“基于企业框架的专业合作社激励机制”，载《中央财经大学学报》2007年第7期。

[410] 周应恒、胡凌啸:“中国农民专业合作社还能否实现‘弱者的联合’——基于中日实践的对比分析”，载《中国农村经济》2016年

第6期。

[411] 周振、孔祥智:“盈余分配方式对农民合作社经营绩效的影响——以黑龙江省克山县仁发农机合作社为例”,载《中国农村观察》2015年第5期。

[412] 朱明月:“农民专业合作社治理法律问题研究”,西南政法大学2012年博士学位论文。

[413] 朱仁祥:“科学地认识合作经济与集体经济的关系”,载《中国农村经济》1989年第12期。

[414] 朱晓娟:“法律语境下的合作社”,载《北方法学》2007年第6期。

二、英文类

[1] Anastassios Gentzoglanis, “Regulation, Governance and Capital Structure in Cooperatives”, in K. Karantininis & J. Nilsson (eds.), *Vertical Markets and Cooperative Hierarchies*, Springer, 2007.

[2] Andrei Cechin et al., “Decomposing the Member Relationship in Agricultural Cooperatives: Implications for Commitment”, *Agribusiness*, 2013, 29 (1).

[3] Andrew M. Condon, “The Methodology and Requirements of a Theory of Modern Cooperative Enterprise”, in J. S. Royer (eds.), *Cooperative Theory: New Approaches*, ACS Service Report No. 18, USDA, Washington D. C., 1987.

[4] Andry Arifian Rachman, “Internal Control, Good Cooperative Governance and Performance”, *International Journal of Scientific & Technology Research*, 2017, 6 (11).

[5] Armen A. Alchian and Harold Demsetz, *Production, Information Costs, and Economic Organization*, *American Economic Review*, 1972, 62 (5).

[6] Aurelia George Mulgana, “Much Ado About Something? The Abe Government's Reform of Japan's Agricultural Cooperatives (JA)”, *Japanese Studies*, 2016, 36 (1).

[7] Bert M. Sadowski, “Consumer Cooperatives as an Alternative Form of Governance: The Case of the Broadband Industry”, *Economic Systems*, 2017, 41.

[8] Brent Hueth and Anne Reynolds, "A Life-cycle Perspective on Governing Cooperative Enterprises in Agriculture, The Magazine of Food", *Farm and Resource Issues*, 2011, 26 (3).

[9] Brian Newton, "A Relational Framework for Understanding Board Commitment: A Cooperative Governance Survey", *Management Quarterly*, 2008, 49 (4).

[10] Caroline Gijselinckx and Matthias Bussels, "Farmers' Cooperatives in Europe: Social and Historical Determinants of Cooperative Membership in Agriculture", *Annals of Public and Cooperative Economics*, 2014, 85 (4).

[11] Chris Cornforth, "The Governance of Cooperatives and Mutual Associations: A Paradox Perspective", *Annals of Public and Cooperative Economics*, 2004, 75 (1).

[12] Claude Ménard, "Cooperatives: Hierarchies or Hybrids?" in K. Karantininis and J. Nilsson (eds.), *Vertical Markets and Cooperative Hierarchies*, Springer, 2007.

[13] Di Bateman, Jr. Edwards and C. LeVay, "Agricultural Cooperatives and the Theory of the Firm", *Oxford Agrarian Studies*, 1979, 8.

[14] Dorota Leszczyńska and Maryline Thénot, "Institutional Logics and Practice Variation in an Agricultural Cooperative: Results of a Delphi Study, International Journal of Agricultural Resources", *Governance and Ecology*, 2015, 11.

[15] E. K. Watkins, "The Regulation of Cooperatives by Government", *Wisconsin Law Review*, 1954, 645.

[16] Elisabeth Fischer and Matin Qaim, "Linking Smallholders to Markets: Determinants and Impacts of Farmer Collective Action in Kenya", *World Development*, 2012, 40 (6).

[17] Fabio Chaddad and Constantine Iliopoulos, "Control Rights, Governance, and the Costs of Ownership in Agricultural Cooperatives", *Agribusiness*, 2013, 29 (1).

[18] Fabio Chaddad, "Advancing the Theory of the Cooperative Organization:

The Cooperative as a True Hybrid", *Annals of Public and Cooperative Economics*, 2012, 83 (4).

[19] Fabio Sabatini, "Francesca Modena and Ermanno Tortia, Do Cooperative Enterprises Create Social Trust?" *Small Business Economics*, 2014, 42 (3).

[20] Frank Moulaert and Jacques Nussbaumer, "Defining the Social Economy and its Governance at the Neighbourhood Level: A Methodological Reflection", *Urban Studies*, 2005, 42 (11).

[21] Frédérique Bataille - Chedotel and France Huntzinger, "Faces of Governance of Production Cooperatives: An Exploratory Study of Ten French Cooperatives", *Annals of Public and Cooperative Economics*, 2004, 75 (1).

[22] G. Mujawamariya, M. D'Haese and S. Speelman, "Exploring Double Side-selling in Cooperatives, Case Study of Four Coffee Cooperatives in Rwanda", *Food Policy*, 2013, 39.

[23] George Cheney et al., "Worker Cooperatives as an Organizational Alternative: Challenges, Achievements and Promise in Business Governance and Ownership", *Organization*, 2014, 21 (5).

[24] Gian Nicola Francesconi and Ruerd Ruben, "The Life Cycle of Agricultural Cooperatives: Implications for Management and Governance in Ethiopia", *Journal of Rural Cooperation*, 2008, 36 (2).

[25] H. S. Rohitha Rosairo et al., "Factors Affecting the Performance of Farmer Companies in Sri Lanka: Lessons for Farmer-owned Marketing Firms", *Agribusiness*, 2012, 28 (4).

[26] Harold Paredes - Frigolett, "Pablo Nachar - Calderón and Carmen Marcuello, Modeling the Governance of Cooperative Firms", *Comput Math Organ Theory*, 2017, 23.

[27] Henry Hansmann, "All Firms are Cooperatives—and so are Governments", *Journal of Entrepreneurial and Organizational Diversity*, 2013, 2 (2).

[28] Henry Hansmann, *The Ownership of Enterprise*, The Belknap Press, 1996.

[29] Holger Bonus, "The Cooperative Association as a Business Enterprise: A Study in the Economics of Transactions", *Journal of Institutional and Theoretical Economics*, 1986, 142 (2).

[30] Ignacio Bretos, "Anjel Errasti and Carmen Marcuello, Ownership, Governance, and the Diffusion of HRM Practices in Multinational Worker Cooperatives: Case - Study Evidence from the Mondragon Group", *Human Resource Management Journal*, 2018, 28.

[31] Intan Waheedah Othman, "Maslinawati Mohamad and Azizah Abdullah, Cooperative Movements in Malaysia: The Issue of Governance, International Journal of Social", *Education*, *Economics and Management Engineering*, 2013, 7 (6).

[32] International Cooperative Alliance (ICA), *Statement on the Cooperative Identity*, 1995.

[33] International Labor Organization (ILO), *Promotion of Cooperatives Recommendation*, 2002.

[34] J. C. M., "Chinese Government Fosters Cooperatives", *Far Eastern Survey*, 1936, 5 (11).

[35] J. Roumasset, "The Nature of the Agricultural Firm", *Journal of Economic Behavior & Organization*, 1995, 26 (2).

[36] James Baarda, "Co-op Boards' Circle of Responsibilities", *Rural Cooperatives*, 2002, 7~8.

[37] James Baarda, "Co-op Directors Held to High Standards", *Rural Cooperatives*, 2002, 9~10.

[38] James Baarda, "Cooperative Directors Face Unique Challenges", *Rural Cooperatives*, 2002, 11~12.

[39] Jared G. Carlberg, Clement E. Ward and Rodney B. Holcomb, "Success Factors for New Generation Cooperatives", *International Food & Agribusiness Management Review*, 2006, 9 (1).

[40] Jeffrey S. Royer, "Cooperative Organizational Strategies: A Neo-institutional Digest", *Journal of Cooperatives*, 1999, 14.

[41] Jeffrey Wielgus et al. , "Fishery Cooperatives in Cuba: Potential Benefits, Legal Feasibility and Governance Pre-conditions", *Marine Policy*, 2014, 45.

[42] Jennifer Keeling Bond, "Cooperative Financial Performance and Board of Director Characteristics: A Quantitative Investigation", *Journal of Cooperatives*, 2009, 22 (2).

[43] Jerayr Haleblian and Sydney Finkelstein, "Top Management Team Size, CEO Dominance, and Firm Performance: The Moderating Roles of Environmental Turbulence and Discretion", *The Academy of Management Journal*, 1993, 36 (4).

[44] Jerker Nilsson, "Organisational Principles for Co-Operative Firms", *Scandinavian Journal of Management*, 2001, 17 (3).

[45] Jerker Nilsson, "Svetlana Golovina, Sebastian Hess and Axel Wolz, Governance of Production Co-Operatives in Russian Agriculture", *Annals Of Public and Cooperative Economics*, 2016, 87 (4).

[46] Jill Long Thompson, "Next Generation Cooperatives", *Rural Cooperatives*, 1999, 66 (6).

[47] Johnston Birchall, "The Comparative Advantages of Member-owned Businesses", *Review of Social Economy*, 2012, 70 (3).

[48] Jos Bijman, "George Hendrikse and Aswin van Oijen, Accommodating Two Worlds in One Organisation: Changing Board Models in Agricultural Cooperatives", *Managerial & Decision Economics*, 2013, 34.

[49] Jos Bijman, "Markus Hanisch and Ger van der Sangen, Shifting Control? The Changes of Internal Governance in Agricultural Cooperatives in the EU", *Annals of Public and Cooperative Economics*, 2014, 85 (4).

[50] K. Hakelius, "Cooperative Values: Farmers' Cooperatives in the Minds of the Farmers, PhD Dissertation", *Swedish University of Agricultural Sciences*, 1996.

[51] Kindie Getnet and Tsegaye Anullo, "Agricultural Cooperatives and Rural Livelihoods: Evidence from Ethiopia", *Annals of Public and Cooperative E-*

conomics, 2012, 83 (2).

[52] Lawrence Musiitwa Kyazze et al., "Cooperative Governance and Social Performance of Cooperative Societies", *Cogent Business & Management*, 2017, 4.

[53] Liam Phelan, "Jeffrey McGee and Rhyall Gordon, Cooperative Governance: One Pathway to a Stable-State Economy", *Environmental Politics*, 2012, 21 (3).

[54] Liang Qiao and George Hendrikse, "Cooperative CEO Identity and Efficient Governance: Member or Outside CEO?" *Agribusiness*, 2013, 29 (1).

[55] M. Fulton, "Cooperatives and Member Commitment", *The Finnish Journal of Business Economics*, 1999, 14.

[56] Mahlon G. Lang, "The Future of Agricultural Cooperatives in Canada and the United States: Discussion", *American Journal of Agricultural Economics*, 1995, 77 (5).

[57] Martin A. Abrahamsen, "Discussion: Government Regulations and Market Performance—Problems in Research, and Future Roles for Agricultural Cooperatives", *Journal of Farm Economics*, 1966, 48 (5).

[58] Maryline Filippi, "Using the Regional Advantage: French Agricultural Cooperatives' Economic and Governance Tool", *Annals of Public and Cooperative Economics*, 2014, 85 (4).

[59] Matthias Lehmann, "Cooperatives as Governance Mechanisms", *European Company & Financial Law Review*, 2014, 11 (1).

[60] Meegan Moriarty, "How Do We Foster a New Generation of Cooperatives?" *Rural Cooperatives*, 2017, 84 (4).

[61] Michael C. Jensen, "The Modern Industrial Revolution, Exit, and the Failure of Internal Control Systems", *Journal of Finance*, 1993, 48 (3).

[62] Michael L. Cook and Molly J. Burress, "The Impact of CEO Tenure on Cooperative Governance", *Managerial & Decision Economics*, 2013, 34.

[63] Michael L. Cook, "The Future of U. S. Agricultural Cooperatives: A Neo-

institutional Approach", *American Journal of Agricultural Economics*, 1995, 77 (5).

[64] Ms. Sunita and Mr. Yudhvir, "Good Governance and Cooperatives in India", *An International Multidisciplinary Research Journal*, 2013, 3 (7).

[65] Nancy Jorgensen, "Traditional Principles Still Work for New-generation Cooperative", *Rural Cooperatives*, 1996, 63 (5).

[66] Narciso Arcas-Lario, Francisco Martín-Ugedo and Antonio Mínguez-Vera, "Farmers' Satisfaction with Fresh Fruit and Vegetable Marketing Spanish Cooperatives: An Explanation from Agency Theory", *International Food & Agribusiness Management Review*, 2014, 17 (1).

[67] Nick Matthews, "Co-operative Enterprise: Facing the Challenge of Globalisation", *Journal of Co-operative Studies*, 2013, 46 (1).

[68] Oliver E. Williamson, "Comparative Economic Organization: The Analysis of Discrete Structural Alternatives", *Administrative Science Quarterly*, 1991, 36 (2).

[69] Oliver E. Williamson, "The Theory of the Firm as Governance Structure: From Choice to Contract", *The Journal of Economic Perspectives*, 2002, 16 (3).

[70] P. Aurier, P. Sentis and S. Challita, "Do Cooperatives Perform Better than Capitalistic Firm? The Impact of Governance of Financial Performance and Volatility", *European Academy of Management Conference*, 2014.

[71] P. Somerville, "Co-operative Identity", *Journal of Co-operative Studies*, 2007, 40 (1).

[72] Pauline Vaillancourt and Jean-Guy Vaillancourt, "Government Aid to Worker Production Cooperatives: The Case of Quebec", *Synthesis*, 1978, 2 (3).

[73] Peter Österberg and Jerker Nilsson, "Members' Perception of their Participation in the Governance of Cooperatives: The Key to Trust and Commitment in Agricultural Cooperatives", *Agribusiness*, 2009, 25 (2).

[74] Peter Vitaliano, "Cooperative Enterprise: An Alternative Conceptual Basis

for Analyzing a Complex Institute", *American Journal of Agricultural Economics*, 1983, 65 (5).

[75] R. E. Freeman, *Strategic Management: A Stakeholder Approach*, Pitman Publishing Inc., 1984.

[76] R. H. Coase, "The Nature of the Firm", *Economica*, 1937, 11.

[77] R. Lang and D. Roessl, "Contextualizing the Governance of Community Co-operatives: Evidence from Austria and Germany", *Voluntas*, 2011, 4.

[78] Richard L. Daft, *Theory and Design of Organizations*, 10th Edition, 清华大学出版社 2010 年版。

[79] Rodolfo Apreda, "Cooperatives: The Governance of Patronage Dividends", *A Corporate Finance Viewpoint*, 2013, 4.

[80] Roslynne G. Gall and Bill Schroder, "Agricultural Producer Cooperatives as Strategic Alliances", *International Food and Agribusiness Management Review*, 2006, 9 (4).

[81] Ruerd Ruben and Jorge Heras, "Social Capital, Governance and Performance of Ethiopian Coffee Cooperatives", *Annals of Public and Cooperative Economics*, 2012, 83 (4).

[82] S. P. Robbins and M. Coulter, *Management*, 8th Edition, 清华大学出版社 2005 年版。

[83] Silvia Sacchetti and Ermanno Tortia, "The Extended Governance of Cooperative Firms: Inter-Firm Coordination and Consistency of Values", *Annals of Public and Cooperative Economics*, 2015, 87 (1).

[84] Simon Berge, "Wayne Caldwell and Phil Mount, Governance of Nine Ontario Food Co-operatives", *Annals of Public and Cooperative Economics*, 2016, 87 (3).

[85] Svein Ole Borgen, "Product Differentiation and Cooperative Governance", *The Journal of Socio-Economics*, 2011, 40 (3).

[86] Svein Ole Borgen, "Rethinking Incentive Problems in Cooperative Organizations", *Journal of Socio-Economics*, 2004, 33 (4).

[87] Thoko A. Masuku, Joseph P. B. Mutangira and Micah B. Masuku, "Gov-

ernance and Accountability of Multi – Purpose Cooperatives in the Shiselweni Region of Swaziland: Implications for Education and Training", *Journal of Economics and Sustainable Development*, 2016, 7 (22).

[88] Thomas Ehrmann et al. , "Governance of Franchising Networks, Cooperatives, and Alliances: An Introduction", *Managerial and Decision Economics*, 2013, 34.

[89] Thomas W. Gray, "Why Do Members Participate in Ag Co–ops?" *Rural Cooperatives*, 2011, 11~12.

[90] Valérie Barraud – Didier, Marie – Christine Henninger and Assâad El Akremi, "The Relationship between Members' Trust and Participation in the Governance of Cooperatives: The Role of Organizational Commitment", *International Food and Agribusiness Management Review*, 2012, 15 (1).

[91] Vassili Joannidès de Lautour and Corinne Cortese, "Cooperatives: Governance and Accountability Systems for a Better World?" *Journal of Accounting & Organizational Change*, 2016, 12 (1).

[92] Vladislav Valentinov and Constantine Iliopoulos, "Economic Theories of Nonprofits and Agricultural Cooperatives Compared: New Perspectives for Nonprofit Scholars", *Nonprofit & Voluntary Sector Quarterly*, 2013, 42 (1).

[93] Weiqian Yuan, "On Perfection of Governance Structure of Rural Cooperative Economic Organizations in China", *International Business and Management*, 2015, 10 (2).

[94] Wendong Deng and George W. J. Hendrikse, "Managerial Vision Bias and Cooperative Governance", *European Review of Agricultural Economics*, 2015, 42 (5).

后 记

本书是在我博士论文的基础上修改而成的。

值此本书付梓之际，首先应当感谢我的两位恩师——陈小君教授和雷兴虎教授！

1998 年，我考入中南政法学院（2000 年与中南财经大学合并，更名为中南财经政法大学），师从陈小君教授攻读民商法专业民法方向硕士学位。此后二十年，恩师一直给予我无微不至的关怀。对此，我衷心感激！

人无法选择自然的故乡，但人可以选择心灵的故乡。正是基于对心灵故乡的依恋，2009 年我又重返母校，师从雷兴虎教授攻读民商法专业商法方向博士学位。在攻读博士学位期间，恩师对我关怀备至；尤其是博士论文的写作，更是凝聚了恩师大量心血。对此，我同样衷心感激！

在感谢两位恩师的同时，也感谢母校其他授业老师的教诲！此外，还感谢攻读硕士和博士学位期间诸多师兄师姐、师弟师妹的陪伴——有了他们的陪伴，前后六年的学习生活“苦并快乐着”！

出于对高等教育事业的热爱，2012 年我博士毕业后即改行到高校工作。在安徽科技学院工作期间，得到了各级领导和各位同事的关心与支持，谨此表示衷心的感谢！与此同时，也感谢安徽科技学院人文学院法学专业10至16级全体同学，与他们在一起，我度过了许多美好时光！

在本书出版过程中，中国政法大学出版社第五编辑部主任、本书策划编辑丁春晖老师付出了大量心血，谨此表示衷心的感谢！本书融入了我此前已发表论文的相关内容，借此机会，谨向为拙文问世付出辛勤劳动的各位编辑老师致以由衷的谢意！尤其值得一提的是，作为经济学类尤其是农业经济学类颇具影响力的学术期刊，《农业经济问题》相继刊发了我两篇论文，我与该社社长、也是我两篇论文的责任编辑李玉勤研究员素不相识，为此，衷心感谢李老师对于拙文的厚爱！

最后，感谢家人的理解和支持，没有家人的理解和支持，我不可能在参加工作后两度负笈武汉攻读硕士和博士学位，更不可能心无旁骛地遨游在学术天地而自得其乐！

走笔至此，我情不自禁想起了德国著名作家托马斯·曼的几句名言："……终于完成了。它可能不好，但是完成了。只要能完成，它也就是好的。"

我对本书亦作如是观。

我接触合作社，始于2010年，缘于参加恩师陈小君教授主持的国家社科基金重大招标项目"我国农村集体经济有效实现的法律制度研究"。由于我研习时间尚短，加上平日总是诸事缠身，再加上合作社治理结构法律制度本身十分复杂，因此，本书只能算是初步研究成果。不当之处，尚祈斯界先进不吝赐教。

我在博士论文的后记中这样写道：

“‘劳碌半生，皆成梦幻。’正在悲叹‘盛年不重来，一日难再晨’之际，偶一抬头外望，却发现窗外的桃花开得正艳……”

是的，虽然自己错过了从事学术研究的最佳时机，但没有理由不重新出发！

是为后记。

2018年8月31日于南京尚友古人斋